河南省宣传思想文化战线"四个一批"人才资助项目

河南新型城镇化
引领"三化"协调发展研究

王建国◎著

RESEARCH ON THE COORDINATED
DEVELOPMENT OF INDUSTRIALIZATION,
URBANIZATION AND AGRICULTURAL MODERNIZATION
LED BY NEW URBANIZATION IN HENAN

经济管理出版社
ECONOMY & MANAGEMENT PUBLISHING HOUSE

图书在版编目（CIP）数据

河南新型城镇化引领"三化"协调发展研究/王建国著．—北京：经济管理出版社，2022.7
ISBN 978-7-5096-8628-7

Ⅰ．①河…　Ⅱ．①王…　Ⅲ．①城市化—协调发展—研究—中国 ②工业化—协调发展—研究—中国 ③农业现代化—协调发展—研究—中国　Ⅳ．①F299.21 ②F424 ③F320.1

中国版本图书馆 CIP 数据核字（2022）第 128804 号

组稿编辑：魏晨红
责任编辑：魏晨红
责任印制：黄章平
责任校对：董杉珊

出版发行：经济管理出版社
　　　　　（北京市海淀区北蜂窝 8 号中雅大厦 A 座 11 层　100038）
网　　址：www. E-mp. com. cn
电　　话：（010）51915602
印　　刷：唐山玺诚印务有限公司
经　　销：新华书店
开　　本：720mm×1000mm/16
印　　张：14
字　　数：233 千字
版　　次：2022 年 7 月第 1 版　　2022 年 7 月第 1 次印刷
书　　号：ISBN 978-7-5096-8628-7
定　　价：88.00 元

前　言

党的十八大报告指出：坚持走中国特色新型工业化、信息化、城镇化、农业现代化道路，推动信息化和工业化深度融合、工业化和城镇化良性互动、城镇化和农业现代化相互协调，促进工业化、信息化、城镇化、农业现代化同步发展。党的十九大报告再次明确，"推动新型工业化、信息化、城镇化、农业现代化同步发展"。新型工业化就是坚持以信息化带动工业化、以工业化促进信息化，就是科技含量高、经济效益好、资源消耗低、环境污染少、人力资源优势得到充分发挥的工业化；新型城镇化是相对于传统城镇化而言的，是以科学发展观为统领，全面融入生态文明理念和原则，以人的城镇化为核心，以促进经济、社会、环境和谐与人的全面发展为本质内涵，以大中小城市和小城镇协调发展及城市群科学布局为方向，坚持城乡统筹、城乡一体、产城互动、集约节约、生态宜居、和谐发展，实现与区域经济发展和产业布局紧密衔接、与资源环境承载能力相适应，集约智慧、绿色低碳的城镇化；农业现代化则是从传统农业向现代农业转化的过程和手段，在这个过程中，农业日益用现代工业、现代科学技术和现代经济管理方法武装起来，并由落后的传统农业日益转化为当代世界先进水平的农业。

新型工业化、新型城镇化和农业现代化（本书称之为"三化"）之间相互联系、相互影响、相辅相成。农业的发展为工业和城镇提供食物、原料等基础供给，农业现代化保障新型工业化和新型城镇化的发展，尤其是可以成为城镇化发展人口转移的基本来源并为工业化发展提供劳动力支撑；工业的发展为农业现代化提供农机、化肥、农药等现代生产资料，为城镇化发展提供产业支撑，新型工业化的发展带动了农业现代化和新型城镇化的发展；新型城镇化不仅能为工业的集聚集约发展提供综合平台和载体，还可为农业的规模化、产业化、市场化经营以及现代化实现创造条件，可以说，新型城镇化作为经济社会发展的重要动力源，引领新型工业化和农业现代化的快速、高质量发展。深入研究"三化"之间的相互作用及其作用机制是加快推进新型工业化、新型城镇化和农业现代化进程的必要前提，也是实现"三化"协调发展的重要基础。

作为现代化的核心内容，新型工业化是主导，带动新型城镇化发展，提升农业现代化的水平；新型城镇化是引擎，引领新型工业化和农业现代化的发展；农业现代化是基础，为新型工业化和新型城镇化的实现提供保障。新型工业化、新型城镇化、农业现代化涵盖了现代化过程中最重要的几组关系——产业关系、产城关系、城乡关系以及人与自然的关系。以新型城镇化引领"三化"协调发展包含以下几个方面的内容：要以农业现代化保障新型工业化和新型城镇化的发展，以新型工业化和新型城镇化反哺农业现代化，加速城乡和谐和农业、工业与城镇服务业的同步发展；要以新型工业化带动新型城镇化和农业现代化的发展，以新型城镇化和农业现代化促进新型工业化的发展，促进产业协调发展和产城融合；要以新型城镇化引领新型工业化和农业现代化的发展，促进新型工业化和农业现代化为新型城镇化提供持续动力，加速产城融合和城乡和谐发展；新型工业化、新型城镇化和农业现代化和谐互动、相互依托、相互促进，共同促进人与自然的和谐发展。

新型城镇化在"三化"之间的相互关系中具有显著的综合性特征。一方面，新型城镇化为新型工业化发展提供了空间载体和所需的配套服务，在工业化进入中后期阶段时，为新型工业化注入了新的动力。另一方面，新型城镇化加速了农业人口转移，既为新型工业化提供了劳动力支持，也显著推动了农业生产效率的提高，促进了农业产业结构优化调整，为农业现代化的实现提供了资金和技术支持。新型城镇化体系的构建促进了城镇与农村的和谐融合发展，加快了农业现代化的进程。可以说，新型城镇化对新型工业化与农业现代化具有引领作用，从而引领"三化"协调发展。

发挥新型城镇化对"三化"协调发展的引领作用，要科学处理"三化"之间的相互关系，准确把握我国进入新发展阶段、坚持新发展理念、构建新发展格局的新形势、新任务，清醒地认识河南省经济社会发展的实际情况，以及河南省在全国发展格局中的水平、地位和作用，立足转变发展方式的着力点，夯实乡村振兴基础点，牢牢抓住加快推进农业转移人口市民化的根本点，从优化产业结构，尤其是要从提高工业结构和服务业比重上找到突破点；同时，还要强化城镇承载能力建设，尤其是要强化中心城市、都市圈和县城平台载体建设，提高新型城镇化的多元支撑能力，通过深化体制机制创新，找到"三化"协调发展的结合点，形成新型城镇化引领"三化"协调发展的最大合力，开创新时期河南"三化"协调发展新局面。

王建国

2021 年 12 月 25 日

目　录

第一章　河南省新型城镇化引领"三化"协调发展的
　　　　理论基础
　　　　——新型工业化、新型城镇化与农业现代化
　　　　及其互动关系 ··· 1

　　第一节　新型工业化、新型城镇化和农业现代化的相互关系····· 1

　　第二节　新型工业化带动新型城镇化与农业现代化的发展····· 9

　　第三节　新型城镇化引领新型工业化与农业现代化的发展····· 13

　　第四节　农业现代化保障新型工业化与新型城镇化的实现····· 17

第二章　河南省新型城镇化引领"三化"协调发展
　　　　面临的问题
　　　　——SOWT 分析 ··· 22

　　第一节　河南省新型城镇化引领"三化"协调发展的优势····· 22

　　第二节　河南省新型城镇化引领"三化"协调发展的劣势····· 25

　　第三节　河南省新型城镇化引领"三化"协调发展的机遇····· 31

　　第四节　河南省新型城镇化引领"三化"协调发展的挑战······ 37

第三章 河南省新型城镇化引领"三化"协调发展的着力点

——转变经济发展方式 ………… 42

第一节 转变经济发展方式对新型城镇化引领"三化"

协调发展的重要意义 ………… 42

第二节 转变经济发展方式需要突破资源环境约束 ………… 49

第三节 走集约节约生态宜居的新型城镇化道路 ………… 55

第四章 河南省新型城镇化引领"三化"协调发展的根本点

——推进农业转移人口市民化 ………… 66

第一节 正确认识农业转移人口市民化的内涵和重要意义 ………… 66

第二节 当前河南农业转移人口市民化面临的难点与问题 ………… 69

第三节 有序推进农业转移人口市民化的主要路径 ………… 74

第四节 加快推进农业转移人口市民化的对策建议 ………… 79

第五章 河南省新型城镇化引领"三化"协调发展的突破点

——推进工业结构优化升级 ………… 84

第一节 工业结构升级对于新型城镇化引领"三化"

协调发展的支撑作用 ………… 84

第二节 工业结构升级的规律与趋势 ………… 86

第三节 推进河南省工业结构优化升级的现实基础 ………… 88

第四节 河南省工业结构升级面临的突出难题 ………… 91

第五节 河南省实现工业结构升级的路径选择 ………… 94

第六章 河南省新型城镇化引领"三化"协调发展的基础点

——加快推进农业现代化 ………… 103

第一节 推进农业现代化是发挥新型城镇化引领作用的

重要基础 ………… 103

第二节　河南省农业现代化发展现状与制约因素 ……………… 107

第三节　河南省推进农业现代化的重要着力点 …………………… 111

第四节　加快河南省农业现代化发展的对策建议 ……………… 117

第七章　河南省新型城镇化引领"三化"协调发展的关键点
　　　　——加快第三产业发展 …………………………………… 120

第一节　加快推进转型升级，提高第三产业发展质量 ………… 120

第二节　统筹兼顾增量扩容，提升第三产业规模能级 ………… 129

第三节　稳步推动扩大开放，增强第三产业活力韧性 ………… 135

第八章　河南省新型城镇化引领"三化"协调发展的支撑点
　　　　——提高城镇承载能力 ……………………………………… 141

第一节　完善城镇功能和提升承载力是发挥新型城镇化
　　　　引领作用的重要支撑 ……………………………………… 141

第二节　河南省城镇功能和承载能力的发展现状 …………… 145

第三节　促进城镇功能完善和承载力提升的着力点 ………… 150

第四节　促进城镇功能完善和承载力提升的对策建议 ……… 158

第九章　河南省新型城镇化引领"三化"协调发展的动力点
　　　　——创新体制机制 …………………………………………… 164

第一节　人口发展体制机制的改革创新 ………………………… 164

第二节　土地利用体制机制的改革创新 ………………………… 170

第三节　资金保障体制机制的改革创新 ………………………… 175

第四节　公共服务体制机制的改革创新 ………………………… 180

第十章 河南省新型城镇化引领"三化"协调发展的结合点

——促进三次产业互动发展 …………………………… 186

第一节 三次产业互动发展的理论基础 …………………… 186

第二节 河南省促进三次产业互动发展的探索与成效 ……… 192

第三节 河南省三次产业互动发展存在的主要问题 ………… 196

第四节 进一步促进河南省三次产业互动发展的政策建议 …… 200

参考文献 ……………………………………………… 205

后 记 …………………………………………………… 213

第一章 河南省新型城镇化引领 "三化"协调发展的理论基础

——新型工业化、新型城镇化与 农业现代化及其互动关系

新型工业化、新型城镇化和农业现代化三者之间相互联系、相互影响、相辅相成。农业的发展为工业和城镇提供食物、原料等基础供给，农业现代化保障新型工业化和新型城镇化的发展；工业为农业提供农机、化肥、农药等现代生产资料，为城镇提供产业支撑，新型工业化的发展带动了农业现代化和新型城镇化的发展；新型城镇化不仅为工业的集聚集约发展和农业的规模化创造了条件，而且新型城镇化引领了新型工业化和农业现代化的发展。[①] 明确三者的相互作用关系及其作用机制是加快推进我国新型工业化、新型城镇化、农业现代化进程的必要前提，也是实现我国"三化"协调发展的重要基础。

第一节 新型工业化、新型城镇化和 农业现代化的相互关系

新型工业化、新型城镇化和农业现代化三者之间相互作用，互为支撑，不可偏废。它们之间不是一种简单的线性相加过程，而是两两相互促进，阶段性共赢

---

① 牛瑞华.加快新型城镇化建设 推动"三化"协调发展——关于城镇化、工业化、农业现代化内在关系及新型城镇化建设的思考［J］. 决策探索，2013（2）：33-35.

的合力过程。为了更好地阐述其内在机制，下面应用数学函数模型和几何模型进行阐述。①

（一）新型工业化、新型城镇化和农业现代化的概念

1. 新型工业化的概念

所谓新型工业化，就是坚持以信息化带动工业化，以工业化促进信息化，就是科技含量高、经济效益好、资源消耗低、环境污染少、人力资源优势得到充分发挥的工业化。

（1）科技含量高，就是要充分发挥科技作为第一生产力的作用，促进科技成果更好地转化为现实生产力，大幅度提高产业的科技含量，进而增强国民经济的竞争力。

（2）经济效益好，就是要实现经济增长方式由粗放型向集约型的转变，即从主要依靠增加投入、铺新摊子、追求数量，转到以经济效益为中心的轨道上来，通过技术进步、加强科学管理、降低成本，提高劳动生产率和经济效益。

（3）资源消耗低，就是要充分考虑我国人均资源相对短缺的实际，实施可持续发展的战略，坚持资源开发和节约并举，把节约放在首位，努力提高资源利用效率，积极推进资源利用方式从粗放型向节约型的转变，转变生产方式和消费方式。

（4）环境污染少，就是要高度重视生态环境问题，从宏观管理入手，注重从源头上防止环境污染和生态破坏，避免走旧工业化过程中的先污染后治理的老路。

（5）人力资源优势得到充分发挥，就是要从我国人口多、劳动力资源丰富的实际出发，制定推进工业化的具体政策，处理好技术密集型产业与劳动密集型产业的关系，坚持走中国特色的城镇化道路，通过教育和培训提高劳动力资源的能力。

2. 新型城镇化的基本内涵

相对于传统城镇化而言，新型城镇化是以科学发展观为统领，全面融入生态

---

① 陈志峰等. 工业化、城镇化和农业现代化"三化同步"发展的内在机制和相互关系研究［J］. 农业现代化研究，2012，33（2）：155-160.

文明理念和原则,以人的城镇化为核心,以促进经济、社会、环境和谐与人的全面发展为本质内涵,以大中小城市和小城镇协调发展和城市群科学布局为方向,坚持城乡统筹、城乡一体、产城互动、集约节约、生态宜居、和谐发展,实现与区域经济发展和产业布局紧密衔接、与资源环境承载能力相适应,集约智慧、绿色低碳的城镇化。一般可以从以下几个方面来理解:

(1)新型城镇化是强调质与量相统一的城镇化。传统城镇化过于强调速度即外延扩张,新型城镇化则旨在转变这一发展方式,把提升城镇化的质量作为关键,更加注重内涵优化:构建科学合理的城镇格局、增强城镇功能、改善城镇环境、塑造城镇个性和特色、提高城镇品位;不仅强调人口由农村向城镇的转移,更强调社会经济结构由传统向现代的深度转型;不仅强调提高城镇自身的发展水平,更强调提升城镇对区域的带动作用,逐步推进周边农村地区的现代化发展。

(2)新型城镇化是强调以人为核心的城镇化。只有劳动力的就业非农化和劳动力的空间转移不是真正意义上的城镇化,仅有人口的集聚和产业的优化,而不能让进城农民享有基本的公共服务,没有生活质量的提升、人居环境的改善也称不上高质量的城镇化。新型城镇化就是要追求以人为本、公平共享,把"人的城镇化"作为核心,确保农村富余劳动力能够进入城市非农产业就业,并进一步成为真正的市民,以满足人的需求、增进人的幸福感为出发点和落脚点。不仅要让农业转移人口"进得来",稳定就业,更要让农业转移人口能在城市里"留得住",平等地享受城市基本公共服务及其他各项权益,彻底破解"半城镇化""伪城镇化"及城市内部二元结构问题。

(3)新型城镇化是与工业化、信息化、农业现代化同步推进的城镇化。新型城镇化一头连着工业化,另一头连着农业现代化,其本身也与信息化密切相关,工业化创造供给,城镇化创造需求,工业化、城镇化可以带动和装备农业现代化,农业现代化则为工业化、城镇化提供支撑和保障,而信息化能有力地推进其他"三化"。因此,新型城镇化是在"四化同步"视野下推进的,贯穿和体现着"四化同步"的要求,需要在加快自身健康发展的同时,深化与工业化的良性互动、与农业现代化的相互协调、与信息化的深度融合,更加注重粮食安全,更加注重绿色发展。

(4)新型城镇化是与人口、经济、社会、文化、资源和环境相协调的城镇化。新型城镇化从关注速度转向关注质量,从强调空间城镇化转向强调人口城镇化，并全面融入生态文明理念和原则，注重节能减排、保护和改善生态环境，努力发展低耗经济、低碳经济、循环经济，重视历史文化传承和城镇综合承载能力，严格限制资源承载力和环境容量两大边界，实现经济发展水平、综合承载能力与人口分布相协调，推动城市与自然、人与城市环境和谐相处，不断提升城市品位和综合承载能力。

（5）新型城镇化是多元城镇体系协调推进的城镇化。新型城镇化是一个城镇体系的概念，在该体系中，尽管各地会根据资源禀赋、发展阶段的不同而有所侧重，但作为整体概念的城镇体系是协调推进的，注重资源要素的空间优化配置，着力推进工业项目向产业集聚区集中，农民向中心村、集镇和城市集中，耕地向种田能手集中，强调大中小城市、中心镇协调发展。

（6）新型城镇化是城乡统筹、促进城乡发展一体化的城镇化。新型城镇化是包含农业、农村、农民在内的城镇化，已从初级形态的人口转移型城镇化向高级形态的结构转换型城镇化转变，更加强调基本公共服务均等化和城乡统筹发展，使新型城镇化的进程成为促进农业增效、农民增收、农村繁荣的过程，成为促进城乡要素平等交换和公共资源均衡配置的过程，成为构建以工促农、以城带乡、工农互惠、城乡一体的新型工农、城乡关系的过程。

3. 农业现代化的概念和内涵

农业现代化是指从传统农业向现代农业转变的过程和手段。在这个过程中，农业日益用现代工业、现代科学技术和现代经济管理方法武装起来，使落后的传统农业日益转变为世界先进水平的农业。实现了这个转变过程的农业就叫作现代化的农业。农业现代化是一种过程，同时又是一种手段。

（1）动态性。农业现代化是一个相对性比较强的概念，其内涵随着技术、经济和社会的进步而变化，即在不同的时期有不同的内涵，从这个意义上来讲，农业现代化只有阶段性目标，而没有终极目标，即在不同的时期应当选择不同的阶段目标和在不同的国民经济水平层面上有不同的表现形式和特征。根据发达国家现代农业的历史进程，一般可将农业现代化分为五个阶段：准备阶段、起步阶段、初步实现阶段、基本阶段及发达阶段。一个国家或地区要推进农业现代化进程，必须分析区域社会经济发展水平，特别是分析农业发展现状，只有这样才能做出符合实际而又便于操作的决策。

（2）区域性。农业生产具有很强的区域性特点，即使同一个国家的不同区域、同一区域的不同地区，农业生产条件都存在很大差异，因此农业现代化内涵具有区域性特点。

（3）世界性和时代性。随着经济全球化的逐步推进，特别是在我国加入世界贸易组织（WTO）的宏观背景下，我国农业将全面融入国际市场竞争之中，面临着来自国内、国际两个市场的挑战。因此，从这个意义上来讲，需要站在全球化的高度来分析农业现代化，将区域农业现代化放在国际大舞台上，依据国际公认的标准来判断是否实现了农业现代化的战略目标。

（4）整体性。农业现代化不仅包括农业生产条件的现代化、农业生产技术的现代化和农业生产组织管理的现代化，也包括资源配置方式的优化以及与之相适应的制度安排。因此，在推进农业现代化的过程中，在重视"硬件"建设的同时，也要重视"软件"建设，特别是农业现代化必须与农业产业化、农村工业化相协调，与农村制度改革、农业社会化服务体系建设以及市场经济体制建设相配套。

（二）新型工业化、新型城镇化和农业现代化的互动模型

1. 数学函数模型

新型工业化、新型城镇化和农业现代化三者之间既相互促进，又相互制约，在相互协调中不断向前发展，是一种合力过程，构成了社会的福利水平。用数学函数表示为：

$$W = f(I, U, A) = W_1 + W_2 + W_3 = f(I, U) + f(U, A) + f(I, A) \qquad (1-1)$$

其中，W 代表新型工业化、新型城镇化和农业现代化三者之间互动的总社会福利水平或者说是合力，是关于新型工业化、新型城镇化和农业现代化的函数，I（Industrialization）表示新型工业化水平，U（Urbanization）表示新型城镇化水平，A（Agricultural Modernization）表示农业现代化水平。W_1 表示新型工业化和新型城镇化相互作用形成的社会福利水平或者说是共赢合力，W_2 表示新型城镇化和农业现代化的社会福利水平或者说是共赢合力，W_3 表示新型工业化和农业现代化的社会福利水平或者说是共赢合力。

2. 几何模型

几何模型可以提供更为直观、形象的表述。在以上数学函数模型的定义和关系中，结合二次函数的几何意义，可以对新型工业化、新型城镇化和农业现代化

三者的关系建立几何模型，如图1-1所示。

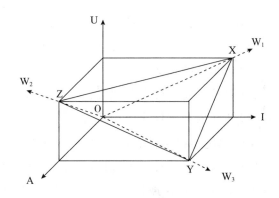

图1-1　新型工业化、新型城镇化、农业现代化三者的关系

IOU平面表示新型工业化与新型城镇化的相互作用，W_1越偏向I轴，表明新型工业化程度越高，但新型城镇化程度偏低，极端条件下W_1与I轴重合，表明城镇化率为0；W_1越偏向U轴，表明新型城镇化程度越高，但新型工业化程度越低，极端条件下W_1与U轴重合，表明新型工业化作用力为0。显然，两种极端条件在现实中并不成立。当前，我国的新型工业化发展较快，新型城镇化也有了很好的基础，但相对于新型工业化的发展有所滞后，因此大多数是类似图中W_1的情况。在IOU平面中，正方形是最合适的，表明新型工业化与新型城镇化程度合适，互相促进，互为支持。

IOA平面表示新型工业化与农业现代化的相互作用，W_3越偏向I轴，表明新型工业化程度越高，但农业现代化程度偏低，极端条件下W_3与I轴重合，表明农业现代化程度为0；W_3越偏向A轴，表明农业现代化程度越高，但新型工业化程度偏低，极端条件下W_3与A轴重合，表明新型工业化作用力为0。很显然，两种极端条件在现实中都不存在。当前我国的新型工业化有了很好的基础，农业现代化也在稳步发展中，因此大多数是类似图中W_3的情况。在IOA平面中，正方形是最合适的，表明新型工业化与农业现代化程度相当，互相促进，互为支持。

AOU平面表示农业现代化与新型城镇化的相互作用，W_2越偏向A轴，表明新型农业现代化程度越高，但新型城镇化程度偏低，极端条件下W_2与A轴重合，表明城镇化率为 0；W_2 越偏向 U 轴，表明新型城镇化程度越高，但农业现代化程度偏低，极端条件下 W_2 与 U 轴重合，表明农业现代化作用力为 0，显然，极端条件在现实中并不成立。当前，我国的农业现代化和新型城镇化都有了较好的基础，因此大多数是类似图中 W_2 的情况。在 AOU 平面中，正方形是最合适的，表明农业现代化与新型城镇化程度合适，互相促进，互为支撑。

总体来说，W 位于长方体的某一点上，表明三者的互动协调程度或者说三者形成的社会福利水平。从理论上来说，在某一边长度确定的情况下，正方体是最优福利模型，X、Y、Z 三点构成的正三角形的面积最大，表明此时 W 达到最大值，即新型工业化、新型城镇化和农业现代化的最佳协调空间。因此，在努力提升三者水平的同时，要积极促成三者的相互协调、相互促进，才是实现社会福利最大化的有效途径，不能此消彼长、厚此薄彼，甚至以某一方面的牺牲来换取另一方面的发展。当然，在特定时期，如在中华人民共和国成立之初以牺牲农业来促进工业成长的策略使我国快速构建起了完整的国民经济工业体系，但也留下了工农业"剪刀差"、城乡二元经济结构等问题，因此，在新形势下，应当促使新型工业化、新型城镇化和农业现代化三者的有机统一和协调发展。

（三）新型工业化、新型城镇化和农业现代化互动的内在机理

在资源环境压力趋紧、人口红利逐渐削减、社会矛盾有所增多、城乡和产业结构面临结构性调整的新形势下，我国的工业化、城镇化和农业现代化被赋予了新的内涵和要求。因此，要厘清新型工业化、新型城镇化和农业现代化三者之间的内在机理，必须先明确工业化、城镇化和农业现代化之间的关系。

工业化、城镇化和农业现代化是人类文明进步的重要标志。工业革命以来，世界各国陆续从传统农业社会向工业社会转变，工业文明随之逐步取代农耕文明，成为人类发展的主流文明。在工业化推进过程中，生产力得以充分释放，大量的农业劳动力进入非农部门，成为产业工人，产业的集聚又带动人口的集中和服务业的发展，加速了农村人口向城镇转移，由此推动了城镇化进程。城镇化不仅进一步优化了社会资源的配置，还实现了人们行为理念和生活方式的根本性变革。随着工业化、城镇化的推进，农村人口大量转移，农业土地的集约化、规模化、专业化，农业的科技含量与服务水平，农民的收入水平和整体素质，都得到了明显提高，由此推动了农业现代化。农业是国民经济的基础，农业现代化是工

业化、城镇化稳步推进的支撑和保障。①

随着经济社会向前发展，工业化、城镇化和农业现代化被赋予了新的内涵。新型工业化是坚持以信息化带动工业化，以工业化促进信息化，科技含量高、经济效益好、资源消耗低、环境污染少、人力资源优势得到充分发挥的工业化。新型城镇化是以城乡统筹、城乡一体、产城互动、节约集约、生态宜居、和谐发展为基本特征，大中小城市、小城镇与新型农村社区协调发展、互促共进的城镇化。农业现代化是以粮食优质高产为前提，以绿色生态安全、集约化、标准化、组织化、产业化为主要标志，基础设施、机械装备、服务体系、科学技术和农民素质支撑有力的农业现代化。

作为现代化的核心内容，新型工业化、新型城镇化和农业现代化三者之间相互影响，相互制约，其内在机理为：新型工业化是主导，带动新型城镇化发展，提升农业现代化的水平；新型城镇化是引擎，引领新型工业化和农业现代化的发展；农业现代化是基础，为新型工业化和农业现代化的实现提供保障。新型工业化、新型城镇化、农业现代化涵盖了现代化过程中最重要的几组关系：产业关系、产城关系、城乡关系以及人与自然的关系。应当以农业现代化保障新型工业化和新型城镇化的发展，以新型工业化和新型城镇化反哺农业现代化，加速城乡和谐和农业、工业与城镇服务业的同步发展；应当以新型工业化带动新型城镇化和农业现代化的发展，以新型城镇化和农业现代化刺激新型工业化的发展，促进产业协调发展和产城融合；应当以新型城镇化引领新型工业化和农业现代化的发展，促进新型工业化和农业现代化为新型城镇化提供持续动力，加速产城融合和城乡和谐；新型工业化、新型城镇化和农业现代化三者和谐互动，相互依托，相互促进，共同促进人与自然的和谐。

---

① 河南省社会科学院课题组.在实践中探索区域科学发展之路——河南以新型城镇化引领"三化"协调发展的认识与思考［J］.中州学刊，2012（3）：1-9.

第二节 新型工业化带动新型城镇化与农业现代化的发展

经济发展离不开工业的发展进步。作为现代化的核心要素，新型工业化为新型城镇化和农业现代化的发展提供了强大的产业支持、先进的技术推动和丰裕的物质保障，带动了新型城镇化的发展，提升了农业现代化的水平。

（一）新型工业化带动新型城镇化的发展

新型工业化是新型城镇化发展的动力和基础，不仅为新型城镇化提供了强大的产业支持和丰裕的物质保障，也提升了新型城镇化的集聚能力和发展水平。循环累积因果关系理论认为，在工业化经济利益的驱使下，人力与资本等生产要素大量向城市聚集，使工业化和城镇化呈现出明显的正相关关系。[1] 工业生产经营带来的经济利益是城镇集聚效应的基本动力，随着工业化进程的推进，生产的规模性和集中化日趋加强，推动城镇产业集聚和结构优化、城镇功能和规模不断提升，带动城镇发展向人口、资源、环境与经济社会全面协调可持续的新型城镇化方向推进。

1. 新型工业化的发展为推进新型城镇化提供了强大的产业支撑

没有产业的支撑，新型城镇化的发展就成了无源之水、无本之木，城市的发展就缺少了基本的动力源泉。新型工业化为新型城镇化提供了强大的产业支撑，因为城镇最初的发展和聚集主要是依托非农产业实现的。没有相关产业的支撑，就不会有城镇的发端、发展和壮大。在城镇发展的初期，尽管城镇中的产业结构比较单一，产业链条不长，产业关联度也不高，但工业化的发展加快了非农产业的发展壮大，推动了产业集聚和结构优化，产业链条延伸，产业间的关联度也大大提高，极大地带动了城镇化的快速发展。随着工业化发展到中后期阶段，融合

---

① 徐君，高厚宾，王育红.新型工业化、信息化、新型城镇化、农业现代化互动耦合机理研究[J].现代管理科学，2013（9）：85-88.

了信息化，以科技含量高、经济效益好、资源消耗低、环境污染少、人力资源优势得到充分发挥为主要特征的新型工业化的出现和发展加快了城镇产业的转型升级与结构优化，提升了城镇的产业支撑力度，丰富了城镇的产业内涵，也推动了以城乡统筹、城乡一体、产城互动、节约集约、生态宜居、和谐发展为基本特征的新型城镇化进程。

2. 新型工业化的发展为新型城镇化提供了资金、物质、人才和技术保障

新型城镇化离不开新型工业化的支撑，新型工业化为新型城镇化提供了城镇建设发展的物质保障。首先，新型工业化进程的推进引起地区产业结构的调整优化，带动了地区社会经济全方位、多层次的发展变革，优化了经济社会发展的制度基础和宏观环境，提高了社会经济整体发展水平，增强了地区的自我积累潜力、投资能力和要素流动水平，为城镇建设发展奠定了坚实的基础。其次，新型工业化进程的不断推进，不仅带来了人口流动，引导农村人口进入城镇成为城市发展的主体，促进了城镇消费和相关产业的发展，而且也加快了信息、知识、技术的集聚与扩散，大大加快了技术与管理的创新速度，为城镇的建设与管理提供了充足的人才与技术支撑。最后，企业作为工业化的基本要素，为城镇化进程提供了物质财富、人才与技术。一方面，企业为城市提供城市建设消耗的物质资料（如钢铁、水泥、砖瓦等）以及城市发展和居民生活所需的物质资料；另一方面，企业为城镇的建设发展提供坚实的资金保障，并通过知识、技术的集聚与扩散为城镇发展储备专业技术和管理人才。

3. 新型工业化的发展提升了城镇的集聚功能

新型工业化的发展推动着城镇发展和城镇化进程，提升了城镇聚集要素、吸纳人口的功能。由于生产力发展客观上要求工业生产的集聚性和规模化，工业经济形成的强大规模经济对其他经济产生支配效应、乘数效应、极化效应和扩散效应，吸引各种生产和生活要素在城镇的空间集聚，为城镇发展带来信息、技术和城市文明。① 新型工业化进程的推进使生产走向集约，吸纳农村人口大量进入城镇发展，不断壮大城镇发展规模，小城镇迅速发展为大城镇或城市，产业聚集能力不断增强，基础设施不断完善，居民生活环境不断改善，并创造较多的就业岗位。小城镇和中小城市在提高集聚能力的同时也疏解了大中城市的部分功能，缓

---

① 喻新安，吴海峰. 新型三化协调论［M］. 北京：人民出版社，2012.

解了大中城市过度拥挤的状况，有利于形成产城互动、城镇规模适中、城镇层级协调的新型城镇化体系。

4. 新型工业化的发展水平决定着新型城镇化的发展质量

工业化的发展水平决定着城镇化的发展质量。在工业化的初中级阶段，工业化走的是一条以牺牲农业、生态环境为代价的粗放式、不可持续的路子，导致城镇化发展方式也比较粗放。工业化进入中后期阶段，原有的工业化发展方式已不适应经济社会的发展，新型工业化的发展着眼于在提高工业化水平的同时提升工业化质量，改善生态环境，其发展水平的高低决定着新型城镇化的发展质量。根据环境库兹涅茨曲线，环境污染水平与经济发展水平呈倒"U"形关系，如果工业化发展水平比较低，工业化的快速发展将导致环境污染较为严重，从而不利于生态环境的改善，也不利于城镇化质量的提高。现阶段，我国应当加快推进新型工业化，促进经济发展方式转变，提高资源使用效率和效益，控制污染排放并加强环境治理，确保为城镇发展提供物质资源丰富、就业充分、生态环境改善的良好环境，提高城镇的宜居宜业水平和居民的生活质量与幸福感。

（二）新型工业化提升农业现代化的水平

新型工业化的发展，在创造大量物质资料的同时也带来了科学技术的进步和生产方式的革新，提高了科技对农业的贡献，推动了农业的转型升级和结构优化，带动了农村剩余劳动力的合理有序转移，促进了农业的专业化、标准化生产和规模化经营，提高了农业的生产效率和经济效益，完善了农业和农村的基础设施，提高了农民的生活质量。

1. 新型工业化的发展为农业现代化提供了资金和物质支持

农业现代化发展需要大量的资金和物质投入。农业基础设施需要不断完善和改进，农业生产需要持续的物质投入，农业产业化需要大量的资金支持，如果仅仅依靠农业生产的自我积累很难满足这些条件，新型工业化的发展不仅能为农业基础设施建设提供各种原材料和农业生产所需的各种工业品，还能为农业发展提供充足的资金。一方面，新型工业化的推进，不仅带动了乡镇企业的发展，积累了社会财富，而且提升了农村地区的综合经济实力，为农业现代化发展提供了资金与物质支持。另一方面，在新型工业化的发展过程中，吸纳了大量的农村剩余劳动力，拓宽了农民致富增收的渠道，为农业和农村发展带来了资金，并且一大批富有创业精神的农民工带着资金和技术返乡创业,他们积极完善农村基础设施,开展多种经营,带动乡邻共同致富,提升了农村的现代化程度。

2. 新型工业化有效转移了农村剩余劳动力,提高了农业生产效率

实现农村剩余劳动力合理有序转移是实现农业现代化的前提。农村经济体制改革的深入极大地提升了农业生产效率,产生了大量的剩余劳动力,随着工业化的逐步推进,第二、三产业不断扩张,创造了大量的就业需求,农业发展中产生的剩余劳动力不断被吸收,最终使农村剩余劳动力不断减少甚至消失。伴随着低效率的农业生产部门劳动力的转移,农业也开始转向具有较高生产率的生产部门。可以说,新型工业化的不断发展,拉动了经济的高速发展,而经济的高速发展又推动了农村剩余劳动力的转移,农村剩余劳动力转移在促进农村经济发展的同时,也为农业现代化水平的提升创造了客观条件,农业现代化就是在农村剩余劳动力得到合理有序的转移之后,逐步发展起来的。①

3. 新型工业化的发展为农业现代化发展创造了技术条件

新型工业化的推进催生了科学技术的创新和发展,新型工业化发展带来的科技进步为农业现代化发展创造了先进的技术条件。当今世界,农业的竞争归根结底是农业技术的竞争,科技对农业增长贡献率的高低将决定农业产业竞争力的高低以及农业产业化水平的高低,进而影响农业现代化的发展进程。尽管我国科技进步对农业增长贡献率逐年提高,从 2010 年的 52% 提高到 2012 年的 54.5%,进而提高到 2015 年的 56%,但是与农业现代化程度较高的国家相比,仍有非常大的差距。② 以色列、美国、荷兰等国家的科技进步对农业增长的贡献率在 20 世纪末就已分别达到了 96%、81% 和 80%。当前,我国农业现代化的发展面临着农产品成本不断被抬升、国内外价差日益扩大、农业补贴政策空间逐渐缩减等严峻形势,必须加快推进我国新型工业化,用科技成果装备农业现代化建设,提高我国农业的科技应用水平和农产品科技含量,提高科技创新对农业增长的贡献率,推动农业结构升级,提高我国农业在国际上的竞争力。

4. 新型工业化的发展促进了农业专业化分工

由于农业产业化是以工业企业为载体,以工业化发展为基础和条件而生存和

---

① 陈志峰等. 工业化、城镇化和农业现代化"三化同步"发展的内在机制和相互关系研究 [J]. 农业现代化研究,2012,33 (2):155-160.

② 瞿剑. 我国农业科技进步总贡献率超过 50% [J]. 农村经营管理,2016 (4):1.

发展的一种生产经营模式,因此,工业化越发展就越能为现代农业的产业化生产创造良好条件。① 随着新型工业化的不断推进,农业内部分工不断细化和合理,农业生产的专业化程度不断提高,带动了高附加值作物和特色作物的开发以及农产品加工业的发展,丰富了农产品结构,提升了农业的经济效益。新型工业化的发展,不仅促进了农产品结构的多样化,也对作为原材料的农产品的多样性提出了更高的要求,间接促进了农产品供需市场信息的共享,为拓展农产品运输销售渠道提供了便利,降低了农产品的交易成本和市场风险,提升了农产品的供给结构层次,带动农业初级产品供应向具有较高附加值的农业加工品供应转变。

第三节 新型城镇化引领新型工业化与农业现代化的发展

新型城镇化为新型工业化发展提供了空间载体和新型工业化发展所需的配套服务业支持,在工业化的中后期阶段,新型城镇化为新型工业化注入了新的动力。新型城镇化还加速了农业人口转移,既为新型工业化提供了人才支持,也提高了农业生产效率,促进了农业产业结构调整优化,为农业现代化的实现提供了资金和技术支持,新型城镇体系的构建促进了城镇与农村的和谐融合发展,加快了农业现代化的进程。可以说,新型城镇化对新型工业化与农业现代化具有引领作用。

(一) 新型城镇化引领新型工业化的发展

城镇化是工业化的产物,但是城镇化对工业化又有极强的反作用。我国已进入工业化中后期,新型工业化的发展需要功能更加完善、辐射能力更加强大、集聚效应更能有效发挥的城镇体系作为载体,新型城镇化的发展将为新型工业化的发展注入新的活力,新型城镇化的发展水平也将影响新型工业化的发展格局。

---

① 李仕波. 工业化、信息化、城镇化和农业现代化的互动关系与同步发展 [J]. 湖北农业科学,2014 (7): 1695-1699.

1. 新型城镇化为新型工业化提供了发展载体和发展条件

新型城镇化是新型工业化重要的空间载体。新型工业化的发展需要人口的集中和生产要素的集聚，新型城镇化的推进使城镇功能不断完善，城镇布局不断优化，城镇辐射能力不断增强，城镇集聚效应进一步发挥，城镇发展水平进一步提高，吸引着人、财、物和信息等要素汇集于城镇，使现代城镇体系成为培育现代产业体系的土壤和高地，推动依城促产、以产兴城，实现产业结构与城镇功能、城镇结构达到相互均衡，实现产城协调发展。

城镇的集聚效应和服务功能为新型工业化的发展提供了必要的发展条件和坚实的发展基础。一方面，新型城镇化的推进引领企业集中、产业集群和人口集聚，不仅为新型工业化的发展提供了充足的生产要素支持，降低了工业投资的社会成本，还为工业发展提供了广阔的市场需求。随着新型城镇化的展开，城镇的集聚效应更加显著，城镇集聚起来的大量人口便构成了工业与非农产业的巨大消费市场；城镇集聚起来的大量技术工人和专业人才，更是现代工业发展必要的人力资源；城镇集聚起来的大量生产资料、消费资料等的市场信息，为工业化的推进提供了信息指引；同时，城镇的集聚效应也促进了产业的集中发展，为工业化提供了更高管理水平和发展水平的平台和载体。另一方面，新型城镇化的推进使城镇的服务功能不断完善，加快了工业的发展壮大、结构优化和转型升级，为工业化的纵深发展打下了坚实的基础。现代工业发展需要比较完善的配套服务作为保障，城镇具有集聚劳动力、公共生产性设施和社会事业性设施的天然优势，不仅能为工业化的发展提供充足的劳动力、资金、土地、技术等生产要素支撑，也为工业化发展提供了各种社会服务，包括：水、电、气、暖、通信、交通等基础性服务，以及咨询、培训、策划、法律等中介服务。新型城镇化的推进促进了服务业的大发展，餐饮、商贸等生活性服务业和金融、物流等生产性服务业以及社会公共性服务业的发展繁荣，为工业化的发展提供了良好的服务环境，也使工业化的分工更加专业化和精细化，一部分生产性、服务性功能被剥离出来，加快了工业的转型升级。

2. 新型城镇化的推进为新型工业化的发展注入了新的活力

在工业化的初期阶段，工业的快速发展主要建立在大量消耗能源、原材料的基础上，发展方式相对比较粗放，对生态环境造成了不可估量的破坏。进入工业化的中后期阶段后，要实现工业化的持续、健康发展，客观上要求摒弃传统的发展方式，实现工业的集约发展，实现从劳动密集型、资源密集型向资本密集型、技术密集型和知识密集型转型升级。而这一目标的实现，必须借助新型城镇化的不断推进。

新型城镇化的发展引领企业集中、产业集群和人口集聚，进而拉动生产性、生活性服务业加快发展，为工业化注入了新的活力。一方面，新型城镇化的发展使城镇的发展环境更加优化，综合功能更加完备，能吸引和壮大一批带动产业升级的龙头项目和骨干企业，有利于充分发挥城镇的集中、集聚、集约效应，吸引和集聚大批科技要素，为传统工业向现代工业演进积累规模效应和集聚效应，为产业转型升级提供必要的要素支撑，为新型工业化发展提供创新、人才、信息等高端要素集聚平台。另一方面，新型城镇化的发展为科技、教育、文化、卫生、金融、物流、信息、商贸等服务业的发展提供了规模条件，促使现代服务业迅速发展，为工业的结构升级和可持续发展创造了良好环境，提高了现代工业的服务增值能力，加快了新型工业化的发展步伐。

新型城镇化的发展影响着工业化发展的基本格局。城镇化作为现代社会进步和经济发展的必然趋势和基本标志，其发展进程也反映着工业化的发展水平，并推动着工业化运动。首先，作为工业和服务业发展的载体，城镇的规模及其经济容量的大小，影响着工业化发展的规模和速度，以及其他工业化要素集聚的规模和速度。其次，城镇基础设施的完善程度，在为工业化发展提供服务和保障的同时也影响了工业化的推进。因此，城镇化发展进程和发展格局影响着工业化发展的空间。最后，作为工业化创新服务和市场服务的关键区位，城镇的创新程度和创新环境，影响着工业化的发展质量和发展前景。在城镇规模结构和空间结构体系相对健全完善、创新环境和氛围相对较好的地方，工业化进程可借助城镇资源来加速发展，如果城镇化发展滞后，则工业化也将失去向纵深发展的战略空间。我国已进入工业化中后期，需要新型工业化和新型城镇化这两个"轮子"相互促进，协调发展，才能不断推动社会主义农业现代化进程。

（二）新型城镇化引领农业现代化的发展

经营规模扩大和集约化经营是农业现代化的主要特征。新型城镇化是农村实现工业现代化的有效载体和实现农业现代化的催化剂，可从经营规模、资金、技术装备、产业依托、农民素质等方面加快农业现代化的发展。在新型城镇化的发展过程中，农村剩余劳动人口不断向城镇转移，提升了农业生产效率和农业产业化水平，为农业产品提供了数量上和结构上的需求，推动了农业产业结构的调整优化，拉动了农村经济的发展，提升了农业现代化水平。

1. 新型城镇化加速了农业人口转移，提升了农业生产效率和农业产业化水平，促进了农业产业结构优化调整

农业现代化发展的重要内容就是要逐步扩大农业产业经营规模，开展集约化经营，以提升农业生产效率。新型城镇化的推进，不仅壮大了第二、三产业，提高了城镇的集聚效应，还产生了巨大的就业需求，为农村剩余劳动力的转移和就业创造了良好的条件，为提升农业现代化水平创造了初步的发展条件。我国农村人口众多，大部分地区农村劳动力过剩，农业生产效率低下，不利于农业生产的相对集中和规模化经营。大量农村剩余劳动力合理、有序地向城镇转移和集聚，提高了农村人均资源占有量，有利于推动农村土地的相对集中和规模经营，扩大农业投资，进而推动分散家庭经营向农业生产的规模化和专业化发展，降低了农业生产成本，提高了农业收益，可以有力提升农业生产效率和农业产业化水平，加快农业现代化的发展步伐。同时，新型城镇化的发展推动了现代农业发展中与农业生产有较高关联度的农产品加工业和第三产业的发展，为农业的产前、产中、产后各个阶段提供专业化、规范化、个性化服务，从而进一步加快农业的产业化步伐，有利于提升农业现代化水平。

新型城镇化的发展还促进了农业产业结构的优化调整。一方面，新型城镇化的推进吸引了大量的农村人口到城镇中发展，大量人口进城本身就意味着大量潜在的市场机会，这一潜在的市场机会一经开发就能创造出巨大的消费需求，不仅能拉动各种农产品的消费需求，还对农业的多样化发展提出了要求，有利于促进多品种、高质量、高附加值农产品的发展，从而促进农业多样化发展，促进农业内部产业结构更新和产品结构的优化调整，从而有效带动农业现代化的发展。另一方面，由于"现在的家庭经营本质上仍是小生产经营"，新型城镇化的发展加快了城乡统筹协调发展，将城镇的大市场与农村的大生产对接，畅通了农业生产与销售信息沟通渠道，有利于农业产业结构根据市场需求进行优化调整，彻底扭转农业发展能力不足、抗风险能力弱的局面，加快实现农业现代化。

2. 新型城镇化的发展为农业现代化的实现提供了资金和技术支持

如果单纯依靠农业的发展和农村的自我积累，很难从根本上改变农村的落后

面貌，不仅农业现代化的目标难以实现，而且容易导致农业萎缩。新型城镇化的发展为农业现代化的实现提供了资金和技术支持，为农业现代化的发展注入了新的内在动力。首先，新型城镇化的推进使城镇规模不断扩大、城镇的社会服务功能和基础设施建设不断完善，为乡镇企业逐步走上有序、科学的发展道路提供了便利，促进了乡镇中小企业的发展壮大，进而为农业现代化发展提供了技术和资金支撑。我国很多地区的发展实践表明，乡镇企业越发达，"以工补农"的能力就越强，这些地方的农业现代化水平也越高。其次，新型城镇化的推进加快了城乡统筹，既促进了城乡生产要素的合理分配和平等交换，改变了生产要素单向流动的发展模式，还推动了现代科学技术向农村传播推广和农业生产管理方式的转变，提高了农民素质，促进了农业技术的进步和农业科学技术在农村的应用，加快了传统农业向现代农业转变的速度。最后，新型城镇化的推进加快了乡镇和新型农村社区的发展，集聚了农业现代化发展所需要的新型农民。高素质的新型农民成为农业现代化的主角，不仅提升了农业生产的专业化和标准化水平，提高了农业的规模化经营和管理水平，增加了农产品附加值，也提高了农业风险防范能力，有利于构建绿色、优质、高产、高效的农业生产体系，有利于增强粮食综合生产能力，提高农业综合效益，加快实现农业现代化。所以，应当加快推进以新型城镇化为引领的各项建设，促进资金、技术、人才、信息等生产要素在城乡之间自由流动，依靠"体制创新、科技创造、文化创意、能力创业"的"四创机制"加速农业现代化进程并强化其基础性作用，走出一条高效生态农业现代化的路子。

第四节　农业现代化保障新型工业化与新型城镇化的实现

农业现代化是整个社会现代化的基础，为新型工业化和新型城镇化的发展提供了充足的生产要素支撑和广阔的农村市场。因此，农业现代化是新型工业化与新型城镇化的支撑和保障。没有农业现代化的发展，新型工业化和新型城镇化的实现就无从谈起。如果农业现代化滞后于新型工业化和新型城镇化，也不利于新型工业化和新型城镇化的深入推进。

（一）农业现代化保障新型工业化的实现

农业现代化是实现新型工业化的基础。工业化的起步和发展在很大程度上取决于农业生产力的发展和农业领域中资源要素的转移。农业现代化的发展为工业的发展提供了基本的原材料保障，满足了新型工业化对农产品日益增长的需求，为新型工业化的发展提供了大量富余劳动力，支撑了新型工业化的发展。

1. 农业现代化的推进为新型工业化发展提供了充足的劳动力资源

随着农业现代化的不断发展，农业产业结构不断调整，农业生产率持续提高，农村剩余劳动力不断从农业部门转移到非农业部门，这为新型工业化的进一步发展提供了充足的劳动力资源。而新型工业化的进一步发展又增强了吸纳农村剩余劳动力的能力，进而使农村剩余劳动力向工业转移，使工农业之间在市场的相互融通过程中形成互相促进、良性循环的关系。一方面，农村剩余劳动力进入城镇务工转化为市民，成为工业化发展不可或缺的中坚力量；另一方面，大量的农民工为工业化发展做出了巨大贡献。国家统计局《2014年全国农民工监测调查报告》显示，2014年我国农民工总量达到27395万人，其中，外出农民工16821万人，比2013年增加了211万人，增长了1.25%；本地农民工10574万人，增加290万人，增长了2.74%。超过2.7亿的农民工进城务工，进入工业生产和服务业的第一线，为新型工业化的发展提供了大量的劳动力资源。因此，农业现代化的发展是新型工业化的基础和保障，没有农业现代化的发展，就谈不上新型工业化的深入推进。

2. 农业现代化发展为新型工业化发展提供了基本的原材料

农业现代化为新型工业化的发展特别是为农产品加工业的发展提供了丰富的资源和基本的原料。工业化发展的任何阶段都离不开原材料等基本要素资源的支撑，在工业化发展初期，农业资本积累往往被首先用于工业化发展。中华人民共和国成立后，我国实施优先发展重工业的战略，所以尽管我国工业化的步子迈得很快，却是建立在牺牲农业的基础上的，农业成为工业发展的原始积累，不仅造成了工农业产品的"剪刀差"，也不利于工业与农业的协调发展。如今工业化发展到了工业反哺农业的历史阶段，在这个阶段，农业现代化的发展仍然为新型工业化的发展提供了充足的原材料支撑。随着农业现代化的发展，农业产业结构不断优化和农业生产效率不断提高，除了工业化所需的最基本的原材料，还将会有更加丰富的原材料进入工业生产过程，充实工业化发展的物质基础，支撑新型工业化的发展。

3. 农业现代化的发展为新型工业化发展提供了广阔的农村市场

农业现代化是我国农业发展的必由之路，对我国农村经济的发展起到了极大的促进作用。我国是个农业大国，农村人口众多，农村经济发展相对城市较为落后，但也意味着农村市场具有巨大的潜力。农业现代化的推进加快了农村经济结构的优化调整，加快了农村现代化水平的提升，提高了农民的生活水平。2014年末，中国总人口（包括31个省、自治区、直辖市和中国人民解放军现役军人，不包括香港、澳门特别行政区和台湾省以及海外华侨）为13.68亿，城镇人口占总人口的比重为54.77%，意味着还有将近一半的人口留在农村。这6亿多人口的大市场一旦被调动起来，将是刺激消费的巨大力量。并且我国还有2.7亿的农民工，他们不仅会在城镇进行生活开销，还会把大部分资金寄回老家，对于扩大消费市场，特别是对扩大农村消费市场起到了积极作用。农民收入的不断增加，将把农村市场的巨大潜力转化为广阔的农村市场需求。无论是民居、农业厂房的建设更新、公共基础设施的建设完善，还是农民的生活消费等，都对工业产品产生了大量需求。在我国部分工业领域的生产能力相对过剩的情况下，农村市场的打开可以化解部分过剩产能特别是钢铁、水泥行业的过剩产能，既能满足市场需求，又能促进工业的转型升级，推动新型工业化的发展。

（二）农业现代化保障新型城镇化的实现

农业现代化是新型城镇化的前提和基础。实现农业现代化不仅是我国农业发展的目标，还是保证新型城镇化持续健康发展的重要基础与途径。农业现代化的发展可为新型城镇化的发展提供要素来源，创造市场条件，保障新型城镇化的顺利实现。

1. 农业现代化的发展为新型城镇化的发展提供了基本条件

农业现代化的发展是新型城镇化发展的基础条件。农业生产在向现代化发展的过程中，随着农业劳动生产率的提高，产生了大量的农业剩余产品，农业剩余产品的出现带动着其他社会分工的发展，促使非农产业从农业中独立出来，因而也带动着工业化进程的发展，随着工业化进程的发展，城镇化发展也受到了工业化发展的推动,因此,从根本上讲,城镇化的初始阶段要求农业生产达到一定水平,从而可使一部分农业人口从农业生产中解放出来从事其他产业,农业剩余是城镇化发展的最根本条件。① 农业现代化和新型城镇化是农业和城镇化发展到较高级阶段时的表现形式,所以,农业现代化的发展为新型城镇化的发展提供了基本条件。

2. 农业现代化的发展为新型城镇化的发展提供了劳动力、土地等要素支撑

城镇本质上就是劳动力、土地、市场和资本等各种要素在地理上的集中,城镇化规模和质量的提升不可避免地需要大量的劳动力和土地等生产要素作为支撑。新型城镇化以人的城镇化和土地的城镇化为核心,这就客观地产生了对劳动力和土地等生产要素的需求,而农业现代化的发展正好满足了新型城镇化发展的这两个最基本的要素需求。一方面,农业现代化的不断推进,加快了农业企业的不断集聚,提高了农业的劳动生产率,促使农村剩余劳动力不断涌向城镇,扩大了城镇的劳动力来源,为新型城镇化过程中城镇经济的持续发展提供了劳动力要素支撑。另一方面,农业现代化的不断推进,极大地提高了农业生产效率,使农业用地更加集中,土地利用更加节约,农村土地资源相对富裕,为新型城镇化过程中城镇地域规模的不断扩张提供了土地要素支撑。

3. 农业现代化的发展为新型城镇化的发展提供了优质的服务

首先,农业现代化的发展为城镇提供了大量优质的农产品。随着居民生活水平的提高,城镇居民对绿色、生态、安全、品种多样的农产品的需求更加强烈。农业现代化的不断发展,提高了科技对农业的贡献率,加快了科学技术在农业生产经营活动中的广泛应用,促进了农业管理现代化的快速发展和农业生产经营集约化的实现,进一步优化了农产品结构,提高了农产品质量,满足了城镇居民日益增长的农产品需求。其次,农业现代化的发展为城镇居民提供了大量优质的旅游服务。农村普遍生态环境较好,生活方式相对比较闲适,农业现代化的发展加快了农村的基础设施建设,促进了生态旅游、民俗旅游、农家体验等乡村旅游的繁荣,不仅为城镇居民休闲游憩提供了更多的选择,也使小城镇和新型农村社区不断发展壮大、基础设施不断完善、集聚效应不断提升,为城乡协调发展、城镇体系的完善增强了动力,加快了新型城镇化建设的步伐。

---

① 夏春萍. 工业化、城镇化与农业现代化的互动关系研究 [J]. 统计与决策,2010 (10):125-127.

4. 农业现代化的发展为新型城镇化的发展提供了广阔的市场需求

首先，农业现代化的发展提高了农业的劳动生产率，促使大量的农村剩余劳动力向城镇转移，刺激了城镇商品生产和商品流通的发展，带来了大量的市场需求。大量的农业人口转换为城镇居民，他们在城镇定居需要购房置业和生活消费，刺激了城镇房地产、商贸等相关产业的发展。大量农村剩余劳动力在城镇中的集聚，还刺激了城镇公共基础设施的需求，促进了城镇交通、住房、水电等基础设施的建设和完善，带动了城镇科教文卫事业的发展。其次，农业现代化的不断推进，提高了农业生产率和规模化、专业化水平，对农业机械、农药、化肥等工业产品的需求和对农业科技咨询、信息等服务的需求也大幅增加，为城镇相关产业的发展提供了良好的市场机会，促进了城镇产业结构的调整优化，这也直接带动了新型城镇化的发展。最后，农业现代化的发展大幅度提高了农民收入，带动了城镇相关产业的消费。农民收入提高了，对生活质量有了更多的期待。他们从内心里渴望过上和城里人一样的生活，对交通、住房、水电、信息、物流、商贸等方面提出了更高的要求，为城镇相关产业的发展提供了广阔的市场机会。当这些市场机会被开发出来后，不仅能提高农民的生活质量，为城镇第二、三产业的发展开拓市场，也能促进城乡二元经济走向城乡统筹发展、协调发展，从而加快推进新型城镇化建设。

第二章　河南省新型城镇化引领
"三化"协调发展面临的问题
——SOWT 分析

当今世界正经历百年未有之大变局，我国发展仍处于重要战略机遇期，河南省城镇化建设正处于向高质量发展迈进的关键时期。面对复杂多变的新形势，精准研判新型城镇化引领"三化"协调发展的趋势，把握机遇和挑战，充分利用各种有利条件，破解各种制约因素和发展瓶颈，进一步发挥新型城镇化的引领作用，推动新型工业化和新型城镇化良性互动、新型城镇化和农业现代化相互协调，实现新型城镇化、新型工业化和农业现代化协调发展。

第一节　河南省新型城镇化引领
"三化"协调发展的优势

河南省新型城镇化引领"三化"协调发展的思路提出较早，经过不断的探索和发展，已经取得了一定的成效，发展基础较好，使新型城镇化引领"三化"协调发展具有许多有利因素。

一、经济实力能够支撑新型城镇化快速发展

近年来，河南省坚持稳中求进工作总基调，认真贯彻落实新发展理念，积极

有效推进供给侧结构性改革，沉着应对各类风险挑战，全省经济持续较快发展，呈现出总体平稳、稳中向好的良好势头。《2020 年河南省国民经济和社会发展统计公报》显示，河南省的综合实力大幅跃升，经济总量先后迈上 4 万亿元、5 万亿元两个大台阶，2020 年河南省生产总值达 5.5 万亿元。财政收入不断增加，2020 年财政总收入为 6267.39 亿元，一般公共预算支出突破 1 万亿元。粮食产量连续 4 年稳定在 6500 万吨以上，制造业"三大改造"全面实施，装备制造、食品制造产业加快跃向万亿级，战略性新兴产业和数字经济加速发展，战略性新兴产业增加值占规模以上工业比重超过 20%。人民生活水平大幅提高，2020 年河南省居民人均可支配收入为 24810.10 元。公共服务水平持续提升，民生福祉显著改善，2020 年城镇新增就业人员为 122.59 万人，新增农村劳动力转移就业 45.81 万人，年末农村劳动力转移就业总量为 3086.70 万人。

今后一个时期，世界经济仍处于缓慢复苏的进程中，国内经济下行压力较大，外部环境的复杂性和不确定性将表现得更加明显。受此影响，河南省经济增速有可能下降，但发展的基本条件没有改变，发展的优势不断提升，随着产业结构调整步伐加快，总体来看，第二、三产业增长对就业增加的带动能力将稳定提高，不会对河南省新型城镇化快速发展的态势造成较大影响，河南省的经济实力能够支撑城镇化的快速发展。

二、城乡融合发展迈入新阶段

城镇化是农村人口转化为城镇人口的过程，是以农村型社会为主体的社会转化为以城市型社会为主体的社会的过程，是城市文明向农村文明延伸和覆盖的过程，是第一产业在国民经济占主导转化为第二、三产业在国民经济中占主导的过程，是农村空间形态转化为城镇空间形态的过程。在这一过程中，由于城镇化后就业机会多，收入水平高，文明程度高，公共服务好，生产生活便利度高，城镇对农村的人口、资金、资源具有强烈的吸引作用，各类生产要素表现为由农村向城镇、由农业向非农产业的单一流动，这也是城镇化率迅速提高、城镇规模持续扩大的重要推因。但是，随着常住人口城镇化率超过 50%，河南省已经完成由以农业型社会为主体的社会向以城市型社会为主体的社会的转变，进入了高质量发展阶段，将推进城乡融合发展。进入新阶段后，城镇化的高质量发展突出表现为以工促农、以城带乡,城乡规划布局、要素配置、产业发展、基础设施、公共服务、生态保护相互融合和协同发展,城乡发展差距不断缩小,最终实现城乡居民都能够享受城镇化发展成果。坚持以新型城镇化引领"三化"协调发展,和城乡融合发展在发展目标、发展路径、发展举措上都互相融合、协调联动,城乡融合发展要打破阻碍城乡融合的体制机制壁垒,促进城乡资源要素平等交换和双向自由流动,着力提升居民收入水平,加快形成新型城乡关系,促进新型工业化、新型城镇化、农业现代化协调发展。

三、现代城市建设取得新进展

近年来,河南省坚持以人民群众为中心,以文明理念为引领,以品质提升为重点,通过夯实产业基础、优化生态环境、提升社会治理水平等方面的努力,宜业、宜居、宜游的现代城市建设取得了明显的进展。

郑州国家中心城市建设稳步推进。2018 年 2 月出台的《郑州建设国家中心城市行动纲要(2017—2035)年》已经开始全面落实,"一中枢一门户三中心"(国际综合交通物流中枢,内陆地区对外开放门户,全国重要的经济增长中心、全国极具活力的创新创业中心、华夏历史文明传承创新中心)加快构建。郑州被确定为全国 12 个最高等级的"国际性综合交通枢纽"之一,巩固提升了其在陆港、空港、商贸服务和生产服务方面的物流枢纽地位;首次进入"世界城市 100强"和"亚洲城市 50 强"之列,郑州正在努力打造开放包容的现代化、国际化大都市。

百城建设提质和文明城市创建取得了较显著的成效。各级城市的承载能力不断得到增强,2019 年新建及改造的城市道路、燃气管网、热力管网和电力线路分别达到了 1352 千米、5800 千米、397 千米和 3453 千米。人居环境不断优化,加快补齐基础设施和公共服务短板,2020 年改造老旧小区 76 万户,基本建成棚改安置房 24.8 万套。公共服务持续改善,政务、教育、卫生、文化、体育、养老等方面的公共服务供给不断加大,就学、看病、养老等一大批民生难题逐步得到了解决。文明形象明显提升,2020 年河南省"全国文明城市"增至 23 个。通过以文"化"城、以水"润"城、以绿"荫"城、以业"兴"城,越来越多的城市正在成为居者心怡、来者心悦的宜居之城。

四、互联互通基础设施网络体系初步形成

近年来，河南省依托得天独厚的区位、交通优势加快构建便捷畅通的综合交通体系，努力建成连通境内外、辐射东中西的物流通道枢纽。"米"字形高速铁路网基本建成，郑徐、郑阜、商合杭、郑太、郑万河南段等高铁开通运营，截至2020年，河南省高速铁路通车里程达到1980千米，形成了辐射河南省辖市的1小时经济圈，对以郑州为中心、中原城市群一体化发展格局起到骨干支撑作用；高速公路通达所有县城，截至2020年，高速公路通车总里程达到7100千米；郑州机场三期北货运区开工建设，郑州至卢森堡双枢纽贯通全球，郑州机场跻身中部地区客货运双第一，淮河、沙颍河水运通江达海，"米+井"综合运输通道和多层次枢纽体系基本形成。郑州现代综合交通枢纽地位不断凸显，"双枢纽"地位进一步得到巩固。位于全国"两横三纵"城镇化战略格局中陆桥通道、京广通道的交会处，是我国重要的兼具公路、铁路、航空、通信的综合交通枢纽，在连接东西、贯通南北中发挥着重要作用。郑州铁路枢纽是京广铁路、陇海铁路的交会点，是全国12个最高等级的"国际性综合交通枢纽"之一，长期以来承担着全国客货运输集疏中转的重要任务，素有"中国铁路心脏"和"中国交通十字路口"之美誉。作为我国首个上升为国家战略、目前唯一由国务院批准设立的航空经济先行区——郑州航空港经济综合实验区是一个拥有航空、高铁、地铁、城铁、普铁、高速公路与快速路等多种交通方式的立体综合交通枢纽，新郑国际机场的航空货运枢纽地位快速提升，郑州同时入选陆港型、空港型、生产服务型、商贸服务型国家物流枢纽，在全国物流格局中的战略地位不断提升。依托"米"字形高速铁路网，辐射八方的城镇发展轴带正在形成。

第二节　河南省新型城镇化引领 "三化" 协调发展的劣势

在河南省新型城镇化引领"三化"协调发展过程中，遇到了一系列矛盾和

一些亟待解决的问题，这些矛盾和问题随着城镇化进程的推进和经济社会的发展被逐步暴露出来，制约着河南省加快推进新型城镇化引领"三化"协调发展。

一、城镇化总体水平不高

作为传统的农业大省和人口大省，河南省城镇化发展长期滞后，常住人口城镇化率远低于全国平均水平，与工业化、农业现代化协调度较差，其吸纳农村剩余劳动力就业、创造经济需求、支撑工业化发展以及促进农业现代化发展等引擎作用尚未得到充分发挥。

城镇化水平滞后于工业化水平。工业化和城镇化之间是相互影响、相互推进的关系。工业化意味着各种生产要素资源在空间上的高度聚集，客观上要求作为载体的城镇发展与此相适应。受户籍制度及人为地控制城市发展等因素的影响，目前，河南省城镇化进程严重落后于工业化进程。城镇化率长期滞后于工业化率，导致产城融合水平较低，必然造成农村人口长期无法向城市转移，大量的人口滞留在农村，农业的隐蔽性失业严重。城镇化既是工业化发展的必然结果，也是工业化发展的主要载体。城镇化滞后于工业化，已经严重制约了城乡经济的协调发展，阻碍了工业现代化和城区经济效益的提升，并制约着第三产业、服务设施以及教、科、文、卫、社会保障等的发展，不利于人口素质的提高，影响第一、二产业的发展，影响就业的容量，农村人口难以有效转移，导致"三农"问题难以真正得到解决。

城镇化发展不均衡。各地市城镇化水平差异较大，郑州市城镇化水平较高，2019年常住人口城镇化率达到74.6%，高于河南省平均水平21.4个百分点；而黄淮地区城镇化水平较低，常住人口城镇化率普遍低于河南省平均水平，最低的周口市常住人口城镇化率为44.4%，低于郑州市30.2个百分点。城镇化发展的不均衡是区域经济发展不平衡的表现，人口都涌向大城市，由此产生的城市生产、生活释放的废水、废气和垃圾迅猛增长，给原本趋紧的城镇资源和环境供给带来了更大的压力。现有的基础设施建设和公共服务水平远远不能适应城镇发展和环境保护的需要。从长远来看，城镇化的不均衡发展会影响到城市的可持续发展。

城市基础设施和公共服务设施水平不高。与全国城市基础设施平均水平相比，河南省城市设施水平滞后。2019 年，除了每万人拥有公共厕所指标外，城市用水普及率、城市燃气普及率、每万人拥有公共交通车辆、人均城市道路面积、人均公园绿地面积等指标均低于全国平均水平，说明河南省的城镇化质量还偏低，与发达地区相比仍存在较大的差距。

二、产城融合不完善

河南省较早就提出了产城融合的发展理念，近年来持续推进百城提质工程，推进洛阳、济源国家产城融合示范区建设，初步形成了以产兴城、依城促产的产城融合发展格局，但是仍处于起步阶段，不能满足高质量城镇化发展的需求。

从产业支撑能力来看，部分城镇产业支撑能力不足，提供就业岗位不能满足当地经济社会发展的需求。产业是城镇发展的基础，城镇是产业发展的重要载体，产城融合的核心在于产业的发展，只有产业发展了，才能提供充分的就业岗位，当地经济才能发展。人口集聚会增强对城镇基础设施和公共服务的需求，同时经济的发展为城镇基础设施和公共服务建设提供了资金保障。一是河南省的一些城镇还处于"有城产弱"的阶段，城市规模不断扩张，新区、开发区大量建设，但是产业发展滞后于城镇化，导致就业支撑能力不足、城镇集聚人口能力不足、空城现象出现。二是河南省特殊的产业结构带来的就业支撑能力弱。一方面，重化工业增加值占河南省工业的比重高，资本有机构成较高，容纳就业人口有限；另一方面，第三产业发展滞后，服务业最大就业容纳器的作用尚未得到完全发挥，造成了河南省产业集聚人口的能力不足，尤其是一些中小城市产业支撑能力不强，不能满足大量农业转移人口的就业需求。

从城镇载体作用来看，"产强城弱"、产业与城市功能不匹配的现象依然存在。宜居宜业的综合环境才能吸引人才和企业，在一些城镇，存在市政配套和生产性配套设施不完善、生活性配套设施滞后的情况，缺乏生活、文体和商业配套设施，不能满足人们对城镇功能的需求。教育、娱乐、休闲、商贸、物流、交通等公共服务能力的不足，也影响了当地的产业吸引力，进而影响就业，导致人口吸引力不足，形成了恶性循环。

三、大中小城市发展不协调

大中小城市和小城镇协调发展是城镇化发展的一个明确方针，但从这些年的发展情况来看，由于体制和制度的原因，导致资源和要素分配往大城市集中，城市越大，行政层级越高，集中的行政资源和投资机会往往就越多。这就形成了一个悖论，理论上希望大中小城市协调发展，但是几年实践下来，人口还是向大城市特别是特大型城市流动。

大城市中心城区人口过度集聚。从集聚人口能力来看，郑州市的人口集聚能力远远高于其他中小城市，随着郑州市的交通枢纽地位和区域经济中心地位更加凸显，要素流通更加便利化，产业竞争力更强，吸引人口的能力也在不断增强。2006~2019 年，在河南省辖市中，只有郑州市保持常住人口每年净流入，其他市均存在人口净流出现象。大量外来人口的涌入，导致中心城区人口快速膨胀，交通拥堵问题愈演愈烈，城市运转效率大大降低；住房价格不断上涨，大量低收入人群蜗居于城中村；教育、医疗等公共服务的供给赶不上需求的增加，尽管投入不断加大，但入学难、看病难的问题仍然没有得到有效的解决；资源环境不堪重负，城市建设和生产、生活所产生的垃圾、污水、废气等对生态环境的污染问题非常突出，特别是机动车污染近年来尤为严峻。这一系列负面问题已经明显影响到城市居民生产与生活，严重制约了河南城镇化的健康发展。

中小城市和小城镇对人口的吸纳能力不足。与人口向大城市中心城区过度集聚相反，河南省的很多中小城市和小城镇对人口的吸引、吸纳能力尚显不足。尽管很多中小城市和小城镇已经放宽了落户条件，但由于其产业支撑不足，公共服务能力较弱，基础设施、生活配套设施不完善，社会保障水平不高，对周边农村人口的吸引力、吸纳力相对较弱，无法充分发挥吸纳农业转移人口的潜力。

与中小城市相比，大城市可以给居民提供更高的工资水平、更好的生活环境、更优越的福利水平，进而能吸引更多的人口，因此其在产业发展高端化和技术创新方面更有优势，大城市规模的扩大可以更好地发挥其规模效应。从表面上看，郑州市"一城独大"的现象明显，但全省城镇体系不协调，河南省城镇体系中的深层次问题是郑州这一大城市还不够大、不够强；副中心城市洛阳还没有完全建立起副中心城市的地位，对周边区域的辐射和带动力不强；中小城市还不够优、不够精,没有形成特色城市。只有进一步提升城镇就业吸纳能力、基础设施承载能力、公共服务能力、文明程度和宜居水平,充分释放城镇量能,才能充分发挥新型城镇化的引领作用。

四、中小城镇综合承载能力差

随着河南省城镇化进程的加快,人口向城镇集聚,对基础设施和公共服务需求的数量和质量都有了新的要求,中小城镇综合承载能力不足。

从城镇基础设施承载力来看,大城市的重点在于提质增量,中小城市的重点在于补齐欠账。随着经济社会的发展,大中城市中交通拥堵、城市内涝、垃圾围城、噪声污染、空气污染等新问题不断涌现,对人们的生活影响较大,亟待解决。中小城市基础建设长期不足,百城提质工程的加快推进,正在补齐历史欠账,但是城镇公交系统建设滞后、地下管网建设薄弱、生活垃圾处理能力不足等问题依然存在。与全国平均水平相比,除县城污水处理率这一指标外,河南省城市和县城基础设施建设的其余指标均低于全国平均水平;从省内来看,县城用水普及率、燃气普及率、人均公园绿地面积远低于城市,说明县城基础设施建设较为滞后。

从城镇公务服务承载力来看,中小城镇公共服务品质严重滞后于大中城市。长期以来,资源配置向大中城市倾斜,造成了城乡和地区间发展差距进一步加大,优质的教育、医疗、文化、体育等公共服务资源也向大中城市集中,中小城市难以给居民提供较好的医疗条件、教育机会、文化休闲等服务,难以吸引农业人口就近转移。人们对公共服务的需求不是简单的"有没有",而是要"好不好",人们对美好生活的向往,更需要提升公共服务的品质,使公共服务供给规模和服务质量与城镇居民日益增长的公共服务需求相适应,推进城镇化高质量发展。

五、资源短缺与利用效率低下并存

新型城镇化要求各种城镇化所需资源的集约使用,但是目前资源短缺与利用效率低下并存,制约着新型城镇化的发展。一方面,自然资源日益稀缺,人均资源不足；另一方面，资源利用效率不高。

一是土地资源紧缺。随着新型城镇化引领"三化"协调发展的加快推进，对土地的需求不断增加。而河南是全国第一产粮大省，也是粮食生产核心区，承担着保障国家粮食安全的责任，对耕地有严格的保护政策，使土地的供给有限，农业用地与工业化、城镇化用地的矛盾日益尖锐，新型城镇化将面临更加严格的土地约束。一方面，随着工业化和城镇化不断发展，各项建设要占用大量耕地，治理环境污染、建设生态文明也需要占用一定数量的耕地，但是河南省适宜开垦的耕地后备资源日趋减少，整理复垦补充耕地的难度越来越大，未来河南省耕地资源的供需矛盾、耕地保护的形势将更加严峻。另一方面，河南省目前处于城市化加速发展阶段，同时也处于工业化中级阶段，工业化、城镇化的迅猛发展导致用地需求激增，在耕地红线不得突破、基本农田不能减少、可开垦的宜农荒地已经不多的硬约束条件下，如何稳定粮食生产，化解土地资源不足与粮食稳产增产的矛盾、解决耕地红线与建设用地刚性需求的矛盾是新型城镇化引领"三化"协调发展要破解的一大难题。

二是水资源短缺。河南是一个严重缺水的省份，人均水资源占有量仅为全国平均水平的1/5。据有关方面测算，城市居民的平均用水是农村居民的3倍以上，随着城镇化进程的加快，势必导致城市用水量猛增，水资源供需矛盾日益突出，新型城镇化面临水资源严重短缺的挑战。

三是城镇化发展方式粗放，资源利用效率低下。河南省经济增长方式粗放、产业结构不合理和技术水平落后等因素，造成了资源利用效率不高，甚至随意浪费的现象较为普遍，加剧了资源的供需矛盾，进一步制约了城镇化的发展。与粗放的经济增长方式相似，河南省的城镇化方式也是粗放型的，城镇用地的集约化利用程度较低，一是城镇规模总体偏小，城镇用地内部结构和布局不尽合理，土地利用效率较低；二是农村居民点用地数量大，布局分散，居住环境差；三是建设用地批多用少，一些地方建设用地供应没有严格执行定额标准，批多用少、长期占而不用的现象比较突出，土地闲置情况依然存在；四是低水平重复建设造成的土地粗放利用问题仍然存在。

第三节 河南省新型城镇化引领 "三化" 协调发展的机遇

经过多年的努力，河南省新型城镇化建设取得了显著成效，未来将由侧重于速度增长、规模扩张向侧重质量提升、持续增长转化。在这个发展阶段，从经济社会发展环境来看，河南省城镇化保持快速增长的基础条件较好，河南新型城镇化引领"三化"协调发展面临着重大的历史机遇。

一、新发展格局释放新动能

2020年以来，受新冠肺炎疫情的影响，世界经济低迷，国际贸易萎缩，国际经济大循环动能弱化。面对外部环境变化带来的新矛盾、新挑战，必须顺势而为调整经济发展路径，在努力打通国际循环的同时，进一步畅通国内大循环，提升经济发展的自主性、可持续性，增强韧性。在此背景下，党的十九届五中全会通过的《中共中央关于制定国民经济和社会发展第十四个五年规划和二〇三五年远景目标的建议》提出，要加快构建以国内大循环为主体、国内国际双循环相互促进的新发展格局。构建新发展格局和扩大内需，适应我国发展阶段性新特征，为我国经济发展指明了方向、明确了任务，可以释放巨大而持久的动能。

我国正处于城镇化快速发展时期，这个过程既会创造巨大需求，也会提升有效供给。我国市场规模巨大，但是我国最终消费总规模世界占比低于我国人口世界占比和经济总量世界占比，第七次全国人口普查结果显示2020年我国人口占世界人口的比重达到了18.2%；《2020年国民经济和社会发展统计公报》显示，GDP总量占世界GDP比重达到了17.4%，但最终消费只占世界最终消费的12.1%。如果我国GDP比重和消费比重能达到一致，还有较大的消费潜力可以挖掘，将对经济有非常显著的拉动作用。在最终消费中居民消费占比达到70%，其中，农村居民最终消费占15.3%，城镇居民最终消费占54.7%。七普数据显示，我国常住人口城镇化率为63.9%，意味着还有35%以上的人口生活在农村，而农村居民消费远低于城市居民消费,农村居民消费将是未来拉动中国经济最大的潜力。

在双循环新格局下,扩大内需是战略基点,河南新型城镇化的推进可以创造巨大的需求。"七普"数据显示,河南省常住人口城镇化率为55.43%,与全国相比河南省的城镇化潜力更大,城镇化的加速推进将使更多的农民成为市民,进而释放消费潜力。一方面,在新发展格局下,有利于释放农村农民的需求,随着新型城镇化的加速推进和乡村振兴战略的实施、农村劳动力不断向城市转移,农业劳动力尽可能多地转移到其他部门,才能实现土地规模经营,农业的劳动生产率提高,实现"三化"协调发展,农民的收入进一步提高,消费动力进一步增强。另一方面,目前我国有大约4亿中等收入群体,在双循环格局下,中西部地区将是未来新的中等收入群体增长潜力所在,如果河南省将新型城镇化和新型工业化相结合,将产业转移和转型升级相结合,将成为我国新的中等收入群体增长的重要区域,也将吸引更多的农业人口向城市转移,带来巨大的消费潜力。

二、多重战略叠加释放新红利

随着国家粮食生产核心区、中原经济区、郑州航空港经济综合实验区、促进中部崛起规划、"一带一路"建设等的陆续实施,及中国(郑州)跨境电子商务综合试验区、郑洛新国家自主创新示范区、中国(河南)自由贸易试验区、国家大数据(河南)综合试验区等成功获批落地,河南省迎来了多重国家战略交汇叠加的重大发展机遇期。2019年9月,习近平在郑州主持召开黄河流域生态保护和高质量发展座谈会时指出,黄河流域生态保护和高质量发展,同京津冀协同发展、长江经济带发展、粤港澳大湾区建设、长三角一体化发展一样,是重大国家战略。黄河流域生态保护和高质量发展、促进中部地区崛起、"一带一路"建设交汇叠加,为新时期推进河南省经济社会发展再上新台阶创造了宝贵的战略机遇。

中央把推进新型城镇化摆在了更加突出的位置,党的十九大报告中提出"推动新型工业化、信息化、城镇化、农业现代化同步发展"。"十四五"规划提出"完善新型城镇化战略""推进以人为核心的新型城镇化"。国家发展和改革委出台的《2019年新型城镇化建设重点任务》指出"城镇化是现代化的必由之路,也是乡村振兴和区域协调发展的有力支撑",并提出了与此相关的户籍、土地、资金、住房、基本公共服务等方面的配套政策,为城镇化发展提供多方面的政策支持。这些战略部署为河南加速推进新城城镇化引领"三化"协调发展指明了方向。河南省常住人口城镇化率超过了 50%,已经完成了以农业型社会为主体的社会向以城市型社会为主体的社会转变,由城乡之间要素单向流动的城镇化发展模式向城乡要素双向流动模式转变,河南省城镇化进入城乡融合发展阶段。为此,河南省出台了一系列政策措施,来统筹新型城镇化与乡村振兴,以城带乡、以工促农,推进城乡规划布局、要素配置、产业发展、基础设施、公共服务、生态保护相互融合和协同发展。

可以看出,河南省在推进新型城镇化的过程中,既有中央战略方针的指引和政策支持,又提出走具有河南特色的新型城镇化道路以及以新型城镇化引领"三化"协调发展之路,发展思路进一步明确,随着河南省多个国家层面战略的加快实施,有利于河南省争取国家的更大支持,先行先试、开拓创新,加快新型城镇化步伐。

三、统筹区域协调发展催生新空间

党的十八大以来,以习近平同志为核心的党中央把协调发展作为治国理政的基本发展理念,高度重视区域协调发展。党的十九大明确提出,要"实施区域协调发展战略,建立更加有效的区域协调发展新机制"。并将区域协调发展战略列为国家七大战略之一。我国在推动区域协调发展上取得了一系列历史性成就,区域间相对差距虽呈缩小趋势,但区域之间绝对差距仍然较大,区域经济发展分化态势明显。长三角、珠三角等地区已初步走上了城镇化高质量发展轨道,一些北方省份则增长放缓,全国经济重心进一步南移。发展动力极化现象日益突出,经济和人口向大城市及城市群集聚的趋势比较明显。我国国土面积广袤,人口分布不均,自然条件和经济基础千差万别,不可能在短期内实现绝对均衡发展。习近平在中央财经委员会第五次会议上指出:"不平衡是普遍的,要在发展中促进相对平衡。这是区域协调发展的辩证法。"在宏观层面继续实施"大尺度"战略的同时,适当缩小落实区域协调发展战略的空间范围,将有利于提高区域协调发展政策的针对性和精准度,也更容易收到成效。中共中央、国务院于 2018 年 11 月发布的《关于建立更加有效的区域协调发展新机制的意见》提出，要进一步细化区域政策尺度，建立以中心城市引领城市群发展、城市群带动区域发展新模式，推动区域板块之间融合互动发展。

在此背景下，以城市群为主体构建大中小城市和小城镇协调发展的城镇格局，成为新时期推动新型城镇化持续健康发展的重要战略导向。随着我国推动区域协调发展战略的调整，以及对工业化、城镇化、农业现代化、信息化、绿色化发展客观规律的认识，城镇化空间组织方式将加快进行调整，形成"城市群—都市圈—中等城市—中小城市—小城镇"的空间组合链条，其中都市圈作为一种城镇化空间形态，将对特大城市和大城市周边的中小城市和小城镇进行资源的重新组合，共同以一种新的城镇化空间形态来加入现代城镇体系中，改变了传统的"国家中心城市—区域性中心城市—地区性中心城市—中小城市—小城市"空间组织链条。对于河南省来说，城镇化空间组织形式将加快向"郑州都市圈—洛阳都市圈—区域中心城市—县级城市—小城镇和特色小镇"的城镇化空间组织形式转变。当前，中原城市群以郑州主中心城市和洛阳副中心城市为引领，与区域内其他城市联动发展，整体呈现出相互协调、优势互补、加速崛起的良好发展势头，为河南省新型城镇化发展提供了重要平台和支撑。作为城市群内层的都市圈拥有更好的合作基础和更多的合作诉求，合作协调成本相对较小，区域经济的整体性和协同性比较高，在都市圈范围内构建科学合理的城镇化体系，强化产业分工合作，密切城市经济往来，促进城乡融合发展，将有助于形成更有效的区域协调发展机制。河南省提出要推进郑州都市圈一体化发展，加快建设洛阳都市圈，不断增强两大都市圈的整体带动作用。与此同时，河南省强力推进郑州国家中心城市建设，加快洛阳副中心城市建设步伐，欲将郑州、洛阳打造成引领全省发展的"双引擎"，并进一步提升南阳、商丘、安阳等区域性中心城市发展能级，注重发挥县城作为县域经济高质量发展的主引擎和城市群、都市圈重要战略支点的作用，大力提升县城和小城镇的综合承载能力，以强县富民为主线、改革发展为动力、城乡贯通为途径，致力于筑牢县域经济底盘支撑。通过深入实施区域协调发展战略，将不同类型、不同功能的区域和城乡统筹规划、整体部署，有利于优化整合空间结构，拓展区域发展新空间。

四、关键领域改革实现新突破

新型城镇化进程中存在的诸多问题，在很大程度上与体制不健全和机制不完善有关。由于新型城镇化涉及经济、社会、文化、环境等领域，往往牵一发而动全身，在推进过程中，受到的阻碍和制约也较多，单一领域的改革效果往往不尽如人意。随着工业化、城镇化的加快和社会主义市场经济体制的完善，我国的各项改革都加快推进，经济社会发展的活力动力不断增强，特别是关于城镇化的改革，在《国家新型城镇化规划（2014—2020年）》《中共中央关于全面深化改革若干重大问题的决定》《中共中央　国务院关于建立健全城乡融合发展体制机制和政策体系的意见》等重大文件中都对科学推进新型城镇化改革作出了部署和安排，城镇化改革也在户籍制度改革、土地利用制度改革、城乡统一的社会保障制度改革、行政管理体制改革、投融资体制机制等方面取得了巨大的成效，使城镇化保持了较高的发展速度和发展质量。但是，社会关注的一些关键领域的改革仍然有待进一步突破，真正破除阻碍城镇化发展的体制机制。

2019年以来，城镇化改革在攻坚方面开始突破，从行政管理体制改革来看，2019年8月30日，经国务院批准，同意撤销浙江省苍南县龙港镇设立县级龙港市，这是对"超级镇"进行城镇化发展的一次有益尝试。对于河南省来讲，经济社会发展基础较好的"超级镇"也可以积极探索"镇改市"的路子。另外，2019年8月，河南省政府印发关于撤销长垣县设立县级长垣市的通知，也是河南"县改市"尘封20年来，首次将地方经济中心由县改市，更好地发挥区域带动效应。从土地利用制度改革来看，2019年1月，自然资源部办公厅、住房和城乡建设部办公厅印发了《关于福州等5个城市利用集体建设用地建设租赁住房试点实施方案意见的函》，原则上同意福州、南昌、青岛、海口、贵阳5个城市利用集体建设用地建设租赁住房试点实施方案。2019年8月26日，十三届全国人大常委会第十二次会议审议通过的《土地管理法修正案》自2020年1月1日起施行。这次新修改的土地管理法破除了农村集体建设用地进入市场的法律障碍，让农民能够更好地享受农村建设用地入市的增值收益，有利于农村居民进城购房、落户，有利于农业转移人口的市民化，也有利于缩小户籍人口城镇化率与常住人口城镇化率的差距，提高城镇化的质量和水平。这些改革是破冰之举，将为河南城镇化的发展增添新的内生动力，更好地发挥新型城镇化改革的综合效应，随着改革的不断深化，新型城镇化健康发展的体制环境将更加宽松，必将为河南省加速推进新型城镇化带来重大机遇，推动新型城镇化引领"三化"协调发展。

五、县域经济高质量发展激发新活力

2020 年国务院总理李克强在《政府工作报告》中提出，加强新型城镇化建设，大力提升县城公共设施和服务能力。2020 年 5 月，国家发展和改革委印发了《关于加快开展县城城镇化补短板强弱项工作的通知》，明确了县城城镇化补短板强弱项工作路线图。"十四五"规划提出"推进以县城为重要载体的城镇化建设"。县城及县级市城区在我国经济社会发展中的地位十分重要，县城处于城市与乡村之间，是农民进城就业安家、城乡要素跨界配置和产业协同发展的天然载体，也是推进工业化城镇化的重要空间、城镇体系的重要一环、城乡融合发展的关键纽带。

河南省县域面积占比近九成、常住人口占比超七成、经济总量占比超六成，在全省发展大局中举足轻重。县域劳动力资源优势、内需空间优势、现代农业优势等不少新优势正在形成。"十四五"时期，国家将更加重视县域的发展，县域将成为未来吸纳农村转移人口的另一主要载体，可以实现农业转移人口就地城镇化。中央从发展战略上将县域作为我国新型城镇化发展的重点，县域成为提升城市化质量、推进新型城镇化加速发展的主要战场。县域的新型城镇化建设迎来了黄金发展期，面临难得的历史机遇，主要表现在：一是当前扩内需为县域发展提供了难得的机遇。加快县域基础设施建设，增加中小城市的就业机会，通过县域的发展来扩大消费、扩大投资，从而实现经济增长速度的止跌回升，为国民经济的平稳较快发展提供了强有力的支撑。二是产业转移为县域发展带来的机遇。随着我国产业结构调整升级步伐的加快，资源配置市场化程度提高，资金、技术的要素在地区间流动加速，经济增长的热点会向具有优势和潜力的中西部地区转移，有利于河南省各县市利用区位、劳动力、资源和市场优势，承接国内外尤其是东部地区产业梯度转移。这是河南发挥比较优势和后发优势，建立现代产业体系，加速工业化、城镇化进程的重要机遇。实体经济的转移必将伴随着投资、消费和就业的转移，有助于河南县域产业规模扩张与转型升级，加速产业和人口集聚，吸纳大量农村劳动力，实现农村劳动力就地转移。极大地拓宽城镇发展空间，带动人口和生产要素向县城集聚，进一步增强县城的辐射带动作用，推动城乡产业结构、人口结构和生产力布局的加快调整，实现城乡互动、产城融合。

第四节　河南省新型城镇化引领"三化"协调发展的挑战

城镇化发展的外部条件正在发生深刻变化，世界经济低速增长态势仍将延续，区域竞争日趋激烈，外部需求不足与河南省自身结构性矛盾叠加交织，保持经济持续较快发展难度加大，对加快新型城镇化、释放投资和消费需求提出更高要求。这些矛盾和问题使传统城镇化发展模式越来越难以为继，河南新型城镇化引领"三化"协调发展面临新的挑战。

一、与城镇化成本相适应的成本分担机制和融资模式尚未建立

河南省正处于城镇化加快发展阶段，农业转移人口较多，城镇化建设所需的建设资金较大，而城镇化融资的主体和融资方式较为单一，形成的资金缺口较大。

从资金需求来看，河南省城镇化建设需要大量的建设资金。按照河南省城镇化率年增长 1 个百分点计算，未来五年将有 500 万农业转移人口进入城市，河南省不仅要努力缩小与沿海发达地区在基础设施公共服务上的差距，还要缩小城镇居民和现有农业转移人口在基础设施和公共服务上的差距，此外还要为今后新增加的农业转移人口提供基础社会保障和公共服务，资金需求量巨大。

从资金供给来看，河南省财政资金有限，目前的融资方式尚不完善，需要建立一套新的融资体系支撑城镇化发展资金需求。目前，河南省城镇化建设资金主要来源于以下三个方面：一是土地使用权出让收入难以为继。过去的一段时间地方政府获取资金的一个重要来源——土地使用权出让收入是政府性基金收入中最

重要的组成部分。但是，随着征地拆迁成本的上升和城市基础设施建设成本的增加，各地方政府通过土地使用权出让而获得的净收益在逐年减少，同时随着房地产调控政策的持续收紧，土地市场也出现了一定的回落。特别是长远来看，一方面，土地财政不利于城市可持续发展和实体经济发展；另一方面，土地是稀缺资源，政府可以出让的土地资源是有限的，具有不可持续性，难以长期支撑地方政府的资金需求。二是 PPP 模式实施难度进一步加大。2019 年 7 月，为贯彻落实国家发展和改革委《关于依法依规加强 PPP 项目投资和建设管理的通知》（发改投资规〔2019〕1098 号）等文件精神，河南省发展和改革委发布了《关于依法依规切实加强 PPP 项目投资和建设管理的通知》，提出要严格加强对 PPP 项目的投资和建设管理。河南省很多城市基础设施和公共服务项目是依靠 PPP 模式进行建设，特别是百城提质工程的一个重要融资途径就是 PPP 模式，在 PPP 模式管理日益严格和规范的情况下，如何合法、合规、合理运用 PPP 模式推进城镇化建设将是各级政府面临的一大难题。三是其他融资方式难以作为城市建设发展资金的主要来源。发行地方债、建立用于城市建设发展的基金等融资方式占比较小，融资平台的风险保障能力较弱，不能满足城镇化建设发展的资金需求。

二、加快城镇化速度和提高城镇化质量兼顾不易

推进城镇化，核心是人的城镇化，关键是提高城镇化质量，目的是造福百姓和富裕农民。要处理好城镇化速度和质量的关系，使城镇化进程与经济、社会和环境发展相协调。

从现实情况来看，加快推进城镇化已经成为推动河南经济社会持续健康发展、全面建成小康社会的迫切需要。作为传统的农业大省和人口大省，河南省城镇化长期发展滞后，城镇化率较低、城镇化地区发展不平衡、城市设施水平不高。大量农村剩余劳动力滞留在农村，影响了农业规模化水平的提高，制约了产业结构的升级，不利于"三化"协调发展，成为制约河南经济发展的瓶颈。七普数据显示，河南省常住人口城镇化率落后于全国平均水平 8.5 个百分点，必须要保持一个较高的增长水平，才能逐步缩小与全国的差距，破解河南经济发展中的诸多难题。

另外，单纯追求城镇化率高增长的弊端已经显现。一是忽视了人的城镇化，

导致人口城镇化明显滞后于土地城镇化。虽然城镇数量快速增加、城镇形态加速变化，但农民工问题却日益严重。农民工及其家庭成员在享受教育、就业、医疗、住房、社会福利等方面与市民有明显差别，公共服务提供能力明显不足。二是城市人口的快速增长，对城市环境承载能力和城镇基础设施承载能力造成了极大的压力，出现了交通拥堵、污染加重等问题，"城市病"问题显现。三是在城镇开发建设中，部分地区盲目扩大建设规模，低密度开发，土地利用率低。单纯依靠粗放式消耗土地资源、大规模农村富余劳动力廉价供给和依靠非均等化公共服务压低成本推进城镇化快速发展的模式，已经越来越难以为继。这就要求我们加快转变城镇化发展方式，走一条有质量的新型城镇化道路，真正实现农民市民化。

目前，河南省面临的挑战和困难是：一方面，城镇化发展速度不是过快，而是还不够快，以新型城镇化引领"三化"协调发展要求我们必须加快城镇化发展速度；另一方面，为了防止单纯追求速度带来的一系列问题，必须提高城镇化质量。实现城镇化率每年1%的增长目标已经困难重重，还要兼顾提高城镇化质量的任务，使河南省城镇化与城市就业创造能力、环境承载能力与基础设施建设和公共服务提供能力相适应，无疑是难上加难。城镇化速度与质量协调发展，意味着既要保持一定速度，更要注重质量，要在保证城镇化质量的基础上，继续保持较快的发展速度，面对的情况十分复杂，需要解决的矛盾和问题非常突出，确保城镇化速度与质量协调发展是一项艰巨的系统工程。

三、农业转移人口市民化面临新挑战

农业转移人口市民化一方面要在数量上实现相当部分农民工身份、工作的转化，使其享受到市民待遇；另一方面要在质量上实现工作方式、生活方式、社会交往、价值观念等与城市居民的融合，城市文化的融合，实现内涵上市民化。

首先，要使农民工"进得来"，要解决好农民工进城后的就业问题。河南农村人口众多，每年需转移100万新增城镇人口（按每年全省城镇化率增长1个百分点测算），而且这部分劳动力素质普遍不高，转移就业困难。同时，河南省正进入工业化中后期，资本替代劳动的趋势进一步显现；而第三产业发展滞后，能够吸纳的就业有限。如何处理好大量农村劳动力亟待转移与城镇吸纳就业能力不足的矛盾，对于河南省来说是个巨大的挑战。

其次，要使农民工"留得下"，要实现公共服务均等化，使农民工享有子女教育、公共就业、医疗卫生、住房保障、社会保障等城镇基本公共服务，如何解决城镇常住人口持续增长与基本公共服务供给能力不足的矛盾，是河南省面临的又一个挑战。从另一个角度来看，农民工市民化的一个重要途径是使大部分农民工在县域实现市民化。由于河南省中小城市和小城镇产业支撑力较弱，基础设施、公共服务等配套服务滞后，导致吸纳人口有限，农村转移人口多流向郑州和中心城市。一方面，由于郑州和中心城市的房价和物价较高，农民工留在大城市的成本远远高于留在中小城市和小城镇，在大城市市民化的困难远高于在中小城市市民化；另一方面，大城市人口超负荷集聚，基础设施和公共服务等建设跟不上人口的增长速度，农民工融入更加困难。

出现的另一个挑战是城市户籍的吸引力下降。党的十八届三中全会提出全面放开建制镇和小城市落户限制，但目前的现实是，城镇和小城市的户籍对于农民来说吸引力并不大，反而是农村户口更"吃香"。作为承载农民市民化战略主体的中小城镇，因缺乏有效的产业支撑，且无足够财力提供优质的公共服务，因此对农民入籍吸引力不足，市、县城镇户籍对农民吸引力下降。与此对应的是，农村户籍含金量更高，享受耕地承包权、宅基地等权利，享有国家的粮食补贴、土地流转租金等优惠措施。一些农民工不愿意要城市的户口，很多原有城市户籍的人口甚至希望换成农村户籍，以分得田地，享受城镇化带来的红利。逆城市化的现象为农业转移人口市民化带来了新的挑战。

四、城镇发展与生态环境容量之间的矛盾突出

在城镇化加速发展阶段，城市人口、机动车、能源消耗和城市建设快速增长，导致污染物和废弃物的排放远远超过了自然环境的承载能力，环境污染问题日益凸显。空气污染、水资源缺乏与污染、重金属污染导致的食品安全堪忧、交通拥堵、垃圾处理困境等已成为城市环境的不可承受之重。

随着城镇人口快速膨胀，非农产业发展迅速，城镇中工业与生活废气排放量明显增加，导致空气污染加重。此外，随着城市规模扩大，河南省城市垃圾生成量大量增加，而生活垃圾无害化处理率较低，大量垃圾未经合理、安全的处理就

随意堆放在城市周边地区，大量土地被占用，造成土壤、水体污染严重，出现了白色污染、垃圾围城现象，特别是在一些小城镇这种现象更为严重。

城镇建设的增加严重破坏了城市的自然生态系统，生态失衡问题加剧，由城镇化发展进程而导致的热岛效应十分突出。随着工业化水平的不断提高和可利用资源的相对减少，城镇发展和生态环境容量之间的矛盾会越来越尖锐。在全球性气候变化的环境危机大背景下，由城镇化发展进程而导致的热岛效应逐渐受到了人类的重视，人们要求减少以碳排放为主的废热排放，这与河南省处于工业化和城市化进程中经济发展需要一定的热排放之间存在着巨大的矛盾。

城镇化进程加重了节能减排任务完成的难度。首先，城镇基础设施、房屋建筑、交通等方面建设的快速增加，必将消耗大量水泥、钢铁、煤炭等高能耗产品。即使技术进步有可能提高能源使用效率，它们的生产、消费和使用也必将排放大量二氧化碳，河南省能源消费总量和碳排放绝对量，仍将保持增长态势。其次，土地利用变化是目前大气中碳含量增加的第二大来源，其作用仅次于化石燃料的燃烧，约占人类活动总排放量的20%。这种土地利用的变化，特别是大量耕地的非农化，不仅严重危及耕地保护和粮食安全，而且导致了碳排放量的急剧增加，以及生态环境的持续恶化。

随着河南新型城镇化加速推进，城镇发展与生态环境容量之间的矛盾显得越来越尖锐，城市的基本生存条件"一口气""一口水""一口饭""一步路"和"一袋垃圾"面临环境挑战。

第三章 河南省新型城镇化引领 "三化"协调发展的着力点

——转变经济发展方式

加快转变经济发展方式是我国推进高质量发展的一场深刻变革,也是推进城镇化高质量发展的着力点,它关系到社会主义现代化国家建设全局。必须把加快转变经济发展方式贯穿经济社会发展的全过程和各领域,坚持把推进新型城镇化摆在突出的战略位置,要走中国特色新型城镇化道路,提高城镇化发展质量。河南省要把科学推进新型城镇化作为加快经济发展方式转变的重大战略任务来抓,同时也要紧紧围绕加快转变经济发展方式这一着力点,走集约节约、生态宜居的新型城镇化道路。

第一节 转变经济发展方式对新型城镇化引领 "三化"协调发展的重要意义

"十四五"时期是开启全面建设社会主义现代化河南新征程、谱写新时代中原更加出彩绚丽篇章的关键时期,是推动高质量发展、加快由大到强的转型攻坚期。河南省要适应国内外经济形势新变化,立足新发展阶段、贯彻新发展理念、融入新发展格局,加快形成新的经济发展方式,坚持走新型城镇化引领"三化"协调的发展道路。

一、转变经济发展方式的重要性和紧迫性

近年来，随着河南省经济发展进入工业化、城镇化加速发展阶段，河南省委省政府深化了对经济增长与经济发展的认识。但长期形成的经济结构不合理、经济增长质量不高的问题依然存在，资源短缺、环境污染、生态失衡成为工业化、城镇化越来越严重的制约因素，消费、投资、出口在拉动经济增长中的作用还不协调，分配不够合理、收入差距过大的问题亟待解决，部分地方经济发展还没有步入科学发展的轨道，因此，加快经济发展方式转变在此背景下显得尤为重要和迫切。

1. 转变经济发展方式是"四个河南"建设的总体要求

"四个河南"即"富强河南、文明河南、平安河南、美丽河南"建设。党的十八大提出，建设中国特色社会主义事业总体布局由经济建设、政治建设、文化建设、社会建设"四位一体"拓展为包括生态文明建设的"五位一体"，这是总揽国内外大局、贯彻落实科学发展观的一个新部署。"四个河南"是党的十八大"五位一体"总体布局在河南的具体化。改革开放40多年来，河南省经济社会发展取得了令人瞩目的巨大成就，综合实力与区域竞争力显著提升，人民生活水平不断提高，全面建成小康社会取得了重大进展。1亿人民在物质生活得到基本保障后，不仅对物质生活水平和质量提出了新的、更高的要求，而且在充分行使当家做主的民主权利、享有丰富的精神文化生活、维护社会公平正义、拥有健康美好的生活环境等方面都有了新的期待。党的十八大提出"五位一体"建设总布局，纳入了生态文明建设，提出要从源头扭转生态环境恶化趋势，为人民创造良好的生产生活环境。河南省提出的"美丽河南"建设也是致力于坚持能源资源节约集约利用，保护生态环境，搞好生态建设，为全省人民提供宜居舒适的生活环境。"四个河南"建设是从人民群众的根本利益出发，努力实现经济社会全面、协调和可持续发展，客观上必须要求转变经济发展方式，在经济增长与经济发展相统一的基础上，协调推进经济建设、政治建设、文化建设、社会建设、生态建设，才能实现科学发展。

2. 转变经济发展方式是实现可持续发展的迫切要求

近年来，河南省在建设资源节约型、环境友好型社会方面取得了比较好的成

效。但是，由于受发展基础、发展阶段等多种因素的制约，河南省经济发展方式总体上仍然粗放，经济发展与人口、资源、环境的矛盾日益突出。河南省是全国第一人口大省，虽然不少自然资源总量位居全国前列，但人均资源占有水平相对不足。根据《第八次全国森林资源清查主要结果（2009—2013）》，河南省森林面积在全国排名第22位，人均森林面积为全国平均水平的1/5；森林覆盖率在全国排名第20位，人均森林蓄积为全国平均水平的1/7。环境容量相对不足，环境承载能力较弱。河南要迈向经济强省，从路径上看有"两个走不通"，即发达国家走过的高消耗、高消费的现代化道路走不通，河南传统的高消耗、高污染的粗放式发展道路走不通。如果不转变经济发展方式，河南省的资源将会支撑不住，环境也容纳不下，经济发展也不可持续。河南必须更加积极主动地加快转变经济发展方式，统筹推进经济发展与人口控制、资源节约、环境保护，力争以较小的资源环境代价，实现更长时间、更高水平、更好质量的发展。

3. 转变经济发展方式是提高经济抗风险能力的现实选择

2008年国际金融危机以来，国内外经济形势复杂多变，河南省的经济发展也经受了多方面的严峻挑战和考验。当前河南省正处在爬坡过坎、攻坚转型的关键时期，加快发展、加速转型、改善民生等任务艰巨，同时还面临着世界经济低迷、国内经济增速下行的压力。从河南省各方面情况来看，由于产业结构、产业层次、创新能力不同，不同地区、不同行业、不同企业受到的影响也不尽相同。那些在金融危机中倒闭、停产的企业大部分是缺乏创新能力、没有自主品牌的"三来一补"或"贴牌生产"型企业，而真正具有自主创新能力、有自己拳头产品的企业，受到的冲击和影响相对较小。如河南省的中信重工、中铁装备、宛西制药等一批拥有自主知识产权、市场竞争力较强的企业在复杂的经济形势下依然保持了高速增长。在国内外经济环境趋紧的形势下，企业优者更强、劣者更弱，两极分化、优胜劣汰的现象尤为明显。可见，加快产品、产业结构调整，增强自主创新能力，着力转变经济发展方式是应对各种经济风险和挑战最有效的途径。

二、新型城镇化是转变经济发展方式的内在要求和战略选择

转变经济发展方式就是要把推动经济发展的立足点从速度至上、规模扩张转

向"质量和效益"优先，经济发展更加体现以人为本以及与资源环境协调发展，经济增长的动力从"要素驱动""投资驱动"转向通过科技进步来提高劳动生产率的"创新驱动"，转变经济发展方式要求正确处理好经济发展速度与质量效益的关系，经济发展与资源节约、经济发展与环境保护之间的关系。新型城镇化的内涵与实质是城镇发展方式的转变，也是经济发展方式的转变，因此，科学推进新型城镇化是转变经济发展方式的内在要求。

1. 新型城镇化从追求数量速度型发展向速度与质效并重转变

转变经济发展方式要求城镇化从由偏重数量规模向提升质量水平转变。转变经济发展方式，就是要改变过去片面追求经济发展的数量规模和速度，而忽视质量和效益。诚然，经济发展必须保证一定的数量和速度，如果没有经济较快速度的增长，没有社会产品的大规模增加，就无法筑牢经济繁荣富强、人民幸福安康与社会和谐稳定的物质基础。尤其是河南属于欠发达省份，虽然经济总量大，但社会发展总体水平较低，人均经济水平、民生水平明显偏低，因此加快发展的任务仍然非常艰巨。但是，经济发展不能只重数量而不顾质量，只要速度而不讲效益。因此，转变经济发展方式，关键是要从过去那种单纯追求速度、盲目扩大数量的发展方式转向数量与质量、速度与效益相统一的发展方式上来，把经济增长的质量放在重要位置，以"好"为先，又"好"又"快"。只有提高经济发展的质量和效益，才能为全社会提供优质的服务和产品，才能保证社会全体成员有更多的机会参与社会财富的创造过程，才能走上共同富裕的道路。新型城镇化也对城镇化的质量提出了更高的要求。党的十九大报告提出了推动新型工业化、信息化、城镇化、农业现代化同步发展，就是要提升城镇化的质量，这是对近年来很多地方城镇化过程中片面追求速度而忽视质量和实效的纠正。国家新型城镇化规划也把提高城镇化水平和质量作为城镇化发展的首要目标，因此，把提高质量放在重要位置，正是转变经济发展方式对城镇化的内在要求和具体体现。

2. 新型城镇化从粗放外延型发展向集约内涵式发展转变

转变经济发展方式要求城镇化由粗放发展向注重提升质量内涵、节约集约发展转变，促进城镇内涵式发展。经济增长按照要素投入方式可大体分为两种：一种是通过增加生产要素占用和消耗来实现经济增长，即粗放型增长方式；另一种是通过提高生产要素质量、优化生产要素配置和提高利用效率来实现经济增长，即集约型增长方式。转变经济发展方式就是要从粗放发展模式向集约发展模式转变、从外延发展向内涵发展模式转变。新型城镇化的特征之一就是集约节约经营，通过提高各种城镇化资源要素的质量，并对资源要素进行优化组合和高效利用。城镇化的本质是一种空间集聚，通过人口的集聚带动其他要素的集聚。新型城镇化除了要集聚人口、资源等生产要素外，还要集聚人才、科技等创新要素。不但要集中、集聚各类要素，还要节约、高效使用各种要素资源。新型城镇化要使城镇建设由注重外延扩展向注重内涵、集约发展转变，引导城镇从实际出发，量力而行，不好大喜功、互相攀比，不盲目贪大求洋，建设节水、节能、节地、节材的集约型城镇。在当前河南城镇发展面临人口、资源、增长、环境等矛盾的状况下，城镇化走人口集约、产业集约、空间集约的内涵式发展道路，是转变经济发展方式的战略选择。

3. 新型城镇化从高耗能向绿色低碳发展转变

转变经济发展方式要求城镇化"友好"地对待环境，努力保持"发展"的城镇系统与"稳定"的环境系统之间的平衡，走绿色低碳的发展道路，建设环境友好型城镇。受发展基础、发展阶段、发展条件等因素的影响，河南省经济发展方式呈高投入、高能耗的特点。河南省的工业主要是资源、原材料加工业，轻工业比重偏低，主要依赖农产品原料，重工业比重大，主要集中在采掘业和原料工业，这些产业存在着严重的资源依赖性，而且这些产业对资源消耗较大，对环境损害的影响也较大。转变经济发展方式就是要从资源消耗型、环境污染型的增长方式向资源节约型、环境友好型增长方式转变。随着城镇化的快速发展，资源环境约束趋紧，城镇化与资源环境的关系越来越受到社会的关注。城镇化进程中的资源环境问题，不仅仅是经济发展的产物，而且与城镇化的发展模式有很大关系，新型城镇化就是寻求新的城镇化发展模式，以实现城市化与资源环境之间的协调发展。新型城镇化的另一个特征就是绿色低碳。新出台的《国家新型城镇化规划（2014—2020）》明确提出，新型城镇化要坚持生态文明、绿色低碳的基本原则。强调把生态文明理念全面融入城镇化进程，着力推进城镇化绿色发展、低碳发展，节约集约利用土地、水、能源等资源，强化环境保护和生态修复，减少对自然的干扰和损害，推动形成绿色低碳的生产生活方式和城市建设运营模式。

三、新型城镇化是转变经济发展方式的重要抓手

加快经济发展方式转变是我国经济领域的一场深刻变革，关系改革开放和社会主义现代化建设全局。党的十八大提出要把加快转变经济发展方式贯穿于经济社会发展的全过程和各领域，并把推进新型城镇化摆在了突出的战略位置，新型城镇化是转变经济发展方式的重要抓手，只有积极稳妥地推进新型城镇化，才能为全面建成小康社会、实现中原崛起打下坚实的基础。

1. 新型城镇化通过拉动内需转变经济发展方式

转变经济发展方式就是要使经济增长由主要依靠投资拉动向依靠消费、投资、出口协调拉动转变。消费、投资与出口是拉动经济增长的"三驾马车"，在全球经济减速的大背景下，河南省经济想要实现稳步增长，只能激发"三驾马车"中投资和消费的活力，以消除外部经济疲软带来的出口不畅。而城镇化对内需的拉动作用显著，将成为新的内需发动机，是推动经济增长的持久动力。从国际经验看，城镇化率处于30%~70%时，是城镇化快速发展的阶段。根据第七次全国人口普查公报，2020年河南省城镇化率为55.43%，低于全国平均水平（63.89%）8.46个百分点，正处在加速发展区间，未来10年不仅有很大的成长空间，而且还会有一个较快的速度。城镇化既可以拉动投资，又可以增加消费，是推进经济持续平稳较快增长的关键点。

从增加投资角度来看，推进新型城镇化，就必然要进行地下管网、道路交通以及居民区、工业区、医院、学校等各种基础设施的建设。有研究表明，农民工市民化每人最低能拉动10万元的固定资产投资，新型城镇化的发展，必然伴随着各类投资的持续投入。这些投资既能不断拉动相关产业，如钢材、水泥、玻璃、电缆、有色金属、工程机械等行业的发展，也能扩大就业，增加当地老百姓收入。

从培育拉动力强的消费新增长点角度来看，农业转移人口的市民化，必然会增加消费。一般来讲，城市居民的人均消费是农村居民人均消费的3倍。农村居民转变为城市居民会带来消费增长和消费升级，这必将持续释放出巨大的内需潜能。新型城镇化将明显刺激这些新市民在住房、汽车、家电、文化娱乐、教育、医疗、商业零售、餐饮等方面的消费需求。由于这些消费需求是综合的，而且是

持续的、不断升级换代的，因此，新型城镇化发展的过程，也是一个拉动力强的消费新增长点的不断培育和诞生的过程。

2. 新型城镇化通过促进产业升级转变经济发展方式

转变经济发展方式就是要构建现代化经济体系，促进经济增长由主要依靠第二产业带动向依靠三次产业协同带动转变。产业结构对一个地区经济增长的质量效益具有根本性的影响，增加财政收入、改善人民生活、推动社会进步最终都要依靠产业发展来支撑。新型城镇化是构建现代产业体系，促进产业升级的重要抓手。新型城镇化的深入推进，一方面会带来复合型人才的集聚，为产业结构升级储备大量的高素质人才；另一方面会带来经济活动的增加，对城镇公共产品产生新的需求，拉动城镇交通、供水、供电等公用基础设施建设，推动教育、医疗、社保等公共服务集聚发展，进而带动以商贸、餐饮、旅游等为主要内容的消费性服务业的发展，并通过深化产业分工，扩充产业规模，促进金融、信息、科技、物流、创意等生产性服务业发展，导致信息化与工业化融合发展，高新技术向传统工业渗透，促使传统产业的技术水平不断提高，产品的技术含量持续增加，传统产业的技术基础和产品结构逐渐改变，从而推动产业基础现代化产业链向高级化方向发展，直至实现传统产业的升级。新型城镇化的推进伴随着生产性服务业的迅速成长，会进一步加深制造业与服务业的耦合联动，服务业促使工业产业结构高度化和产业结构合理化，提升制造业部门生产率。现代服务业和工业产业经历产业关联、产业互补互动、产业协调、产业融合共生的动态演变阶段，推动产业融合由低级阶段向高级阶段演进。

3. 新型城镇化通过提供载体平台转变经济发展方式

促进城乡一体化、区域协调发展、产业转型升级和经济结构调整，推动民生改善和生态文明，实现绿色低碳可持续发展，都需要以城镇化为载体，在城镇化这个平台上统筹解决。在城镇化这个平台上，河南提出构建主副引领、两圈带动、三区协同、多点支撑的高质量发展动力系统和空间格局，以这些载体的建设来进一步提升城镇综合承载能力，增强对产业和人口转移的吸引力。科学推进新型城镇化，有利于这些载体的快速建设和发展。这些载体的建成，不仅为商贸流通、金融保险、文化创意、餐饮会展等现代新兴服务业的发展提供了一个高端平台，推动服务业进入高速发展的战略机遇期，而且加快了处于价值链低端的产业退出城市建成区的步伐，客观上促进了城市经济结构的优化调整，强化了城市服务业发展的带动作用，成为新型城镇化引领经济增长的重要载体。

第二节　转变经济发展方式需要突破资源环境约束

由于受发展基础、发展阶段等多种因素制约，河南省经济发展方式总体上仍然粗放。随着经济总量扩大和人口不断增加，能源、淡水、土地等战略性资源不足与经济社会发展的矛盾日益突出，成为制约河南省高质量发展的主要"瓶颈"。因此，必须更加主动地转变经济发展方式，突破资源环境对经济增长的制约。

一、土地资源约束

土地是民生之本、发展之基。经济建设需要大量的工商业用地，没有土地资源的支撑，经济建设就无法实现。土地是不可再生资源，具有稀缺性，随着城镇化的快速发展，河南省对土地的需求不断增加。河南省又是国家的粮食生产核心区，肩负着保障国家粮食安全的重任，对耕地有着严格的保护政策，这就使得土地的供给更加有限。在耕地红线不得突破、基本农田不能减少、可开垦的后备土地面积有限的条件下，土地制约越来越成为转变经济发展方式面临的严重问题，成为新型城镇化引领"三化"协调发展的瓶颈。

1. 土地资源不足与保障粮食安全的矛盾

作为 14 亿人口的大国，粮食安全始终是国家安全的基础。河南省位于南北气候带的交界处，粮食生产优势得天独厚，是我国的粮食生产核心区，肩负着确保国家粮食战略安全的重任。但是，土地资源不足的省情正在威胁着河南粮食稳定增产的目标。一方面，宜耕后备土地资源面积有限，开发难度较大。河南农业开发历史悠久，土地开发程度较高，可利用的土地大多已耕种。剩下的后备土地资源主要分布在黄河沿岸（滩涂）和豫西、豫南、豫北等低山丘陵地区，对其开发既有来自生态保护等政策方面的制约，又有地形坡度大、水资源缺乏等自身条件的限制，开发难度较大。另一方面，在城镇化推进过程中占用的土地可耕性较好。目前，河南省现有城镇大多建立在相对平整、水利条件较好的土地上，这在农业生产上都是属于耕地质量等级比较高的肥沃良田。城市新区、城市产业集聚区等载体建设所占用的大都是城市周边的良田，虽然各地都做到了耕地的占补平衡，但补上的耕地质量则各不相同，据有关部门统计，新开垦耕地与占用耕地相比，一般相差 2~3 个等级，其生产能力不及被占用耕地的 30%。此外，在城镇化和工业化进程中，由于"三废"大量排放，在城市、工矿区周边的耕地污染严重，尤其是重金属污染，极大地降低了耕地质量。因此，未来河南省耕地资源的供需矛盾，耕地保护的形势将更加严峻。如何稳定粮食生产，化解土地资源不足与粮食稳产增产的矛盾，实现不以牺牲农业和粮食、生态和环境为代价的"三化"协调发展，成为科学推进新型城镇化的关键。

2. 耕地保护红线与建设用地刚性需求的矛盾

2009 年，国土资源部提出了"保经济增长、保耕地红线"行动，坚持实行最严格的耕地保护制度，18 亿亩耕地保护的红线不能碰。2011 年，《国务院关于支持河南省加快建设中原经济区的指导意见》明确指出，守耕地红线，严格保护耕地特别是基本农田，确保基本农田总量不减少、用途不改变、质量有提高。2016 年，《中原城市群发展规划》明确指出，严格土地用途管制，推进城镇低效用地再开发和工矿废弃地复垦利用，鼓励开发利用城市地下空间。2020 年，河南省"十四五"规划提出，加快建设城乡统一的建设用地市场，优化土地资产配置政策，增强土地利用管理和调控灵活性，推进土地复合利用、用途合理转换。但是，河南省目前处于城市化加速发展阶段，同时也处于工业化中后期阶段，工业化、城镇化的迅猛发展，导致建设用地需求激增，河南每年工业化城市化建设用地需求量达到 60 万~80 万亩，而国家有关部门每年批给河南的建设用地指标只有 20 万~25 万亩，很多市、县的招商引资与项目建设因为没有用地指标而搁浅。未来一段时间，各地经济社会发展、基础社会建设、城镇化发展对土地的需求依然强劲，土地需求远大于供给的基本情况依然存在。在这种情况下，维持耕地红线面和满足土地资源刚性需求成为新型城镇化的艰难选择。

3. 土地利用方式粗放不集约

集约节约利用土地是破解新型城镇化引领"三化"协调发展用地难题的根本出路，但是河南省土地利用存在着浪费现象，集约节约利用水平较低。目前，河南省土地利用方式粗放主要体现在以下四个方面：一是城市人均建设用地大，一些中小城市建成区人均占地高于国家规定标准,土地城镇化快于人口城镇化。二是形象工程占用土地面积多。一些城市在建设中贪大求洋、以大为美。到处建大广场、大草坪、大马路,一些企业盲目追求大规模、花园式厂区等造成了土地浪费。三是圈占土地、闲置浪费土地。建设用地批多用少,一些地方建设用地供应没有严格执行定额标准,批多用少、长期占而不用的现象比较突出。一些产业集聚区开发程度不够,企业进驻圈地,占而不用,长期闲置,不仅造成了土地浪费,而且还拖欠征地补偿费,侵害农民利益。四是城镇规模总体偏小,城镇用地内部结构和布局不尽合理,土地利用效率较低。城市内部工业用地比重偏大,住宅、交通、环境绿化和第三产业用地比重较低。

4. 土地利用监管不到位

土地的紧缺对土地利用提出了更高的要求,优化土地资源配置,正确处理人地关系,最高效地合理利用土地,已成为基本的土地利用目标。然而,有关土地利用的制度还不够完善,土地利用的监管仍不到位,主要体现在以下三个方面:一是政府双重角色不利于土地利用的监管。中国现行的是国家对土地一级市场的垄断,城市土地使用权的出让由政府负责,政府既是规则的制定者和执行者,又是土地市场的管理者和经营者,不利于土地市场的监管。二是重引资建设、轻执行监管。一些地方政府和职能部门对土地监管重要性思想认识不到位,在政策执行方面力度不够,重引资建设、轻执行监管,特别是在用地前置审批、核减供地面积、收回土地使用权、违法违规占用土地处理等重要环节上的监管效果不够理想,甚至放弃监管,导致违法用地现象依然存在,如工业用地闲置,甚至在产业集聚区、旅游区和交通区内都存在违法建筑。三是基层土地管理部门土地利用监管不到位。有关职能部门和少数乡镇、村领导监管工作不到位,对基本农田保护不力,导致农民侵占基本农田建房建厂,粗放经营。农村生产用地承包责任不明、土地非法流转、小产权房问题突出。

二、水资源约束

河南省人多水少,多年平均水资源量仅有 405 亿立方米,人均、亩均分别为430 立方米和 340 立方米,不足全国平均水平的 1/5 和 1/4,属于水资源严重紧缺的地区。水资源短缺和水环境恶化已成为制约新型城镇化的重要瓶颈。

1. 水资源严重紧缺与经济社会发展对水需求量日益增长的矛盾

河南省是水资源严重缺乏的省份，水资源总量不足。河南省多年平均水资源总量为405亿立方米，其中地表水资源总量为304亿立方米，地下水资源总量为196亿立方米。多年平均水资源可利用量为195亿立方米，其中，地表水资源可利用量为122亿立方米，平原区地下水资源可开采量为76亿立方米。河南人口数量占全国总人口数量的7.5%，耕地面积占全国总耕地面积的7.2%，GDP居全国第5位，粮食产量占全国的10%，多年平均水资源量仅占全国的1.44%，居全国第22位。河南省人均水资源量不足430立方米，相当于全国的19%，世界的6%。按照国际标准，人均水资源低于500立方米即为极度缺水地区。亩均耕地水资源量为430立方米，相当于全国的24%，世界的18%。多年平均取水量为220亿立方米，远大于多年平均可利用量。河南省的水资源状况与人口大省、粮食生产大省和经济大省的省情不相对称。

河南省水资源在时间和空间上分布很不均衡，不利于水资源的有效利用。河南省水资源地表径流分布在时间上过于集中。河南省多年平均降雨深度771毫米，高于全国平均值648毫米的19%，但年内分布过于集中，6~9月地表径流量占全年的45%~85%，不仅造成了大量的水资源无法利用，而且极易引起洪涝、干旱灾害，与工业生产和城镇生活的均衡需水以及农业生产的时节需水极易产生矛盾。另外，地表径流分布在区域上也极不均衡。由于特殊的气候（亚热带向温带过渡）和地理位置（山区向平原过渡），河南省地表径流约有70%集中在山地丘陵区，平原地区地表水量只占30%，南北径流深最大相差12倍，而河南省的人口、耕地、城镇大多分布在平原地区，水资源这种分布特点与河南省的人口和经济布局也不相对称，造成了水资源无法满足社会经济发展需要的局面。

2. 水质型缺水情况突出

2020年河南省国考河流监测断面中，水质符合Ⅰ~Ⅲ类标准的比例为77.7%，说明河南省水体污染还没有得到根治。第一，因为污水基础设施薄弱。城市地下管网投入少、历史欠账多，污水收集管网特别是老城区管网改造严重滞后，收集率偏低，雨污分流不彻底，进水浓度低，污水处理厂产能没有得到充分利用。还有一些产业集聚区污水处理厂未按要求建设，有的产业集聚区工业废水虽然进入污水处理厂，但污水处理厂长期超标排放。第二，因为造纸、焦化、氮肥、农副食品加工、毛皮制革、印染、原料药制造、有色金属、电镀等重点水污染物排放行业，水污染还没有彻底完成清洁化改造。第三，河长制落实不到位。目前，河南省省市县乡共设立河长办2200多个，省市县乡村五级河长人数达9.2万，各级河长围绕水资源保护、水环境治理、水生态修复、水灾害防治、水岸线管理及综合执法等任务，但仍存在一些河长责任不落实、履职不到位、效果不明显等现象，如一些地方的河长"有名无实"，河长制成了"挂名制"。此外，化肥、农药、畜禽养殖带来的农业面源污染和农村污水处理问题也没有得到彻底解决。

3. 水资源利用重开发轻保护、重利用轻治污

由于水资源严重短缺，一些地方有重开发轻保护、重利用轻治污的倾向，造成了一定的环境问题。突出表现在地表水开发利用率过高、地下水超采严重、生产与生活用水严重挤占生态用水、水利用过量与补源措施不到位、水质水污染问题严重。河南省多数地区的地面水开发利用率在40%以上，缺水严重的豫北地区甚至达到了80%以上，已大大超过国际惯例的警戒线。

三、矿产资源和能源约束

河南省自然资源丰富，很多资源在全国占有重要的地位，许多自然资源总量位居全国前列，金属矿产类资源：钼矿储量居全国第一位，金矿产量稳居全国第二位，铝土矿储量居全国第四位；非金属矿产类资源：红柱石、天然碱、蓝石棉、蓝晶石、铸型用砂岩、珍珠岩、天然石油等，储量均居全国前十位。能源矿产资源：原煤、原油、天然气生产量均居全国前十位。虽然河南省自然资源总量很丰富，但河南省人口基数大，人均资源占有水平相对不足，土地供需矛盾进一步加剧，人均耕地面积比全国平均水平少0.16亩，人均水资源占有量不足全国的1/5。

目前，河南省经济发展主要以粗放型的方式为主，工业能源消费占全国能源消费总量的81.6%，高于全国平均水平10个百分点。由于能源是不可再生资源，能源消耗是不可逆的，因此能源使用寿命是有限的，如按现在的开采速度，铝矾土只够开采14~17年，煤只够开采100年左右，石油也只够开采100年。随着城镇化率的不断提高，对能源的消费会不断增加，能源资源的"有限性"成为新型城镇化引领"三化"协调发展的一大瓶颈。能源安全问题已经不容忽视，应加快发展集约型经济方式，节约型产业结构、消费模式。

四、生态环境约束

河南省的环境容量相对不足，环境承载能力较弱，而较低的产业层次和粗放的经济发展方式又导致对自然资源的掠夺性经营，对环境破坏性较大，造成环境污染蔓延，生态环境恶化，制约了新型城镇化的推进。

1. 生态环境脆弱

河南省生态环境脆弱，自然灾害频繁，随着国民经济的快速发展和人民生活水平的不断提高，生态环境面临的形势异常严峻。一是自然灾害。由于受季风气候和地形的影响，河南省是干旱、暴雨、干热风、大风和沙暴等自然灾害发生最频繁的地区之一，各种自然灾害每年都有不同程度的发生。二是水土流失。城镇不断扩张，城市新区和特色园区生产建设活动频繁，不合理的农业开垦、密集的道路建设，都导致了土壤侵蚀程度加剧。水土流失造成土地贫瘠，河流、水库淤积。三是环境污染。随着工业化、城镇化进程的加快，污染物排放量刚性增加，污染减排压力持续加大。环境容量有限，支撑发展的资源环境不足，水、大气等老污染问题尚未完全解决，机动车、灰霾、畜禽养殖等新产生的污染问题凸显，污染事件时有发生，公众对环境质量改善的期待日益迫切，环境保护工作仍面临着巨大压力。

2. 碳中和碳达峰"双碳目标"制约

河南省"十四五"规划提出，制订碳排放达峰行动方案，实行以强度控制为主、总量控制为辅的制度，力争在2030年、2060年以前如期实现碳达峰、碳中和刚性目标，支持有条件的地方率先实现碳达峰。面对日益严重的资源环境约束，河南省集约节约利用资源，实行低碳经济势在必行，但河南省发展低碳经济也受到了其能力和水平的制约。在生产方式方面，河南省经济发展呈现高投入、高消耗、高污染、低效益的发展方式。河南省仍以资源型为主的工业结构，支柱产业相对单一、初级化，煤炭、化工、有色等传统行业占全部工业的比重过大，经济增长长期依赖并受制于这些产业。想在短期内对其进行节能减排、升级换代不是易事。在产业结构方面，河南经济的主体是第二产业，第三产业发展相对滞后，2020年，河南省三次产业结构为9.7：41.6：48.7，其中，第三产业比重低于全国平均水平 5.8 个百分点，产业结构的不合理加重了经济的高碳发展。在能源结构方面，河南省以煤炭和石油为主要能源，煤炭及火力发电的生产和利用占绝对主导，比例高达 90% 以上。河南省新能源开发和利用比较弱，河南省无海洋能源，风能和太阳能资源也没有优势，清洁能源匮乏。在新能源开发和利用方面较弱，光伏产业、节能环保装备等低碳产业发展相对落后，差距明显。在低碳专业技术和人才方面，河南省专业技术和人才缺乏，能源资源综合利用、节能环保和新能源产业等领域技术储备不足，核心技术难以突破，低碳技术总体水平偏低，缺乏高层次研发人才和管理人才。在生活方式低碳方面，以高耗能源为代价的"便利消费"、"一次性"用品的消费、"面子消费"以及"奢侈消费"等还很普遍。因此，如期实现碳达峰、碳中和刚性目标任务艰巨、任重道远。

第三节　走集约节约生态宜居的新型城镇化道路

河南省在资源环境等要素约束下，加快转变经济发展方式，实现经济持续健康发展的任务十分重要和迫切。积极推进新型城镇化进程，对于加快转变经济发展方式，统筹工业化、城镇化、信息化、农业现代化协调发展，加快建成"四个强省、一个高地、一个家园"具有重大的战略意义。推进新型城镇化，要遵循城镇化发展的客观规律，提高城镇化的质量，走集约节约生态宜居的新型城镇化道路。

一、集约节约利用水土资源

节约集约利用好水土资源是保持河南经济可持续发展、加快转变经济发展方式的根本途径，也是科学推进新型城镇化，实现中原更加出彩的重要保障。

1. 强化规划对土地利用的刚性约束，合理确定城市的开发边界

产业发展、城乡建设、基础设施布局、生态环境建设等相关规划都涉及土地利用，都要与土地利用总体规划相衔接，要强化土地利用总体规划的整体刚性约束作用，科学确定城镇建设用地规模和开发边界，防止城镇无序蔓延。各级国土

资源主管部门在编制和实施土地利用总体规划时，应当引导工业向产业集聚区集中、人口向城镇集中、住宅向小区集中，推动农村人口向中心村、中心镇集聚，产业向功能区集中，耕地向适度规模经营集中，鼓励线性基础设施并线规划，集约布局。城镇各类土地开发利用必须符合土地利用总体规划和土地利用年度计划，严格控制新增建设用地总量，严格控制占用耕地。合理确定城市的边界，严格限制在土地利用总体规划确定的城镇建设用地范围之外设立各类城市新区、开发区和工业园区。

2. 强化城镇用地结构调控，提高城镇存量土地利用比例

严格控制新增城镇建设用地规模，实行增量供给与存量挖潜相结合的供地、用地政策，提高城镇建设使用存量用地比例。土地增量供应部分主要用于集约用地程度高、发展潜力大、吸纳人口多的卫星城、中小城市和县城建设用地，对工业用地要适当控制，优先安排和增加住宅用地，合理安排生态用地，保护城郊菜地和水田，统筹安排基础设施和公共服务设施用地。存量挖潜主要针对城市建设用地范围内的闲置土地和利用不充分、不合理，产出低的土地。对城市内的存量土地要加强调查、监测与评价。由政府组织开展对存量土地的调查与监测，调查存量用地来源情况，通过数据分析存量土地现状，了解存量土地使用程度，评价存量土地开发潜力，为土地再开发、集约节约利用土地提供基础依据。对闲置的建设用地，要根据土地闲置的年限，按照土地出让或土地划拨价款的一定比例征收土地闲置费，或者是依法收回并重新安排使用，以经济手段、行政手段对存量土地的利用进行引导，引导企业利用城市存量土地，减少与避免占用耕地，从而提高土地利用效率。

3. 建立各类建设用地标准体系，提高土地利用强度

完善各类建设用地标准体系，严格执行土地使用标准，适当提高土地容积率，在法规和城市规划中进一步重视地上、地下空间的开发利用和管理。提高工业项目容积率和土地产出率。在产业集聚区推广应用多层标准厂房，设立多层标准厂房建设区块，引导中小企业使用标准厂房。对原有低效厂房进行改造的企业，可实行配套政策优惠，并允许补办权证，通过提高建筑标准来提高土地利用强度。提高容积率要向上拓展用地空间，通过建设高层建筑、设立高架道路、公用设施立体化、工业用地立体化以及建设立体停车场等提高土地利用强度。提高容积率也要向地下拓展空间，向地下拓展空间应是今后鼓励和支持的用地方向。

鼓励利用地下空间从事经营性、销售或转让等带有营利性行为，如在高层建筑地下建设停车场，利用防空设施建立商品街，充分利用地铁站点发展商业，通过建设立体停车场等，利用地下空间要制定相应的配套政策，使地下空间利用规范化、合法化。

4. 加强城镇节水建设，提高水资源利用率

从城镇工业用水、灌溉用水、生活用水、污水处理与中水利用等方面节水治污、提高水资源利用率。在节约工业用水方面，推广节约用水的新技术、新工艺、新设备和新器具，鼓励实行循环用水、一水多用和废水回收利用。如改直流用水为循环用水，提高水的复用率（循环利用率、回用率）。在化工、电镀、印染、纺织等行业生产过程，推行逆流漂洗循环用水技术，利用工艺排出较清水供前道工艺使用，能够节水30%以上。具有水冷却工艺的用水企业，应建立水循环系统，实行闭路循环，使冷却水得到重复利用。推行清洁生产，改变生产工艺或采用节水以至不用水的生产工艺，减少工业生产对水的需求，提高水的利用效率。节约灌溉用水方面，城市规划区内农业灌溉应逐步推广喷灌、滴灌技术，建造防渗垄沟，提高水的利用率。在节约生活用水方面，研究与推广各种节水装置，如脚踏阀门淋浴器、自动开关洗手水龙头、节水式便池冲水器、墩布清洗脱水车、控洗车喷头等节水器具，可明显提高节水效果。鼓励生活用水重复使用，如淘米洗菜、洗衣水等收集起来用于冲厕、浇灌花草等。在污水处理与中水利用方面，要完善城镇污水处理设施建设，确保污水达标排放。对于达标排放的中水要进行资源再利用，要加强中水管网的铺设，在城市绿化、冲厕、道路清扫、车辆冲洗、建筑施工、冷却、洗涤、观赏性景观等领域应当使用中水，置换出城市一定范围内生产生活使用的地下水，达到节约用水的目的。

二、开发利用新能源，提高传统能源利用效率

河南省的能源消费结构主要还是以煤和石油为主，而这种高碳能源是温室气体排放的主要来源。因此优化能源结构，提高清洁能源在整个能源消费结构中所占的比例是新型城镇化发展的方向。要重点推进生物质能、核电、太阳能、风能等新能源和可再生能源的发展。同时，在电力、煤炭、油气等传统能源领域大力发展清洁高效产能，提高传统能源利用效率。

1. 整合利用水电资源

河南省的水力资源主要分布在黄河流域，水电资源理论蕴藏量共470.66万千瓦时，可开发水电资源315万千瓦时，要整合利用大、中、小型水电站的水电资源。要做好水电资源规划，包括各流域水电站的选址规划和大规模、跨地区、跨流域的开发利用规划以及各大电力公司的运营规划。重点抓好三门峡、小浪底等龙头水电站的运行，优化水电站运行方式，实行联合调度，充分利用水电资源。对中小流域的水电资源开发，要以地方企业和群众为主，鼓励地方政府和企业利用当地资源、技术，建设地方小水电站，其资金来源可实行股份合作制进行集资、融资，包括利用外资，遵循"谁投资，谁所有，谁受益"的原则，在税收政策、贷款政策、电价政策等方面予以优惠。水电资源开发要发挥综合效益，尤其是在一些生态脆弱的山区，水电建设还要与江河治理、生态保护、扶贫开发等紧密结合起来，形成以林蓄水、以水发电、以电养林的良性循环体系，这样才能发挥水电建设的综合社会效益。

2. 高效开发利用风能资源

风力发电被视作新能源发电中技术最成熟、最具规模开发条件和商业化前景的发电方式，目前风电已被列入国家重点支持的战略性新兴产业之一，河南省也要加大风能资源开发利用步伐。在风电资源开发利用上，要坚持积极发展和有序开发相协调、集中开发与分散发展相结合、风电开发与电网建设相衔接、市场开发与产业培育相促进的原则推进风电发展，实现风电规范化规模化开发利用，提高风电在电力结构中的比重，使风电在调整能源结构、改善环境质量上做出贡献。河南省的风能资源主要集中在豫北、豫中、豫东的平原地带，潜在开发量达1100万千瓦时。在风能资源相对丰富的伏牛山和大别山区域，重点推进集中并网风电场开发建设。在风能资源较为一般的太行山和黄河河滩区域，采取集中并网、分散式接入与其他发电相结合等多种方式，稳步推进风电场建设。在风能资源分散的区域，开展以智能电网和物联网技术为支撑的微电网示范工程，推动分散接入低压配电网的风电开发。

3. 充分发展利用太阳能和地热能

积极推进太阳能、地热能开发利用。在太阳能热利用方面，大力推广使用太阳能热水器。在城镇所有新建、改建、扩建的12层及以下住宅和设置热水系统的公共建筑，统一设计和安装太阳能热水系统。政府投资建设的重大项目及机关、医院、学校、敬老院、宾馆、饭店、游泳池、公共浴室等热水消耗大户，要优先采用太阳能集中热水系统。将空气源热泵作为太阳能集中供热水工程、太阳能干燥工程、太阳能空调制冷工程的配套设备推广应用。在太阳能发电方面，制订光伏发电应用推广计划，加快光伏发电的推广应用，推进光伏发电应用示范工程，研发光伏发电新材料、新技术，建立太阳能光伏产业基础。结合太阳能光伏产业及配套生产体系发展情况，优先支持太阳能资源较好、光伏产业集聚地及经济发展水平较高的地方，以机关、学校、医院、宾馆等公共建筑以及产业聚集区、高新技术开发区、工业园区内的标准厂房屋顶为重点，建设一批屋顶光伏电站和光伏发电示范小区。鼓励在城市道路、公园、车站等公共设施及公益性建筑物照明中推广使用光伏电源。在地热能利用方面，要加快全省浅层地热能调查评价和重点城市勘察评价，合理布局地热能资源开发项目，积极发展与建筑结合的地热利用和地源热泵供暖制冷技术，杜绝地热能资源破坏性开发和浪费，提高低温地热能利用水平。

4. 有序开发利用生物质能

生物质能源在新能源中占重要地位，就总量来讲，生物质能源已经成为世界第四大能源，排位仅次于煤炭、石油和天然气，在整个能源系统中占有重要地位，是替代化石能源的主力军之一。因此，优化能源结构，要优先开发利用生物质能。一是以非粮替代和综合利用为重点加快燃料乙醇发展。优先在南阳等区域开展纤维乙醇产业化示范、规模化生产和集约化经营。二是推进现有生物柴油生产企业整合，优先在郑州、洛阳、南阳、商丘等地开展以工业、餐饮废弃油脂和含油林木为原料的生物柴油生产示范。三是积极发展沼气和沼气发电，支持畜禽养殖场以及发酵、造纸、化工、食品等高浓度有机废水排放企业和城市污水处理厂建设大中型沼气发电项目，并配套建设沼气发电设施。四是支持利用非粮农林产品、农林废弃物、城市餐厨废弃物开发生物质液体燃料。五是鼓励打破行政区域限制，建设以城市生活垃圾为燃（原）料的区域垃圾发电项目。在各种生物质能的利用过程中，要努力形成从原料收、储、运、发电到废料的深加工，培育形成上下游配套的产业链，促进生物质能发电的产业化。

5. 提高传统能源利用效率

提高煤炭、石油等传统能源利用效率，最大限度地降低碳排放量，实现碳达峰。加快节能降耗技术开发和推广应用。制订年度资源节约技术研究与开发计划，加大对节能降耗技术进步的支持力度，优先安排一批节能降耗重大技术项目，攻克一批节能降耗关键和共性技术。加快节能降耗技术产业化示范和推广，在钢铁、水泥、电力、焦炭、化工等高耗能行业推广实施节能新技术、新工艺、新设备。对高耗能行业实行差别电价和超耗能加价办法。严格执行高耗能、高污染产品差别电价、超耗能加价标准，加大差别电价、超耗能加价实施力度。建立落后产能退出机制。加强对淘汰落后用能设备或生产工艺的检查，对使用国家明令淘汰的用能设备或者生产工艺的，依法没收相关设备。加强对能耗限额标准的检查，对生产单位超过单位产品能耗限额标准用能，经限期治理逾期不治理或者没有达到治理要求的，依法责令停业整顿或者关闭。规划实施重点节能工程，重点实施钢铁、石油石化、化工、建材等重点耗能行业余热余压利用、电机系统节能、能量系统优化、工业锅炉（窑炉）改造项目。

三、加强城市污染防治，建设生态宜居城市

城市生态环境是一个城市的脸面和形象，反映一个城市的气质，透射一个城市的品位。景观优美、街道整洁、环境宜人、秩序优良的城市，不仅会提升市民的幸福指数，而且会吸引八方来客，推动经济社会各项事业的和谐、快速发展。建设生态宜居城市是新型城镇化的发展方向，也是转变经济发展方式的体现。

1. 加强城市污染治理，改善城市空气和水环境质量

着力加强水、大气、重金属、土壤污染防治和饮用水源地保护，推进生态城市建设。实施城市大气污染综合治理，提高城市建成区内工业烟尘、粉尘的排放控制标准。加强对燃煤企业的污染治理。新建、扩建、改建火电项目应同步建设烟气脱硫、脱硝设施，脱硫效率达到95%以上，脱硝效率达80%以上。加强城市扬尘污染控制，各类建筑施工、道路施工、市政工程等工地和构筑物拆除场地周边必须设置围挡，并采取湿法作业方式进行。易产生扬尘的物料堆置必须采取密闭、遮盖、洒水等抑尘措施，减少露天装卸作业，严禁渣土车遗撒。城市主干道及施工工地周边道路保洁实施冲刷保洁作业，确保道路不起尘。禁止露天直接焚烧秸秆、树叶、垃圾等废弃物。对喷漆、印刷、服装干洗、石化、电子等企业实行挥发性有机污染物排放达标治理，禁止在城市建成区内进行平面及立体广告制作的露天喷涂作业。治理机动车污染，严格执行国家第Ⅳ阶段车用压燃式发动机

与汽车排放标准，经检测不符合环保技术标准、在维修治理后仍达不到标准的机动车，不得上路行驶。保护集中式饮用水源地，确保城市饮水安全。推动城市污水垃圾处理设施扩容和提升改造，城市新区、产业集聚区和重点镇都要建设污水处理设施，提高城市污水、生活垃圾处理率。积极推进农村分散式污水处理设施建设。加快推进农村生活垃圾"户分类、村收集、乡运输、县处理"，因地制宜地建设农村垃圾处理设施。实施农业面源污染治理示范工程，规模化畜禽养殖企业全部配套建设污染治理设施。加强城市固废污染防治，对医疗垃圾、危险品等固体废物的产生、收集、储存、利用、处置进行全过程监管。

2. 推进城市园林绿化建设，构建立体绿地生态网络

改善城市生态系统，推进城市河道整治和园林绿地、生态走廊、休闲健身广场建设，加强城市内部重要功能分区之间的绿色隔离带建设，构建城镇绿色生态空间。加快建筑物立体观景绿化，构建点线面贯通、乔灌草结合、自然景观与人工景观复合的城市生态景观系统，最大限度地满足居民身心健康的基本需求和交流、学习、健身、娱乐、美学及文化教育等社会需求。以"蓝天、碧水、清洁"三大工程为抓手，保护城市生态空间，提高城镇化发展的生态效益，全面改善人居环境质量。

3. 加强城市生态水系建设，提升城市品位

实施城区河道整治，建设一批城中湖、滨水公园等城市水系景观。统筹协调区域水利基础设施建设，建设由南水北调干渠和受水配套工程、水库、河道及城市生态水系组成的友好生态水系。根据区域水系分布特征，结合城市总体规划和水体综合功能，合理调整城市水系布局和形态。综合运用过境水和中水，实施引水补源。加强城市河道整治和建设，构建城市区域水循环系统。加强城市水污染防治，严格控制各类污水进入水体。加强沿河景观建设，为城市居民提供休闲空间，改善城市人居环境。

四、提升城市管理水平，建设宜居城市

城市管理水平是一个地方文明程度、综合实力、整体品位的重要标志，随着城市建设步伐的不断加快，城市竞争日益加剧，在新形势下如何提升城市管理水平，提高城市品位，使城市宜业宜居，成为一个重要的现实问题。提升城市管理

水平，建设宜居城市，应主要抓好以下五个方面：

1. 加强城市综合整治，提高城市人居环境质量

通过整治城郊接合部、城中村、棚户区等的局部环境，提高城市人居环境质量。

（1）整治城郊接合部。加快城区基础设施和公共服务设施向城乡接合部地区延伸覆盖，规范建设行为，加强环境整治和社会综合治理，改善生活居住条件。重点开展城市出入口及交通干线沿线环境综合整治，全面清理垃圾渣土、露天粪坑、黑臭沟塘、残垣断壁和乱搭乱建、乱堆乱放、乱拉乱挂、乱涂乱画，整治乱设废品收购、加工维修等经营站点，规范广告设置，增添必要的公厕等基础设施，实施绿化美化，做到干净整洁、规范有序，塑造富有城市地域特色的出入口景观。

（2）整治城中村。根据土地权属、基础条件、环境影响程度，系统研究制定城中村改造规划和土地支持等公共政策，分类整治，加快推进。对未列入近期改造计划的，集中清理暴露垃圾、影响市容的乱搭乱建和乱堆乱放，消除消防安全隐患，增添路灯、公厕、垃圾箱（房）等基本设施，采取联合行动规范流动人口管理，整治各类违法违规加工作坊。

（3）整治棚户区。对安全隐患多、房屋质量差、老旧危、建筑密度高的棚户区优先实施整治，对有历史文化资源的地区妥善处理好保护和改善更新的关系。积极推进非成片棚户区整治改造，对未纳入近期改造计划的，集中清理垃圾和脏乱死角，消除消防、危房等安全隐患，配备必要基础设施，满足居民基本生活需求。

（4）整治老旧小区。针对社区群众反映的突出问题，有序整治违章搭建，改造老旧管线，修整破损道路，补建绿化植被，增添必要的停车、路灯、社区管理等设施。加强环卫保洁，及时清运垃圾杂物和建筑装潢垃圾。加快实施老旧小区房屋修缮，有条件的结合房屋出新同步推进屋顶、门窗等节能改造。

（5）整治背街小巷。重点改善环境卫生状况，增加环卫设施，加大保洁力度，做到无积存垃圾。整治乱贴乱画、乱拉乱挂、乱搭乱建、乱设广告。增设路灯，改变黑灯瞎火状况。改善道路排水设施，消除道路坑洼不平、污水横流现象。整治乱停车辆、乱设摊点、占道经营，科学设置停车泊位和经营疏导点，做到街巷整洁、管理有序。

（6）整治建筑工地。提高文明施工和规范化管理水平，减少施工扰民。所有工地实行封闭围挡施工，采用临时绿化或利用网、膜覆盖裸露土方和易扬尘材料，落实施工防尘降尘措施，减少施工扬尘污染。硬化场内道路，出入口配备车辆高压冲洗设施，设置排水沟、沉淀池，做到施工泥浆、砂浆不进管网。规范场内施工物料堆放，保证场内整洁有序。建立健全渣土运输处置管理机构，规划建设渣土处置场所，实行密闭化运输，实现渣土运输处置和管理规范化。

（7）整治农贸市场。改善农贸市场内部环境，重点整治农贸市场周边环境，落实市容环卫责任区制度。加强日常保洁，清除垃圾乱堆、污水漫溢等现象，配套完善公厕、垃圾收运等设施。取缔市场周边占道经营、倚门出摊等行为。整治市场周边乱拉篷布、乱搭乱盖等影响市容行为。规范市场周边店招标牌设置，清理占道灯箱。规范机动车、非机动车停放秩序。合理规划建设、改造农贸市场，方便市民生活。

（8）整治城市河道环境。重点整治城市内河，清理河道与河岸垃圾杂物，加强日常保洁，做到垃圾不入河、河岸无暴露垃圾。推进河道清淤疏浚，加快水系沟通和调水引流。制定完善雨污分流规划，加快建设污水收集管网，纳入整治的河道沿岸污水实施全收集，消除河道黑臭异味，提高水环境质量。重视驳岸生态化建设，建设滨水步道，改善河岸环境，塑造亲水空间，努力实现河道清洁、河水清澈、河岸美丽。

2. 规范城市经营活动，改善城市市容面貌

规范占道经营。按照"主干道严禁、次干道严控、小街巷规范"的要求，重点加强主要道路、背街小巷、窗口地区、校园周边等占道经营集中区域和高发时段的整治、巡查与管理。合理设置便民早餐点、摊贩中心等经营疏导点，划定经营区域，明确经营时间，控制经营内容，规范经营行为，倡导入室经营。加强摊点保洁管理，确保摊收场清，做到规范有序、不影响车辆和行人通行。规范车辆停放。规范交通秩序，重点整治机动车乱停乱放。在规范道口秩序和设置完善交通标志、指路标志、诱导标志等基础上，合理划定路内停车区域及泊位标线，实行专人管理，保障道路通行顺畅。严格查处违规占道、逆向停车、占用盲道等突出问题，加大管控力度，提高管理水平。整治非机动车乱停乱放，实现非机动车辆停放秩序明显改善。合理规划建设公共停车设施，缓解停车供需矛盾。规范户外广告设置。重点整治未经审批、长期空白闲置、设施陈旧破损、严重影响市

容和安全的广告设施，清除沿街及小区楼顶、墙体、桥体、交通护栏、灯杆、树木等部位的非法广告。按照城市户外广告和店招标牌设施设置技术规范，结合城市特色文化塑造，编制户外广告规划，合理利用城市空间资源，加强设置管理，做到布局合理、设计精美、美观亮丽、特色彰显。

3. 加强城镇信息基础设施建设，提高城市智能化管理水平

加快建设信息基础设施、融合基础设施、创新基础设施等新型基础设施，增强对数字转型、智能升级、融合创新的支撑能力。重点提升郑州国家级互联网骨干直联点功能，推动郑州、开封、洛阳国际互联网数据专用通道扩容提速，推进基础电信运营商骨干网络大区节点和中心建设。推进"全光网河南"升级和5G网络规模部署，实现城市家庭千兆宽带、农村家庭百兆光纤和乡镇以上5G网络全覆盖，全面推进互联网协议第六版商用部署。统筹5G、4G和窄带物联网协同发展，推动物联网终端和智能传感器规模部署。积极探索天地一体化、第六代移动通信（6G）等未来网络布局建设。推进传统基础设施数字化改造，提升智慧化管理和运营水平。加快交通基础设施智能化升级，建设智慧枢纽、智慧机场、智慧港口、智慧公路，推进重要路段和节点的交通感知网络覆盖，开展车路协同网络示范推广，布局建设车联网。

4. 加强城镇历史文化资源保护和传承，凸显城市文化特色

强化历史文化名城、名镇、古村落的历史文化资源保护，实施文化旅游示范工程，打造郑州、开封、洛阳黄河历史文化地标城市，形成中华文明地标主体支撑。谋划建设黄河博物馆新馆，推进郑州"百家博物馆"、洛阳"东方博物馆之都"和一批重大博物馆、地方博物馆、遗址博物馆、黄河文化专题博物馆建设，高水平运营黄河流域博物馆联盟。优化文化产业发展布局，规范发展文化产业园区，提升改造历史文化街区，培育发展区域文化产业带。鼓励利用老旧厂房、工业遗址、商业楼宇等区域，建设文化创意空间、城市文化旅游综合体。开展重点区域城市设计，注重传统文化元素融入，塑造具有鲜明地域特色和时代气息的中原城镇风貌。

5. 加强城市社会管理，提升城市社会治理水平

一是完善城市治理结构。创新社会治理体制，建立以党委领导、政府主导、社会各方面参与的社会治理体制，政府治理和社会自我调节、居民自治形成良性互动。二是强化社区自治和服务功能。健全社区党组织领导的基层群众自治制

度，推进社区居民依法民主管理社区公共事务和公益事业。加快公共服务向社区延伸，整合人口、劳动就业、社保、民政、卫生计生、文化以及综治、维稳、信访等管理职能和服务资源，加快社区信息化建设，构建社区综合服务管理平台。发挥业主委员会、物业管理机构、驻区单位积极作用，引导各类社会组织、志愿者参与社区服务和管理。三是创新社会治安综合治理。创新立体化社会治安防控体系，改进治理方式，促进多部门城市管理职能整合，鼓励社会力量积极参与社会治安综合治理。及时解决影响人民群众安全的社会治安问题，加强对城市治安复杂部位的治安整治和管理。加大依法管理网络力度，加快完善互联网管理领导体制，确保国家网络和信息安全。四是健全防灾减灾救灾体制。完善城市应急管理体系，加强防灾减灾能力建设，强化行政问责制和责任追究制。加强城市消防、防洪、排水防涝、抗震等设施和救援救助能力建设，提高城市建筑灾害设防标准，合理规划布局和建设应急避难场所，强化公共建筑物和设施应急避难功能。完善突发公共事件应急预案和应急保障体系。加强灾害分析和信息公开，开展市民风险防范和自救互救教育，建立巨灾保险制度，发挥社会力量在应急管理中的作用。

第四章 河南省新型城镇化引领 "三化"协调发展的根本点

——推进农业转移人口市民化

近年来，随着经济社会的快速发展，大量农业人口进入城市，截至 2020 年 11 月 1 日零时全国第七次全国人口普查数据显示，河南省居住在城镇的常住人口达到 5507.9 万，常住人口城镇化率为 55.43%，与 2010 年第六次全国人口普查时相比，城镇常住人口增加了 1885.9 万，常住人口城镇化率提高了 16.91 个百分点，年均提高 1.69 个百分点，是河南省历史上城镇化发展最快的时期。但同时也应看到，河南省常住人口城镇化率与全国平均水平 63.89% 相比低 8.46 个百分点，差距依然较大；河南省户籍人口城镇化率仅有 36.2%[①]，与全国同期户籍城镇化率 45.4% 相比差距更大。由此不难看出，河南省城镇化发展相对滞后，城镇化质量更低。所以，要发挥城镇化的引领作用，就要从加快推进农业转移人口市民化，着力在提高城镇化质量上解决根本问题。

第一节 正确认识农业转移人口市民化的内涵和重要意义

由于我国长期以来实行城乡分割的户籍管理制度，大量农业转移人口虽已实

---

① 《河南省国民经济和社会发展第十四个五年规划和二〇三五年远景目标纲要》。

现了职业转换，但却难以实现家庭地域的转移和身份的改变，不能和具有城镇户籍的居民享受同样的公共服务待遇，难以全面融入城市成为真正意义上的城镇居民。这种不彻底的转移方式，导致农业转移人口市民化不充分：一方面，难以把农业人口真正从自己的"一亩三分地"上解放出来，不利于促进土地的规模化生产和产业化经营，从而尽快实现农业现代化；另一方面，大大降低了城镇化质量，使城镇化作为扩大内需最大潜力所在的引领作用，以及作为新的经济增长点的引擎功能难以充分发挥。因此，加快推进农业转移人口市民化，不仅直接关系到从根本上解决"三农"问题，也关系到工业化、城镇化以及农业现代化的健康可持续发展。

一、农业转移人口市民化的内涵

党的十八大把加快推进农业转移人口市民化作为解决新形势下"三农"问题的重大战略举措。"农业转移人口"称谓的产生和使用，最早可以追溯到2009年12月召开的中央经济工作会议，在部署2010年经济工作的主要任务时，会议明确提出，"要把解决符合条件的农业转移人口逐步在城镇就业和落户作为推进城镇化的重要任务"。在近些年的政府各类文件中又提出了一系列加快推进农业转移人口市民化的政策措施，农业转移人口市民化问题已经成为我国新型城镇化建设的核心任务。2020年3月14日发布的《中华人民共和国国民经济和社会发展第十四个五年规划和二○三五年远景目标纲要》再次明确提出，"坚持存量优先、带动增量，统筹推进户籍制度改革和城镇基本公共服务常住人口全覆盖，健全农业转移人口市民化配套政策体系，加快推动农业转移人口全面融入城市"。

要充分理解"农业转移人口市民化"的内涵，必须首先全面认识"农业转移人口"这个群体。从文字所包含的内容看，在"农业转移人口"中，"农业"是指包括农、林、牧、渔在内的第一产业，与"人口"搭配反映出这一群体的身份，即为我国户籍划分中的农业人口；"转移"体现了该群体所在地域的转换，即由农村转移到城镇，且既有就地转移，也有异地转移；而"转移人口"既包含想要从农村迁移至城镇就业居住的农业人口，也包含在农村和城镇之间来回流动的农业人口。

农业转移人口的市民化，实际上既体现了过程——农业转移人口如何转变为城镇居民，又反映了结果——农业转移人口真正转变为城镇居民。对农业转移人口市民化的内涵，应从以下几个方面来加以理解：一是户籍所在地变动，即由农村迁至城镇；二是综合素质提升，即受教育程度、适应能力、社交能力等均得到较大的提高；三是价值观念转变，即逐渐形成市民的人生观、价值观等；四是就业状态趋于稳定，即非正规就业、临时性就业的人口比例大大减少，就业逐步正规化和固定化；五是生活方式和行为习惯转变，即逐渐形成现代市民的生活方式和行为习惯；六是社会地位不再边缘化，即逐步被城镇居民和城镇社会认同和接受。换句话说，农业转移人口市民化，就是指农村人口在经历生产生活地域空间的转移、户籍身份的转换、综合素质的提升、市民价值观念的形成、职业与就业状态的转变、生活方式与行为习惯的转型后，真正融入城市生活，被城市社会所接受的过程和结果。

当前，农业转移人口主要可以分为两大类：一类是户籍仍然在农村，但已经从农村迁移到城镇工作生活或在农村与城镇之间流动的农业人口；另一类是户籍已在城镇，且已在城镇工作生活的一小部分城镇居民。与"农业转移人口"相关的一个概念是"农民工"，二者在某种意义上说是一致的。与"农民工"相比，"农业转移人口"较为含蓄和中性，关注的重点在于农业人口从农村向城镇转移，进而逐步成为城镇居民的过程；而"农民工"直接体现的是进城务工人员的身份和职业，在日常使用中始终带有一定的歧视色彩，难以被进城务工农民坦然接受。

二、推进农业转移人口市民化对于"三化"协调发展的重要意义

第一，农业转移人口市民化是推进新型城镇化的核心内容。城镇化的实质，就是通过改变农业人口的户籍和生存状态，把农业人口消化、吸收、稳定为城镇人口。所以，农业转移人口市民化是新型城镇化要重点解决的问题之一，也是着力提高城镇化质量的重要任务之一。从目前城镇化的发展来看，城镇化水平的提高主要依靠农业转移人口进城就业生活，农业转移人口的持续增长对城镇化率的提高发挥着重要作用。但同时也应看到，当前河南省城镇化质量不高的主要问题是农业转移人口市民化滞后，土地城镇化速度快于人口城镇化速度，户籍人口城

镇化速度慢于常住人口城镇化速度,大批农村劳动力异地转移到了城镇,但他们在城市中并不享受完全的社会公共服务,收入也相对较低,不能真正转变为城镇居民,始终游离在城镇居民之外,阻碍了城镇化水平和质量的进一步提高。因此,当前和今后相当长的一段时期,农业转移人口市民化既是新型城镇化的重中之重,又是难中之难,必须加快推进农业转移人口市民化进程。

第二,农业转移人口市民化是实现农业现代化的重要途径。河南农村人多地少,存在大量的剩余劳动力,实现农业转移人口市民化一方面可以大幅度减少直接从事农业的劳动力数量,大幅度增加农业劳动力人均土地和其他自然资源的占有量,促进集约化经营,提高劳动生产率,缓解人地关系矛盾;另一方面可以使腾出来的土地实现适度规模集中,有利于节约和集约利用土地资源,实现土地资源优化配置,促进土地资源优势转化为农业经济效益优势,提升农业竞争力。农业人口转移之后,土地集中在少数人手里,未向城镇转移的农业人口通过发展农产品加工业,壮大龙头企业,能够推进农业产业化经营,延长农业的产业链条,进而促进农业结构的优化升级,推动农业的产业化、规模化、开放化和市场化。

第三,农业转移人口市民化是推进新型工业化的重要引擎。农业转移人口的市民化是转变经济发展方式、推动经济转型升级所必须面对的问题,直接关系到拉动内需的实现以及改革红利的释放,还能够缓解建设用地紧张的瓶颈约束。目前,河南省有大量生活在城镇但没有城镇户口的农民工。推进农业转移人口市民化,不仅会拉大城市框架,释放巨大的消费和投资需求,而且有助于稳定产业工人队伍,积极承接产业转移,推动产业结构调整和优化升级,极大地促进工业化发展。同时,农业转移人口进城之后,自身素质与劳动技能比之前有较大提高,能够为工业化大生产提供人力资源保障;薪酬水平提高,增加了其购买力,可以刺激消费需要,进而促进工业化生产。

第二节 当前河南农业转移人口市民化面临的难点与问题

当前,虽然河南省农业人口向非农业人口转移就业的阻力在逐步弱化和减轻,但农业转移人口实现市民化的过程却仍然存在许多难点和障碍,在一定程度上制约着新型城镇化质量的提升,制约着新型城镇化引领"三化"协调发展作用的发挥。

一、农业转移人口难以在城镇形成稳定的就业和稳定的收入

就业是民生之本,农业转移人口能否在城镇实现稳定就业,不仅关系到农业转移人口自身的生存状况,而且也关系到新型城镇化进程和农村可持续发展。因此,实现就业、保障就业、稳定就业是农业转移人口转得出、留得住的基本保障。但是,农民作为我国社会阶层中的一个弱势化群体,受文化、技能、年龄、资本等因素的限制,农民外出务工很难找到适合自己的就业岗位,就业也不稳定,大多数转移人口从事劳动强度大、工作时间长、工资待遇差的工作,就业难度比一般市民更大,常常处于流动与半失业状态。大量的农业转移人口文化程度低导致其就业单一、收入较低,同时大多数人也没有能力进一步提升自身的就业能力。

由于存在就业稳定性差和收入水平低与永久定居城镇和承担高生活费用之间的矛盾,以及对非农就业没有长期稳定预期,农业转移人口缺乏人力资本投资的动力和融入市民社会的意愿,以致难以完全放弃农业经营。因此,如何解决农业转移人口的就业以及长远发展问题,是当前农业转移人口市民化面临的一项重要而紧迫的任务。即使是城镇愿意接纳转移农业转移人口,但在城镇社会保障制度、户籍挂钩、城乡统一的劳动力市场尚未形成,农民在农村的土地权益尚未得到有效保障的背景下,农民也不能安心离开农村,放心进入城市。

二、大多数农业转移人口不能够或者不愿意把户籍转移到城镇

中华人民共和国成立后,我国的户籍制度一直承担着与户口性质和登记地相挂钩的权利界定和利益分配制度。如何打破或者消除附着在我国特有的户籍制度上的不应有的作用,及由此带来的市民和农民利益的不同和权利待遇不同,让户

籍制度恢复其本来意义上的功能，即只作为一种按户登记人口信息、实现社会和人口治理的一项管理制度而存在，完善好、确立好、保障好农业转移人口市民化的基本生存权、发展权和成果享有权，改革户籍制度，已成为当前农业转移人口市民化的一个重大问题。

河南省在推进新型城镇化进程中，就放宽中小城市户籍限制、吸收失地农民向城镇集中等方面采取了许多措施，鼓励农村人口进城务工、落户，收到了一些成效。但是，大城市的户籍制度改革仍然滞缓，同时，随着经济社会的发展，城市规划的扩建等，土地增值效应明显，农业群体在不同程度上获得了实惠，部分非农业户口原有的优势正在逐渐淡化，非农业户口的利益格局发生了明显的变化，特别是在中小城镇，非农业户口申请逆转为农业户口的现象有所抬升，出现了"人想到城里来，户口想到农村去"的态势。如何一方面剥离附着在城市户口上的各类利益和权利差别待遇，另一方面保障原有的优惠政策，改革城乡二元户籍体制、建立合理公正的新型制度等，还没有一种行之有效、能推广全省的办法。这些都成为影响农业转移人口市民化的难点。

三、在农业转移人口的住房方面当地城镇政府总体上关注不够

住房问题全国各地都存在，在河南农业转移人口市民化的过程中，住房也是一项无法回避的难题。由于农业转移人口普遍就业能力低下，生活质量低，大多属于低收入群体，大部分无力购买市价高昂的商品房。除了极少数进城经商的农民工在城镇购买了住房外，绝大部分农民工在城镇都没有自己的住房。农民工的居住方式基本是两种：一种是租住民房，包括城中村房、车库、楼梯间、地下室等；另一种是住集体宿舍，包括工厂宿舍、简易工棚、打烊后的门店等。两种居住方式的比例因所在城镇的产业状况、房屋分布状况而差异很大，如城区以租住民房为主，而工业园区、建筑工地则以集体宿舍为主。在农业转移人口市民化的过程中，最重要且难度最大的就是其在城镇的住房问题。

为保障和改善民生、提高和改善人民生活质量，促进社会和谐稳定，就需要政府切实推进全体民众的，特别是惠及农业转移人口的保障性住房建设，由政府为中低收入住房困难家庭提供限定了建造标准和销售价格或租金标准的、起社会

保障作用的住房。但是，目前各地关于住房保障制度实施的对象主要是有户籍的城镇居民，而对流动人口、农村进城务工群体等住房困难群体基本排斥在外，城市的准入机制把农业转移人口排斥在住房保障之外。各级政府只是在政策中强调要解决农民工住房保障问题，没有出台保障农民工住房保障权益的法律法规。而且由于缺乏相应的法律法规约束，雇主为了获得最大的利润只会尽可能地降低农民工的住房水平和居住条件。而在推动雇主主动改善农民工居住水平方面，更是没有法律来进行约束。

四、农业转移人口不能享受到与城镇居民同等的公共服务和社会保障

就公共服务来讲，大量农业转移人口在市民化过程中，如果要享有与城市居民相同的社会保障公共服务，必将大幅度增加地方政府的财政支出，但是城镇公共服务经费依户籍人数而定，地方政府缺乏动力，而且地方政府也没有多大潜力为农业转移人口提供公共服务。尽管一些农业转移人口已在城镇就业，至多只能分享城镇基础设施、公共交通、社会治安等非排他性公共服务，而不能享受到与城镇户籍捆绑在一起的政府补助性住房、子女在公立学校就学等排他性的公共服务。在教育方面，农业转移人口的子女仍不能在打工地顺利入学，义务教育"两为主"在大城市并未得到落实，一些适龄入学儿童只能在"老家"上学，成为"留守儿童"，一些儿童只能在条件很差的"打工者子弟学校"就读，享受不到当地政府对当地有户籍居民子女的教育资源。在医疗卫生方面，农业转移劳动者受职业病危害情况严重，农业转移劳动者职业病发病人数占比较高，职业病防治形势依然严峻。

从社会保障来讲，在面向农业转移人口这一群体时，无论是需要个人缴费的社会保险，还是不需要个人缴费的社会救助和社会福利，在实践中的效果都不甚理想。一方面，农业转移人口参保率低，参保能力有限。农业转移人口文化程度不高，技能缺乏，就业条件一般较差，劳动报酬也相对较少，导致他们无力缴纳社会保险费，或因经费困难而不得不中断社会保险关系。另一方面，社会救助和社会福利缺位。我国现行的城镇社会救助和社会福利体系是基于户籍制度建立和运行的，没有获得当地户籍的农业转移人口被排斥在社会救助和社会福利体制之

外，几乎享受不到单位福利与社区福利，同时，在住房补贴、在职培训或进修、社区服务等方面，也难以享受到与城镇职工同等的福利待遇。

五、通过宅基地承包地流转支持农业转移人口市民化的利益机制还没有形成

农村宅基地和住宅是农民的基本生活资料和重要财产，也是农村发展的重要资源。近年来，随着城镇化快速推进，农业转移人口数量不断增加，农村宅基地和住宅闲置浪费问题日益突出。一边是城市居高不下的房价，一边是农村巨量的闲置宅基地。现行宅基地流转制度已经成为城镇化的障碍，按照相关法律法规，宅基地作为农民生活居住的场所设施，国家实行按需分配的保障性制度，规定一户一宅，无偿获得，免费使用。宅基地是农民的基本福利制度，限定在农村集体成员之间流转，城市居民不能购买宅基地。这一制度安排限制了宅基地的流转，进城农民宅基地无法变现，造成了大量土地资源浪费。从宅基地来说，宅基地流转的产权主体、流转原则与层次、退出机制等缺乏系统的制度规范，现实中的村庄整治、宅基地整理的资金筹措、监管等一系列问题也缺乏配套措施。这些显然不利于农业转移人口向城镇的转移，由于农业转移人口普遍难以承担举家定居城市的生活成本，不得不让老、妇、幼留守农村，这就阻碍了农业转移人口市民化的步伐。

从河南省目前的土地流转情况来看，农村土地流转的势头强劲，但也存在流转市场体系不完善、流转程序不规范等问题。一是农民的"恋土情结"阻碍了土地流转进程。二是土地产权关系不明晰。三是土地流转行为还不够规范。四是仍未建立健全完备的土地流转配套机制。五是参与土地流转的主体、档次有待提升。六是土地流转进展水平参差不齐。如何探索农村土地流转的模式路径，妥善处理现实的承包地退出机制，完善土地使用权流转市场，成为推动农业转移人口市民化的重要环节。

根据第七次全国人口普查数据，截至 2020 年 11 月 1 日零时，河南省常住人口共 9936.6 万，城镇常住人口为 5507.9 万，常住人口城镇化率为 55.43%，与 2010 年第六次全国人口普查时相比，河南省城镇常住人口增加 1885.9 万，乡村人口减少 1352.3 万。从增长速度来看，近 10 年来，河南常住人口城镇化率提高

了 16.91 个百分点，年均提高 1.69 个百分点，与上一个 10 年年均提高 1.51 个百分点相比，城镇化进程加速明显，大规模的乡城迁移流动趋势仍在延续。2020年，河南省新增农村劳动力转移就业 45.81 万人，截至 2020 年底，河南省农村劳动力转移就业累计 3086 万人，其中省内就业 1850 万人，省外输出 1236 万人[①]。由上述分析可知，农业转移人口市民化是推进新型城镇化的核心内容，是实现农业现代化的重要途径，是推进新型工业化的重要引擎。而当前农业转移人口市民化程度不高，已成为制约河南省提高城镇化质量，推进新型城镇化发展的关键问题。因此，有必要以有序推进农业转移人口市民化为切入点和突破口，着力提高城镇化水平和质量，以新型城镇化引领"三化"协调发展。

第三节　有序推进农业转移人口市民化的主要路径

在推进农业转移人口市民化的过程中，政府、社会、企业、个人应该形成合力，优化制度环境，消除制度性障碍；因地制宜，提高公共服务水平；规范用工制度，完善保障体系；加大培训和教育投入，提高农业转移人口自身素质。

一、构建现代城镇体系，优化人口空间布局

中小城市是吸纳农业转移人口的重要载体，但河南省的人口大多集中于省会城市郑州，致使郑州市交通堵塞、环境污染、住房紧张等"大城市病"问题凸显，而中小城市人口集聚能力不足。因此，要加快构建现代城镇体系，实行不同的人口集聚政策，优化人口的空间布局促使人口分布与城镇等级体系相一致。坚持中心城市带动战略，按照统筹城乡发展的要求，加快形成大型中心城市、中小城市、小城镇各具特色，竞相发展的城镇体系。根据各个城市的不同定位，实施不同的人口集聚政策，促进人口合理分布。中小城市作为农业转移人口的主要承接地，要实施积极的人口准入政策，提高城市综合承载能力和人口吸纳能力，促

---

① 2020 年《河南省政府工作报告》。

进人口集中集聚。小城镇要放开落户条件，吸纳农村人口就近转移。

根据《河南省国民经济和社会发展第十四个五年规划和二〇三五年远景目标纲要》，"十四五"时期，要加快郑州国家中心城市、洛阳中原城市群副中心城市建设，构建都市圈轨道交通网和重点产业带，促进南阳、商丘、安阳区域中心城市和重要节点城市与周边区域协作联动，加快大别山等革命老区振兴发展，推进城市更新，深化县域治理"三起来"示范创建，推动郑（州）洛（阳）西（安）高质量发展合作带建设全面起势。作为国家中心城市的郑州要实施条件准入限制政策，有条件、有批次、有序推进农业转移人口市民化；作为全省副中心的洛阳要顺应区域经济多极化发展趋势，增强洛阳要素集聚承载和跨区域配置能力，强化与郑州国家中心城市错位发展，加快建设洛阳都市圈，在推动高质量发展中发挥更大的作用。此外，要提升南阳、安阳、商丘等区域中心城市规模能级，培育特色城镇组团，建立健全区域协同发展机制，强化跨市域交通对接、功能衔接、产业链接，吸引人口经济要素加快集聚。

二、构建现代产业体系，提高产业支撑能力

雄厚的产业基础是解决农业转移人口就业问题，推动农业转移人口市民化的前提和重要基础条件。必须把稳定就业作为着力点，制定科学合理的转移就业战略和产业政策，千方百计增加就业岗位，夯实吸收更多劳动力就业和更有效地促进就业的基础。坚持把制造业高质量发展作为主攻方向，推进产业基础高级化、产业链现代化，强化战略性新兴产业引领、先进制造业和现代服务业协同驱动，加快建设实体经济、科技创新、现代金融、人力资源协同发展的现代产业体系。制造业发展方面，要坚持链式集群化发展，"锻长板"与"补短板"相结合，做强优势产业、做大新兴产业、做优传统产业，深入推进高端化、智能化、绿色化、服务化改造，完善先进制造业体系，推动河南制造向河南创造、河南速度向河南质量、河南产品向河南品牌转变。服务业发展方面，推进服务业专业化、标准化、品牌化、数字化建设，积极培育新业态新模式新载体，增强服务产业转型升级的支撑能力和满足消费需求升级的供给能力。

要围绕产业基础再造、产业转型升级、提供就业需求等加快产业发展，加快构建现代产业体系，提高产业支撑能力。一是着力扩大产业规模。通过招商引

资、承接产业转移、加快产业集聚区建设、营造良好发展环境等多种途径，加快产业向大城市、中小城市集聚，扩大产业规模，优化城市和产业空间布局，促进产城融合互动发展。二是着力促进产业结构调整和优化升级。通过改造提升传统产业、加快培育新兴产业、大力发展服务业等途径，优化产业结构，提升产业能级。三是着力依托当地优势培育产业特色。依托当地的经济基础、资源优势，以及其他一些独特优势，培育发展特色优势产业，提高产业竞争力。四是依托产业集聚区、商务中心区和特色商业区、城市新区等产业发展载体建设，促进第二、三产业发展，以创造充足的就业岗位，吸纳农业转移人口就地就近转移，提高产业对农业转移人口市民化的支撑能力。

三、完善基础设施体系，提高设施保障能力

完备的基础设施是城市容纳更多的农业转移人口的基本硬件条件，也是该城市功能的基本组成部分。然而，由于地方经济基础薄弱、财政实力不强、规划建设管理滞后等原因，多数城市尤其是中小城市的基础设施薄弱，综合承载能力不强，是制约农业转移人口市民化的重要原因。为此，要加强基础设施建设，构建完善的基础设施体系，提高基础设施对居民生产生活的保障能力。

一是要加大政策和资金支持力度，全面加强中小城市道路、通信、水电气暖等各项基础设施建设，有序推进海绵城市建设，完善防洪排涝系统。加强地下空间开发利用，支持有条件的城市建设地下综合管廊。二是要提升城市基础设施规划、建设和管理水平，切实提高城市基础设施的综合利用效率和保障水平。三是要实施城市更新行动，统筹新城区开发和老城区改造，推进市政基础设施提质升级和智能化改造，完善公共服务和便民设施。加强城镇老旧小区改造和社区建设，改造提升老旧厂区、老旧街区和城中村等存量片区。此外，还要完善城市基础设施建设的投融资体制，坚持以市场为导向，推动投融资主体多元化，着力解决基础设施建设资金不足的问题。把一些经营性基础设施项目推向市场，鼓励企业和个人投资，形成政府、企业和个人多元化投资机制。

四、完善公共服务体系，提高公共服务水平

当前，城市的公共服务水平明显优于农村，而且不同城市之间也存在不同程度的差别，例如，郑州这样的大城市在医疗、教育和社会保障等资源方面明显优于其他城市，与中小城镇更有着天壤之别。在这种情况下，人口向大城市集聚，带来了交通拥堵、治理失序等一系列问题，对农业转移人口流出地的社会结构也带来了离散化的影响，造成了流出地农村空心化的发展困境。从中国长期发展的目标来看，解决农业转移人口问题的根本在于实现公共服务的均等化。因为农业转移人口在城市工作、生活的最大顾虑是他们的收入有限和依靠自身的力量无法承担和化解就业、疾病、养老和住房等市场风险。化解市场风险的最有效手段就是政府推进公共服务均等化。

构建均等化、覆盖全部常住人口的公共服务体系，是推进农业转移人口市民化的重要方面。因此，必须围绕方便居民生活和公平正义构建均等化、覆盖全部常住人口的公共服务体系，满足农业转移人口在城市的居住、教育、医疗、就业和社会保障等基本需求，保障其能够在城市定居生存下去。在居住方面，一方面要围绕满足低收入家庭住房需求构建包括公共租赁房、廉租房、经济适用房等多层次住房保障体系，提高住房保障能力；另一方面要出台政策把农业转移人口纳入城镇住房保障体系。在教育方面，要保障农业转移人口随迁子女享有平等的义务教育权利，鼓励企业和社会团体对随迁子女的教育进行资助，支持和引导社会力量办学，因地制宜开拓农业转移人口子女接受义务教育的各种渠道。在医疗方面，要把农业转移人口纳入城镇基本医疗保险体系，保障其能够享受到基本医疗服务。在就业方面，要保障农业转移人口获得平等的劳动收入，并依法享有各项劳动权益；在社会保障方面，逐步将农业转移人口逐步纳入城市社会保障体系，保障其公平享有各项社会保障权利。

五、完善教育培训体系，提高农业转移人口自身素质与就业能力

农业转移人口在城镇就业的不稳定性、对未来的不确定性、对家乡故土的情

感，是他们不愿意放弃农村户籍落户城镇的障碍，在鼓励农民转移就业、改变居住地、落户城镇的同时，应加大对他们就业技能和城市生活适应能力的培训力度，这有助于解除他们在经济上和情感上的后顾之忧。根据农村劳动力的能力素质、就业意愿、务工职业，围绕城市发展需求、企业用工需要，结合地方经济社会发展特色，以重点行业用工需求为先，以提升岗位技能要求为导向，选择合适的培训方式，开展职业培训和转移就业精准服务，确保有培训意愿转移到城镇就业的劳动力都能得到职业技能培训机会，提升农业转移人口的职业技能，使其具备可持续发展能力。同时，为引导他们适应城镇生活，积极转变观念，有必要进行文明卫生生活习惯、城镇交通安全意识、市民素质等方面的培训，引导他们熟悉城镇生活环境，消除他们对城镇环境的陌生感，为市民化做好充足的准备。

推进农业转移人口市民化，农业转移人口自身必须要具备一定的素质，拥有一定的技能和就业能力。为此，要进一步完善农业转移人口的教育培训体系，着力提升农业转移人口自身素质与就业能力。一是加强农业转移人口素养的培育，大力宣传普及健康卫生、文明礼仪、法律法规、生活规范等知识，开展多种多样的文化活动，不断丰富和培育健康的精神文化生活，提高农民的思想道德水平、科学文化素质以及生产技术能力，为其融入城市生活提供保障。二是建立科学管理的公共就业服务机构，积极落实有利于农业转移人口就业的各项政策措施，大力发展职业教育和技能培训，增强农民转移就业能力，着力培养技能熟练型和技术适应型农民工。三是建立输出地与输入地联合、机构培训与远程教育相结合的多层次农民转移就业培训体系，形成以市场需求为导向，以订单培训、定向培训和定岗培训为重点的培训机制，针对不同行业、工种和岗位，开展对口职业技能培训。四是进一步加强转移就业服务，构建和谐的劳动关系。建立面向城乡的用人单位和劳动者的劳动市场网络，实行城乡统一的就业制度。

六、构建科学合理的成本分担机制

回顾我国的工业化发展历程，农业为工业化的起步提供了宝贵的原始积累，做出了巨大的牺牲。改革开放后，以家庭联产承包责任制为主体的农村改革，大大释放了农业生产力，有效增加了农产品供给，但农民收入没有根本性的增加；随着城市改革的展开、工业化发展的提速，农民为了获得相对较高的工资性收入，从农业分离出来，加入城市建设大军之中，干着比城里人更脏、更苦、更累的活，拿着不如城镇居民的工资，为中国的工业化、城镇化发展无私贡献了青春和力量；随着工业化的推进，城市用地日益紧张，通过城乡挂钩、占补平衡的方法，大量的农村集体建设用地以超低价几乎被无偿地用作了城镇建设用地或者工商业用地，农村又一次为工业化的起飞和城镇化进程的加快献出了财富。长期以来，我国投资偏重城市，导致农村基础设施和公共服务设施供给不足，使得农村缺乏良好的生产、生活条件；同时，由于传统体制的惯性作用，即便是建立了社会主义市场经济体制，市场机制作用的发挥也不充分，不同产业、不同部门之间难以形成相对平均的利润率，导致农业、农村难以成为生产要素流入的"洼地"，"无农不稳"难以转变成"无农不富"，城乡收入差距越来越大。加上土地财政导致的房价飞涨，农民始终凑不够进城的成本。

基于此，要科学测算人口市民化成本，按照省与市、县（区）事权和支出责任划分进展情况，建立健全由政府、企业、个人多方共同参与的农业转移人口市民化成本分担机制。一是合理确定各级政府责任。政府主要承担义务教育、劳动就业、社会保障、基本养老、医疗卫生、保障性住房以及市政设施等方面的公共成本。按照省与市、县（区）事权和支出责任梳理市、县（区）、镇主要事权项目清单，落实政府基本公共服务保障责任，完善重大民生政策财政分担机制。二是强化企业责任落实。企业主要承担分摊农业转移人口市民化的社会保障成本，依法为农业转移人口缴纳职工养老、医疗、失业、工伤和生育等社会保险，另外还要加强对农业转移人口的职业技能培训，不断提高其自我发展能力。政府要督促企业依法普遍签订并履行劳动合同，监管企业按规定缴纳社会保障费用，完善农业转移人口工资支付保障长效机制。三是农业转移人口自身承担城市定居生活的个人及其家庭生活与发展的成本。个人主动依法缴纳养老、医疗、失业等社会保险费用，积极参加职业教育和技能培训，加快融入城市步伐。

第四节　加快推进农业转移人口市民化的对策建议

农业转移人口市民化是一项宏大而复杂的社会系统工程。促进河南省每年新增百万以上的农业转移人口真正融入城市，是提高城镇化质量的中心任务。农业转移人口市民化，应根据不同群体市民化意愿及能力的差异、不同地区人口承载能力的差异，因地制宜、有序推进。

一、加强公共就业服务，促进农业转移人口多渠道就业

当前，河南省大部分城市已出台多项措施拓宽农业转移人口就业渠道，但是从就业形势来看，以自发为主，靠"血缘、人缘、地缘"（亲戚带亲戚、朋友带朋友）转移就业的，占比仍达80%以上，而通过政府劳务输出部门或职业中介机构有组织输出实现就业的人数占比不足20%。这就要求我们必须加强公共就业服务，在促进农业转移人口多渠道就业方面继续努力。

要坚持"就业优先"，成立公共职业介绍机构，向农业转移人口开放，并提供免费的政策信息咨询和职业介绍服务，拓展农民外出就业空间。建立科学管理的公共就业服务机构，积极落实有利于农业转移人口就业的各项政策措施，重点落实农业转移人口免费服务制度、就业与失业管理制度、就业援助制度、专项服务制度等。积极引导农业转移人口外出就业，同时鼓励农业转移人口就地、就近转移就业。加大对种养大户、家庭农场、专业合作社和农业产业化龙头企业等新型经营主体的扶持力度，扶持农业转移人口返乡创业。积极稳妥地促进农业转移人口稳定就业、多渠道就业。

二、分类调整户口迁移政策，从管理制度上促进农业转移人口真正融入城市

户籍制度是造成城乡居民待遇差别的最大障碍。河南省户口迁移政策一直按照1998年的标准实施，针对农业转移人口市民化过程中出现的问题还没有得到合理解决。户籍制度改革的方向，应该是将附着在户口上的福利逐步剥离，逐步突破户籍与福利合一的社会管理制度。

建议分类调整户口迁移政策，逐步让符合条件的农业转移人口在就业居住地有序落户：在县级市市区、县人民政府驻地镇和其他建制镇有合法稳定职业并有合法稳定住所的人员，本人及其共同居住生活的配偶、未婚子女、父母，可以在

当地申请登记常住户口；在设区的市有合法稳定职业满三年并有合法稳定住所，同时按照国家规定参加社会保险达到一定年限的人员，本人及其共同居住生活的配偶、未婚子女、父母，可以在当地申请登记常住户口；继续合理控制郑州等大城市人口规模，进一步完善并落实好现行的城市落户政策。

三、深化土地制度改革，切实保护农业转移人口的土地权益，使农民"转得出"

2011 年 11 月河南省下发通知，全面启动河南省农村集体土地确权登记发证工作，要求 2012 年底前全部完成；宅基地使用权和集体建设用地使用权登记要在 2015 年底前基本完成。农村集体土地确权登记发证是围绕保护农业转移人口的土地权益深化土地制度改革的基础。

今后河南省在深化农村土地制度改革方面，必须以切实保护农业转移人口的土地权益为核心，加快完善相关的法律法规，着力解决好以下四个问题：第一，要明确界定农民的土地财产权利，颁发具有明确法律效力的土地承包经营权证书和宅基地使用权证书，防止以农村土地属于集体所有为名强征农民的土地。第二，要把握好土地流转的方向，真正做到农地农用，自愿流转，要确保农业家庭经营的主体地位。第三，要禁止农民以土地权换市民权，现阶段农业转移人口落户城镇，是不是放弃承包地，是不是放弃宅基地，必须完全尊重农民个人的意愿，不能强行收回。第四，要真正按照土地的市场价值对被征地的农民进行补偿，在符合国家土地用途管制和土地利用规划的基础上，让农民直接分享土地的增值收益。

四、强化输入地政府属地管理责任，切实保障农业转移人口子女的教育权利

当前，河南省县城以上城市幼儿园、小学、初中极度拥挤，必须作为全省重大问题尽快解决。城市基础教育远远不适应快速城镇化和农村转移人口市民化带来的教育需求。近几年，农业转移人口反映最强烈的问题是，尽管已在城镇就业，却只能分享城镇基础设施、公共交通、社会治安等非排他性公共服务，而不

能享有与城镇户籍捆绑在一起的政府补助性住房、子女在公立学校就学等排他性公共服务，尤其是子女受到良好教育的愿望难以实现。这就要求我们强化输入地政府属地管理责任，按"以输入地政府管理为主、以全日制公办中小学接收为主"的原则，大力发展城市基础教育，增加城市优质教育资源。切实保证农业转移人口子女平等接受义务教育。

一是输入地政府应加快配置城镇公办优质教育资源，按划片区招生、就近入学的办法招收农业转移人口子女，逐步提高公办学校和优质学校招收进入城镇农业转移人口子女的比例。实行与城镇户籍学生混合编班，促进社会融合，落实异地高考政策，将农业转移人口随迁子女纳入就业地中等和高等职业教育招生范围，对于连续在本地就读的，应允许在本地参加中考、高考。二是坚持政府办学为主，社会力量办学为辅的原则。鼓励企业和社会团体对随迁子女的教育进行资助，支持和引导社会力量办学，因地制宜地开拓农业转移人口子女接受义务教育的各种渠道。同时，加强义务教育民办学校管理，促进民办义务教育学校教育质量和办学水平的提高。

五、逐步将农业转移人口纳入住房保障范围，改善农业转移人口居住条件

农业转移人口市民化，要求扩大城镇容纳更多农业转移人口的居住空间。但是，当前大多数的农业转移人口的居住需求没有被保障。多数人只能到都市村庄或者偏远的城乡接合部，租住农民私有的旧房或搭盖的简易房，缺乏公共设施，造成居住拥挤和卫生、消防等隐患。因此，将农业转移人口纳入住房保障范围，改善农业转移人口居住条件，迫在眉睫。

大力开发建设廉租房是解决农业转移人口在城市居住问题的关键。廉租房依靠其低廉的房价房租能够吸引广大农业转移人口前来居住，更能通过其良好的城市环境和便利的公共设施，促使农业转移人口尽快融入城市，实现其身份的快速改变，加快城市化进程。城中村改造是解决农业转移人口城市居住问题的又一途径，通过城中村改造，可吸纳更多的农业转移人口在城市居住，缓解大量农业转移人口进入城市的住房困难，提高农业转移人口的居住水平。

六、加强公共服务供给与财政体制改革相结合，建立适应农业转移人口市民化的公共财政分担机制

据有关粗略估计，在河南实现农业转移人口完全市民化，解决好包括住房、医疗、社保等方面的公共服务问题，需要投入 10 万~20 万元。目前，这些成本目前主要由地方政府承担。鉴于市民化的成本较大，需要在科学测算农业转移人口收益和成本的基础上，需要明确中央政府、农业转移人口输入地、来源地和农民自身四个主体的责任，建立合理的公共财政分担机制。

应进一步明确中央政府、省级政府和城市政府在推进农业转移人口市民化方面的主要职责。中央政府主要负责制定基本公共服务全国最低标准，依法承担义务教育、社会保障、公共卫生等基本公共服务成本，增加对接受跨省农业转移人口较多省份的支出补助。省级政府主要负责制定本省（区、市）公共服务标准，承担公共服务成本省级负担部分，增加对接受跨市农业转移人口较多城市的支出补助。城市政府要承担公共服务成本市（县）级分担部分，以及基础设施建设和运营成本。同时，要积极鼓励社会福利机构帮助农业转移人口，赞助学校的建设，资助农业转移人口技术培训，鼓励他们投资农业转移人口城市住房，等等，尽可能减少政府负担的社会成本规模。

第五章　河南省新型城镇化引领
"三化"协调发展的突破点

——推进工业结构优化升级

工业化是城镇化发展的基本动力，它冲破了农村自然经济的桎梏，带动交通地理发生了翻天覆地的变化，使城市成为区域经济的中心，促进城市第三产业获得长足发展。新型工业化是新型城镇化引领"三化"协调发展的主导力量，但从河南省的实际来看，工业结构长期以来以能源原材料为主，高技术高资本特征在一定程度上限制了更多的就业岗位，使得整个工业吸纳就业的能力有限，同时也不能有效拉动第三产业加快发展。这就要求必须以工业机构优化升级为突破口，为新型城镇化引领"三化"协调发展创造更大的空间。

第一节　工业结构升级对于新型城镇化引领
"三化"协调发展的支撑作用

工业结构升级对新型城镇化引领"三化"协调发展的支撑作用，主要体现在工业结构升级能够为新型城镇化引领"三化"协调发展创造有效的就业、经济和要素集聚支撑。

一、工业结构升级为新型城镇化引领"三化"协调发展创造了就业支撑

工业结构升级对新型城镇化引领"三化"协调发展意义重大。一方面，工

业结构升级（包括工业规模扩大和工业结构高级化演进）直接为吸纳农业剩余劳动力和农业转移人口市民化创造了就业条件。从工业规模扩大来看，伴随着经济发展和信息化技术革命为工业发展提供的物质和技术支持，已有工业持续发展加上新兴工业的出现，产业规模不断扩大，就会创造出大规模的就业机会和就业岗位。就工业结构高级化演进而言，伴随着5G、人工智能、区块链等新一代信息技术的快速发展，数字经济迅速崛起，大幅促进了产业结构的数字化升级，已经成为全球产业革命的基本方向，推动工业结构向高级化演进，工业与现代服务业"两业融合"发展的趋势加快，引致劳动力从农业向工业和服务业迅速转移，就业结构出现重大变化。

另一方面，在工业结构升级推动劳动力从农业向工业和服务业迅速转移的同时，必然引发人口城乡分布出现重大变化。工业和服务业在城镇的集聚，构成新型城镇化人口集聚的就业基础，是新型城镇化的重要推动力，也为减少农业剩余劳动力，加快农业现代化发展创造了条件。反过来，加快新型城镇化进程对吸引工业和服务业的集聚具有强大的引领作用。对于河南省在城镇化长期滞后于工业化的情况下，加快新型城镇化的引领作用更强、意义更大。城镇规模越大，高端要素集聚性越强，对工业和服务业的向心力越强，人口聚集越多。

二、工业结构升级为新型城镇化引领"三化"协调发展创造了经济支撑

一个国家或地区现代化发展的过程，也是三次产业结构不断调整变化的过程。实际上，产业结构、工业化和城镇化三者不断调整升级并相互推动的过程构成了现代经济社会发展的主线。其中，工业结构升级是新型城镇化的关键环节，是新型城镇化和农业现代化的主导动力。这主要是因为：一方面，工业内部产业结构调整与升级，大幅提高了工业生产效率，增加了工业产出和经济积累，为新型城镇化建设和农业现代化提供了充裕的建设发展资金；另一方面，数字经济条件下工业结构服务化演变趋势明显，进一步强化了城市服务功能，使新型城镇化与工业结构升级，相互促进，密不可分。

河南省新型城镇化引领"三化"协调发展，首先要破解经济社会发展中"钱从哪里来、人往哪里去、民生怎么办、粮食怎么保"的"老四难"问题，其

中"钱从哪里来"即经济支撑问题是首要问题。河南作为新兴工业大省,工业增加值连续多年居全国第五位、中西部第一位。从产业结构演进来看,河南省正处于工业化中期阶段,加快推进工业转型升级,以新型工业化为主导仍然是富民强省、实现中原更加出彩、河南振兴的必然选择。因此,加快工业结构升级将为河南新型城镇化引领"三化"协调发展创造坚实的经济支撑。

三、工业结构升级为新型城镇化引领"三化"协调发展创造了要素集聚支撑

在工业化的初期阶段,河南工业虽然实现了由小到大的快速发展,成为新兴工业大省,但主要是建立在劳动力、土地和原材料资源成本优势的基础上,能源原材料等上游产业比重大,高加工度、高科技含量、高附加值的产业发展不足。要想在迈进工业化中期阶段后实现负重爬坡、持续转型升级进入高质量发展阶段,就必须实现从劳动密集型、资源密集型向资本密集型、技术密集型和数字密集型转型。

这反过来就会倒逼城镇建设发展,务必走新型城镇化道路,必须优化发展环境、完善综合功能,吸引和壮大一批能够带动工业结构升级的龙头项目和骨干企业,发挥新型城镇化的集中、集聚、集约效应,吸引和集聚人才、技术、信息、金融、物流等一大批创新要素,不断提高城市发展能级和综合竞争力,这又将进一步推进新型工业化进程和农业现代化进程。

第二节　工业结构升级的规律与趋势

加快推进工业结构升级的步伐,有必要把握现阶段工业结构升级的规律和工业发展的新趋势。纵观整个工业发展历史,持续不断地创新是工业结构升级的根本动力,在新一代信息技术迅猛发展的今天,创新更是发挥了主导作用,特别是数字化时代工业数字化转型发展步伐加快、工业与现代服务业"两业融合"发展的趋势加快,成为工业转型升级的重要方向。

一、持续创新是工业结构升级的根本动力

持续创新是推动工业结构升级的根本动力，也是衡量工业高质量发展的关键因素。当前，我国经济发展已经从高速发展转向高质量发展，工业制造只有依靠自主创新能力，才能不断突破技术约束，才能持续转型升级，走向产业链高端。在经济高速增长时期，经济主要依靠劳动力、矿产资源、土地等成本优势，而在经济高质量发展阶段，创新对工业结构升级作用更加凸显，已成为工业结构升级的根本动力。

在经济处于高速发展阶段，河南省地处内陆，拥有丰富的劳动力、矿产和土地资源，有力支撑了工业经济高速发展，多年来走在全国的前列，成为新兴工业大省。但是，近年来在经济由高速增长阶段向高质量发展阶段迈进过程中，各种资源要素成本上升较快，特别是劳动力、工业用地和能源原材料成本上升较快，加之工业企业始终面临融资难、融资贵的问题，要素资源优势明显弱化。因此，创新就成为河南省工业结构升级的根本动力。

二、新时代工业数字化转型发展步伐加快

在数字经济时代，产业数字化（Digitalization）发展能够降低产品或服务交易成本、提高供需匹配精准度、减少劳动力投入和投资风险，进而大幅提高资源配置效率，已经成为全球产业革命的基本方向。显然，数字化也为工业结构升级、实现高质量发展提供了难得的历史机遇，已经成为推动工业结构升级的新引擎。

现阶段，在互联网、大数据、云计算基础上的人工智能技术对工业的全面渗透，已将工业数字化转型发展提升到了新的时代高度。参与工业生产全流程的人、要素资源、机器设备和产品之间实现了无所不"连"（连接）和无所不"知"（感知），促进形成人与人、人与物、物与物之间的信息交互，并由此产生海量的工业大数据，推动工业设计、生产、销售、服务全产业链变革。近年来，在互联网、物联网、移动终端、5G等数字化硬件技术基础上，伴随着人工智能（Artificial Intelligence）、区块链（Blockchain）、云计算（Cloud Computing）、大数

据分析（Big Data Analytics）等数字化技术的快速发展和全面运用，工业数字化转型升级呈加速发展态势。

三、工业与现代服务业"两业融合"发展的趋势加快

现阶段，伴随着新一轮数字化技术不断进步和广泛运用，工业特别是制造业与现代服务业已经打破原有的产业界限，正在加快互动融合的步伐，相互促进，互为支撑。从发达国家的工业化历程来看，工业化推进到一定程度后，随着分工加深，支撑工业生产的条件越来越复杂，工业与服务业之间将越界发展，工业与金融、技术研发、数据开发、教育培训、咨询、租赁、物流等服务业之间将形成相互促进、融合发展的局面。随着工业化进程进入中后期阶段，以及相关政策措施的落实，我国"两业融合发展"步伐加快，将成为"十四五"时期工业结构升级的一大特色。

工业与现代服务业的"两业融合"发展主要表现为服务型制造和制造服务化。现代服务业与工业深度融合，是顺应了数字经济时代的产业发展规律。伴随着数字化浪潮冲击，工业与现代服务业的融合将呈现出加快发展的态势。"十四五"时期，适时调整政策导向，要充分尊重工业与现代服务业"两业融合"发展的规律，制定并实施推动"两业融合"发展的相关政策，有效推进两业深度融合，实现高起点和高质量发展。

第三节　推进河南省工业结构优化升级的现实基础

从工业结构升级的作用来看，工业结构升级为新型城镇化引领"三化"协调发展创造就业、经济和要素集聚等有效支撑，对河南省经济社会高质量发展意义重大。同时，就工业结构升级条件而言，河南省工业基础扎实，近年来工业结构优化成效显著，交通区位、政策叠加等外部条件突出，工业结构升级的整体优势较为明显。应该发挥优势，抢抓机遇，着力推进工业结构转型升级。

一、工业发展基础扎实

近年来，河南省高起点谋划高质量发展，坚持新发展理念，抢抓促进中部地区崛起、黄河流域生态保护和高质量发展等重大战略机遇，颁布实施了《河南省推动制造业高质量发展实施方案》，把工业高质量发展作为主攻方向，发挥数字经济引领作用，围绕稳定供应链、优化产业链、提升价值链，多措并举，砥砺奋进，着力推进传统产业转型升级，积极发展新兴产业，河南省规模以上工业增速连续多年保持高于全国平均水平2个百分点左右，工业增加值居于全国前列，连续几年稳居全国第五，居于中西部首位，培育了装备制造、食品制造2个万亿级产业和以洛阳动力谷、中原电气谷为代表的19个千亿级制造业产业集群，成为重要的新兴工业大省，并为努力建成全国先进制造业强省的目标奋勇前进。河南省重点工业包括装备制造、食品制造、新型材料、电子信息、汽车及零部件、冶金、建材、化工和生物医药等产业，主要分布于郑州、开封、安阳、洛阳、三门峡、焦作、新乡、平顶山、许昌、濮阳、鹤壁、周口和济源示范区等地区。

二、工业结构不断优化

总体而言，河南工业基础较好，为工业结构进一步优化创造了基本条件，主要体现在产业体系完备和工业结构持续优化方面。首先，工业体系较为完整，产业结构优化升级基础扎实。河南省在41个工业大类中，拥有40个，形成了装备、食品、材料、电子信息和汽车五大主导工业制造产业集群，巩固提升了装备制造、绿色食品、电子制造、先进金属材料、新型建材、现代轻纺6个战略支柱工业，轿车、电子等新兴的工业产业也从无到有，迅速发展起来，涌现出了宇通客车、中铁装备、中国一拖、郑煤机、许继电气、中信重工等知名企业，成为河南省制造业的有力支撑。

其次，工业结构持续优化。河南聚焦高端化、绿色化、智能化、融合化发展目标，发挥政府引导作用和企业主体作用，推动实施大规模智能化改造、绿色化改造和技术改造，大力实施工业"三大改造"，推动工业提质增效。党的十八大以来，2012~2018年河南省电子信息、装备制造、汽车及零部件、食品、新材料五个重点产业年均增长 15.0%，高于规模以上年均增速 3.4 个百分点。2018 年五大重点产业占规模以上工业增加值比重为 45.1%，较 2012 年提高了 7.7 个百分点。

最后，河南省深入实施创新驱动发展战略、大数据战略、数字经济战略，大力发展新兴产业，推动新旧动能转换，各项工作取得积极成效，2020 年战略性新兴产业增加值占规模以上工业比重超过 20%。特别是，河南省准确把握当前产业发展趋势，结合国家发展战略和河南省发展实际，制订实施新型显示和智能终端、现代生物和生命健康、环保装备和服务产业、尼龙新材料、汽车电子、智能传感器、5G、新一代人工智能等十大新兴产业发展行动方案，将极大地推动工业结构转型升级。

三、工业结构升级的外部条件优越

河南工业结构升级的外部条件优势也比较明显，主要体现在区位交通和战略政策平台集聚方面。首先，交通区位优势明显。河南位于中部地区和中国经济腹地，"米"字形高铁网基本建成，郑徐、郑阜、商合杭、郑太、郑万河南段等高铁开通运营。主要工业分布于以郑州综合交通枢纽为核心的"米"字形高铁网络经济圈。以郑州市为中心，1.5 小时覆盖中国 2/3 的主要城市和 3/5 的人口。河南省近年来积极参与"一带一路"倡议成效显著，同时正在加快融入新发展格局，"米"字形高铁、中欧班列、郑州—卢森堡空中丝绸之路、跨境电子商务蓬勃发展，四条丝绸之路（陆海空网）协同发力，区域协调发展和经济腹地效应将逐步释放，为工业结构升级提供了坚实的交通区位支撑。

其次，战略政策效应叠加。近年来，"五区一群"战略即中原经济区、国家粮食生产核心区、郑州航空港经济综合实验区、郑洛新国家自主创新示范区、中国（河南）自由贸易区、中原城市群等国家战略集中实施，特别是促进中部地区崛起、黄河流域生态保护和高质量发展战略的深入实施，有助于在国家战略平台整合中放大叠加效应、政策集成效应、发展协同效应，进一步激发工业转型升级和高质量发展活力，特别是河南省先后出台了《关于印发先进制造业大省建设行动计划的通知》《推进制造业供给侧结构性改革专项行动方案》《河南省推动制造业高质量发展实施方案》等，坚持做大总量和结构优化并重、改造传统产业与培育新兴产业并举，有力促进工业结构加快升级，进一步提升河南省在全国工业发展大局中的地位。

第四节 河南省工业结构升级面临的突出难题

河南省工业结构升级虽然自身条件和优势明显，但是，多年来也面临着产品竞争力不强、创新后劲不足、创新人才较少、外部竞争加剧等突出难题，严重制约了工业升级步伐和效率，需要补短板、强弱项，逐步化解工业结构升级的难题。

一、产业多处于价值链中低端水平，产品竞争力不强

河南省工业虽然在中西部地区处于第一方阵，但与发达地区相比，产业附加值不高，推进高质量发展空间较大。首先，产业附加值较低。价值链中较缺乏研发设计、品牌牵引和供应链管理等高端环节，服务增值环节薄弱，产业低端化、同质化问题突出。例如：装备制造业"大而不强"，产业链不够健全、质量效益不高；新材料"粗而不精"，多为有色金属、建材、耐火材料等传统行业，处于产业链高附加值环节的精深加工企业少；高端石化领域产业链条短，呈现"油头大、化尾小"；有色金属行业多数企业还处在上游的开采、冶炼环节，下游高附加值精深加工企业较少。目前，工业依旧是以劳动密集型产业为主，占比高达45%以上，远高于中部地区其他5省。

其次，工业龙头企业少，重大项目引领带动不够。工业大企业、大项目较少，特别是带动力强的百亿级龙头企业较少，现有百亿企业45家，与广东（130家）、江苏（145家）、山东（107家）等省份差距明显。省会郑州市与其他省会城市差距也较大，郑州市主营业务收入超百亿元的企业13家，入围中国500强的企业1家；在主板上市企业30家，与杭州市136家、成都市79家、武汉市58家等存在较大差距。

二、创新基础较弱，创新后劲不足

与发达地区相比较而言，河南省工业创新基础薄弱，后劲乏力。首先，创新型企业少。河南创新型企业较少，研发能力不强。以高新技术企业为例，2019年全国高新技术企业有 22.7 万家，而河南省仅为 4782 家，仅占全国的 2.1%，不及广东省的 10%。就科技型企业而言，每万家法人企业中国家高新技术企业和科技型中小企业数量仅为国家平均水平的 42%，支撑制造业高质量发展的力度不够。

其次，创新平台少。河南重点实验室、实验基地等高层次人才创新创业平台少，对创新型人才承载力和吸引力弱。国家工程技术研发中心占全国的 7.6%，国家重点实验室、国家工程研究中心分别占全国总数的 2.91%、2.89%，仅相当于湖北省的 50% 左右，河南省大中型企业建有省级以上研发机构占比不足 20%，距省委、省政府提出的全覆盖目标差距较大。

再次，R&D 经费投入强度弱。河南省工业产值较高，但 R&D 经费投入比重较低，限制了工业结构快速转型升级。根据《2019 年全国科技经费投入统计公报》，2019 年河南省研发投入 793 亿元，研发投入强度为 1.46，低于全国平均水2.23%，位居中部地区第 5、全国第 16。

最后，高端科研资源少。河南省长期以来就是科研人员和创新人才培养的"洼地"，双一流高校、国字号的大型科研院所等高端科研资源较为匮乏，科技创新支撑能力明显不足。河南省只有 1 所"211"高校——郑州大学，而湖北省有武汉大学、华中科技大学、华中农业大学、中南财经大学等 7 所"211"和"985"高校，"双一流"建设相对滞后。河南省每万人从事科研活动人员不足 40人，仅相当于全国平均水平的 50%。

三、引才留才难度大，高素质人才不足

人才是工业结构升级的重要支撑，随着河南电子信息、新材料、人工智能、生物医药、装备制造、汽车等工业制造的发展，对高层次人才的需要不断增加。但是，高层次人才不足成为工业结构升级的主要约束。

一是工业制造高层次人才存量不足。高层次、高技能人才不足，具有国际先进水平的顶端人才更少，无法充分满足工业结构升级的需要。2018 年，《河南省人才市场分析报告》显示，工业制造中的机械类专业制造人才缺口近 3 万人，缺口比例达到 29.7%，成为河南省人口缺口最大的专业。2015~2019 年，河南科学院院士新增人数为 0，而山东、广东、陕西、浙江、湖北、江苏分别新增 2 人、5 人、6 人、8 人、9 人、11 人。

二是引进人才难度大。与发达地区相比，河南省在薪酬福利、人居环境、生活配套、营商环境等方面存在较大差距，对高层次人才的吸引力有限。河南现有的工资水平，特别是住房优惠条件不足、编制档案政策不灵活、子女上学和参加高考压力大等"后勤保障"问题突出，已成为人才引进的"拦路虎"，导致人才特别是高层次人才引进难度较大。

三是留住人才难度大。河南省高校、科研机构在促进科技成果转化机制方面不完善，在落实科技成果"三权"改革、净收入分配、科研项目资金管理自主权方面进度缓慢，科技创新、知识优先的导向尚未形成。同时，河南省知名高校和高端科研机构较少，知名企业总部、大型高新技术企业、研发中心等平台匮乏，人才科研环境、发展机会有限，难以留住高端人才，导致不少高端人才外流。据报道，郑州大学计算机相关专业优秀本科生留在河南工作的不足 10%，研究生则更少。

四、外部竞争加剧，工业结构升级难度加大

推进工业结构升级和高质量发展，离不开人才、技术、资金、创新平台和激励政策等各类高端要素的大力支撑。但是人才、技术、资金、创新平台、政策等高端要素具有较强的稀缺性。这又会导致区域之间围绕着这些高端要素形成激烈的竞争。从东中西竞争态势来分析，由于沿海地区的区位、产品、技术、人才等优势均明显优于内地省区，我国工业制造中心多聚集在京津冀、长三角、珠三角等东南沿海发达地区，在经济高质量发展阶段工业集聚发展的区域极化效应进一步凸显，势必会对地处内陆经济腹地的河南工业结构升级造成更大的竞争压力。

从与周边省份竞争来看，为争取更多国家政策扶持，强化或增加自身创新发展优势，河南与周边省份特别是与湖北、陕西之间展开激烈竞争，如三省省会郑

州市、武汉市、西安市均被确定为国家中心城市,河南争取到国家专利审查协作河南中心、国家生物育种产业创新中心、国家超级计算郑州中心、智能农机国家制造业创新中心等。而湖北省更是争取到国家信息光电子创新中心、国家存储器基地、国家知识产权强市创建市、国家新能源和智能网联汽车基地等平台。陕西省也不示弱,拥有国家知识产权保护中心、西咸国家级新区、国家通用航空产业综合示范区、中国西部科技创新港、中科院西安科学园等国家平台。

第五节　河南省实现工业结构升级的路径选择

以习近平新时代中国特色社会主义思想和习近平总书记视察河南时的重要讲话精神为指导,准确把握新发展阶段,全面贯彻新发展理念,积极融入新发展格局,以供给侧结构性改革为主线,把工业特别是制造业结构升级和高质量发展作为主攻方向,着力推动五大主导产业转型升级,推动五大传统产业升级,加快培育新兴产业,实施"五个提升专项"行动计划,强化要素生态保障,努力推动工业转型升级和高质量发展。

一、推动五大主导产业转型升级

装备制造、食品制造、新型材料、电子信息、汽车制造是河南工业的优势产业,要做大做强,进一步提升产业发展能级,发挥主导优势引领作用。

(一)进一步提升装备制造工业发展能级

装备制造业是河南两个万亿级产业集群之一,产业基础较好,是工业分类行业中规模最大的一个行业,加快转型升级意义重大。要以加快装备制造智能化、精密化、集成化转型为目标,重点加快大型成套装备、轨道交通装备、起重机械、机器人和数控机床发展,将补短板与锻长板相结合,突破关键核心技术和"卡脖子"技术,重点支持郑州、洛阳、新乡、焦作、许昌建设全国先进装备基地,支持南阳、开封、平顶山等培育百亿级产业集群。抢抓国家产业基础高级化战略布局，巩固提升焊接机器人、高端轴承等装备制造的领先优势，聚焦智能装备、智能制造成套装备、数控机床、工业机器人、智能物流仓储设备五大领域，实施装备制造业产业基础再造工程。实施关键核心技术攻关行动，重点围绕食品机械、纺织机械装备、农机装备、电力设备、矿山机械、汽车、盾构装备、环保装备等行业，推进关键工业软件、技术平台和产品等集成创新，补短板强弱项，大幅提高装备制造业的全产业链竞争优势。

（二）进一步提升食品工业能级

一方面，河南是传统农业大省，粮食和农产品丰富，为食品工业进一步提升产业能级提供了坚实的农业基础；另一方面，食品工业作为两个万亿级产业集群之一，产业自身基础也较好。要在现有产业的基础上，发挥优势主导作用，进一步提升食品工业能级。提升食品工业能级的基本思路是，巩固冷链食品、粮油加工等产业优势，加快发展低温肉制品、功能休闲食品等新兴行业，重点支持郑州、漯河、周口培育千亿产业集群，开封、洛阳、安阳、鹤壁等培育百亿产业集群。首先，进一步提高数字化水平。抢抓5G、人工智能、区块链、云计算、工业互联网等新一代信息技术，推进食品工业数字化发展，进一步提高产业竞争力。其次，提高品质能级。顺应消费升级发展趋势，加速产品创新，大力发展功能类食品，满足居民消费升级的需求。最后，提高产业集中度。鼓励并分类引导食品企业根据自身发展情况，积极参与企业间兼并重组，做大做强。

（三）进一步新型材料工业能级

强化顶层设计，聚焦铝及铝精深加工、超硬材料、新型耐材、新型合金材料、先进复合材料等重点领域，推动产业链、创新链、资金链"三链"协同，加快新型耐火材料、尼龙新材料等集群发展，搭建公共服务平台，夯实新材料高质量发展的人才智力支撑，推动高质量发展，重点支持郑州、洛阳、平顶山、安阳、濮阳、三门、济源等千亿产业集群的发展。

（四）进一步提升电子信息产业发展能级

优化产业布局，强化发展智能终端核心产业，做大智能家电、信息安全、智能传感器、软件信息技术服务等优势产业，加强集群配套，加大投入力度，重点支持郑州打造电子信息千亿级产业集群，濮阳、周口、驻马店、济源发展百亿产业集群。在手机智能终端领域，重点支持郑州航空港区发展手机整机电子产品制造，并带动图像传感、显示面板、芯片等核心电子产品；引导鹤壁、新乡、南阳等地，发展手机构件、3D玻璃盖板、超硬功能薄膜等智能手机终端配套产业。在信息安全领域，依托郑州金水区信息安全中心、郑州高新区信息安全创新中心，打造信息安全产业带。在汽车电子产业领域，依托郑州航空港综合实验区、中牟汽车产业园、鹤壁经济技术开发区，打造汽车电子产业基地。

（五）进一步提升汽车制造产业发展能级

汽车制造产业具有投入大、带动效应强、发展潜力大的特点，是河南又一重要主导产业，有一定的产业基础，进一步提升汽车制造产业发展能级意义重大。基本思路是实现整车引领、零部件支撑，着力发展新能源汽车，提升中高档轿车、商务客车、专用车的竞争优势。优化产业布局，集聚产业优势，重点加快建设郑汴汽车产业带，做大做强焦作、新乡特色零部件基地，形成布局合理、结构优化、具有较强竞争力的汽车产业新格局。适应汽车产业发展趋势，大力发展新能源汽车，认真贯彻落实《河南省加快新能源汽车推广应用若干政策》，积极引进新企业和新车型，加快航空港智能网联汽车试验示范基地建设。

二、推进五大传统产业转型升级

化工、铝工业、钢铁、建材、轻纺家居五大传统产业发展历史较长，一直以来为河南经济做出了巨大贡献，当前仍拥有相当的产业基础和发展空间，在经济体系中仍占有一定地位，需要在现有基础上推动供给侧结构性改革，实现"绿色、提质、增效"转型发展，从而塑造全新发展优势。

一是强化行业改造整治。积极淘汰落后产能、压缩过剩产能。实施碳素、棕刚玉、陶瓷、耐材等高排行业达标整治，推进城市建成区内重污染工业企业、城镇人口密集区危险化学品生产企业搬迁改造，开展"散乱污"企业综合整治。二是强化技术改造。以"生产模式升级"和"生产要素升级"为抓手，深入实施以高端化、网络化、智能化、绿色化为核心的企业技术改造，推动企业采用新技术、新工艺、新材料、新模式、新管理，全面提升设计、制造、工艺、管理水平。强化技改项目监测调控，稳步提高技术改造在工业投资的比重。三是推进制造业绿色发展。持续推进"一企一策"深度治理，实施能效、水效"领跑者"引领行动，提升钢铁、电解铝、水泥等重点行业能效、水效利用水平。对标绿色工厂、绿色园区、绿色供应链、绿色产品标准，建立绿色评价机制，积极创建国家和省级绿色工厂和绿色园区。

三、积极培育新兴产业

聚焦培育新兴产业，扩大优质增量规模，应该成为河南工业结构升级的重要方向。一是强化战略谋划。根据行业发展趋势，结合河南省的发展实际，应重点聚焦新一代信息技术、高端智能装备、新能源及新能源装备、新材料、节能环保、新能源汽车及智能网联汽车、生物医药等新兴产业，加大培育力度，壮大产业规模，将战略性新兴产业打造成为引领工业结构升级的主导力量。二是打造一批新兴产业集群。聚焦发展基础好的新兴领域，集聚要素资源，强化政策引领，加大资金投入，争取在智能终端、大数据、信息安全、智能传感器、生物医药、5G北斗应用、智联网汽车等方面不断突破，打造一批千亿级新兴产业集群，形成一批新的制造业竞争优势。

四、实施"五个提升专项"行动计划

在着力推进工业转型升级的同时，积极实施技术创新、集群强链、融合赋能、区域协同和企业培育五个提升专项行动，着力提高工业结构升级的能力和动力。

（一）技术创新提升专项行动

聚焦创新驱动，推动"产学研用金"深度融合，对接好产业链和创新链。一是培育以企业为主体的创新体系。推动企业与高校、科研机构、中介机构深度合作，支持建设各类工业制造业中心、技术创新中心等创新平台。二是强化关键技术攻关。围绕产业发展需求开展工业关键技术攻关，聚焦新型材料、电子信息技术等关键领域进行攻关，实施工业制造强基工程，完善重大科技需求面向全球揭榜攻关实施机制。持续实施"十百千"转型升级创新专项,攻克一批关键"卡脖子"技术。三是打造工业设计高地。针对高端制造、智能制造、服务型制造建立"设计+"价值提升体系,建立工业设计共性技术研发平台,推动"河南制造"向"河南创造"转变。

(二) 集群强链提升专项行动

一是基础能力提升。突破一批基础零部件、基础材料、基础工艺、产业技术基础等"短板",提高工业产业链条的基础保障能力。重点实施产业基础再造工程,根据工业各门类发展实际,针对发展"短板"和弱项,制定核心"四基"突破清单;实施新技改工程,支持产业链协同创新、公共技术服务平台和一批基础条件好、带动作用强的工业"四基"示范项目,加快企业新一轮大规模技术改造,建成一批智能化园区和工业互联网平台。二是开展稳链、补链、延链、强链培育行动。着力优化供应链、完善产业链、提升价值链,增强产业链韧性,围绕重点工业,打造一批万亿、千亿级的全产业链产业集群。三是推进产业集聚区"二次创业"。创新管理体制机制,按照"亩均论英雄"的目标,提高工业用地的单位产出,支持建设"飞地园区",发展飞地经济,促进产业集聚区高质量发展。

(三) 融合赋能提升专项行动

实施融合赋能提升专项行动,推进工业和现代服务业深度融合,助推工业实现转型升级。重点实施"两业融合"工程,加快推进工业特别是先进制造业与现代服务业融合发展试点。一是优化"两业融合"发展环境。"两业融合"发展中必然会产生涉及多个监管部门,必须创新监管模式,构建适应新业态、新标准、新模式的宽松发展环境。深化营商环境改革,规范政府行为,构建服务型政府。清除行政性和行业性垄断以及区域性壁垒,废除不符合市场发展要求的法规和相关政策,营造保障企业守法创新、生产、经营、合作的市场法治环境。深化供给侧结构性改革,促进优质生产要素流向生产效率高的工业企业,保障市场在资源配置中发挥决定性作用,为工业与现代服务业深度融合发展创造有利的市场竞争条件。二是积极打造两业融合产业集群。依托共享基础设施、研发平台、人力资源、规模效益,促进集成工业与现代服务功能的产业链集合,有效降低生产成本、管理成本、交易成本,提升产业融合的综合经济效益。要规划引导产业集群的发展，促使同类企业、处于产业链不同环节的相关企业以及相关配套机构能够在一定的空间实现集聚。

（四）区域协同提升专项行动

基于地区间的比较优势与工业分工，推进区域之间工业转型升级和高质量发展的体制机制创新，强化区域优势互补，实现区域协同和合作共赢。依托"飞地"等模式强化区域协作，加强豫京和豫沪产业合作，借力北京、上海创新和人才优势，弥补河南省工业结构升级能力的不足。抢抓黄河流域高质量发展的战略机遇，深化郑州、洛阳两大都市圈协同和融合，重点强化郑州、洛阳"两核"在装备制造、汽车及零部件、新材料及电子信息等方面的协同。有序推进郑州、焦作在汽车、食品加工及装备制造等领域的协同。加速推进郑汴一体化进程，推动郑州、开封在汽车零部件、工业设计等领域协调发展。推动洛阳、济源在冶金、石化、装备制造等产业的协同，洛阳、焦作在装备、石化等产业的协同，洛阳与三门峡在铝工业及精深加工、新材料等领域的深度协同。

（五）企业培育提升专项行动

充分发挥企业在工业转型升级中的主体作用，加大培育力度，构建大企业与中小企业协同创新、融合发展的产业生态。一是培育具有引领作用的大企业。实施"头雁"企业培育计划，推动工业各行业的龙头企业以合并、合作、投资入股等方式实现联合，力争"十四五"期间，培育一批带动能力突出、营业收入超百亿的大企业集团和若干制造业单项冠军。二是培育"专精特新"的中小企业。继续实施"小巨人"企业培育工程，加强政策引导，争取在"十四五"期间培育一批主营业突出、竞争力强、成长性好的专精特新"小巨人"企业。三是激发民用经济活力。贯彻落实促进民营经济健康发展的若干政策，加大金融支持力度，让"独角兽"企业破茧而出、茁壮成长。四是推动大中小企业集群式融通发展。鼓励支持大企业以资源、合作运营的方式扶持带动中小企业发展。

五、强化要素生态保障

推进工业转型升级和高质量发展，离不开土地、技术、资金、人才、信息

（数据）、营商环境的支撑和保障。应采取有效措施，着力夯实工业结构升级的要素生态保障。

（一）强化用地保障

建立工业土地收储制度，推广混合用地、"标准地"出让等模式，保障工业结构升级和高质量发展用地需求。抢抓产业集聚区"二次创业"的机遇，严格按照"亩产论英雄"的要求，研究制订产业集聚区和开发区节约集约用地计划和用地政策，大幅提高产业集聚区土地利用效率。加强规划控制和政策引导，优化城乡用地结构和布局，合理分配建设用地指标，优先保障重点工业转型升级、新兴战略产业、产业融合等重大项目建设用地。坚持内部挖潜、盘活存量的思路，加大闲置、低效用地的清理退出力度，加强低效利用土地再开发，实行建设用地"增存挂钩"机制，按照盘活存量土地数量，奖励一定比例的新增建设用地计划指标。规范有序推进农村耕地土地流转，有效整治废弃村庄和宅基地，提升土地节约集约利用水平，推进城乡建设用地"增减挂钩"。

（二）强化金融支持

建议设立河南省工业转型升级专项资金和产业基金；建立河南省工业结构升级重大项目库，鼓励金融机构对入库项目优先给予融资支持；对于符合产业转型升级方向的工业项目，鼓励银行提高中长期贷款比例，稳步扩大和提升贷款规模和比重。完善金融服务体系，积极引入风险投资、创业投资、产业投资、融资租赁、商业保理、供应链融资等金融业态，完善"金融超市"功能，实现小额贷款现场办理或线上办理。开展民营小微企业金融服务行动，优化资金运营模式，解决工业企业还旧贷新短期流动性困境。支持工业企业上市（挂牌），完善挂牌上市后备企业资源库，建设企业上市培育服务中心和上市挂牌孵化基地。充分发挥政府性担保体系作用，探索建立制造业融资担保风险资金池，落实担保贷款代偿损失银政分担政策，提高省先进制造业等基金使用效率，健全政府性融资担保体系，提高利用资本市场融资能力。

（三）强化人才支撑

实现工业结构升级的战略目标，人才是关键。据 2017 年教育部、人力资源和社会保障部、工业和信息化部印发的《制造业人才发展规划指南》预测，我国制造业在 2025 年的人才缺口达 2985.7 万。近年来，尽管河南省出台了多项政策支持人才体系建设，工业人才培养规模日益增大，但是储备明显不足，缺口巨大，远不能满足工业 4.0 发展的需求，更缺乏跨专业、跨领域的标准化复合型人才和高端人才。

强化工业制造高素质人才引进，实施制造业"智鼎中原"工程，鼓励和支持行业龙头企业，柔性引进两院院士等高端智力资源，以及卓越企业家（领军团队）、核心技术人才、高级技工等高端技术人才。持续实施招才引智活动，加强工业制造高技能、高素质人才培养引进。健全产教融合、校企合作的技能人才培养模式，大力弘扬精益求精的工匠精神，推行新型学徒制、现代学徒制，建设一支规模宏大、结构合理、素质优良的工业制造人才队伍，筑牢"河南工业制造"的人才基础。

（四）强化数字支撑

与其他行业相比，目前工业数字化转型的"成熟度"整体较高，转型发展基础较好。同时，随着新一代数字化技术不断发展，技术逐步成熟。因此，要立足于工业现有数字化基础，抢抓机遇，加快工业数字化转型步伐，加大制造业数据归集和开放力度，丰富数据产品种类，推进数据要素市场化配置，建设一批工业数据应用示范场景。重点培育通用型、行业级和企业级工业互联网平台，开展工业企业"上云用数赋智"行动，建设一批数字化转型促进中心和支撑平台。工业数字化转型是一个长期渐进的过程，既没有普适的"灵丹妙药"，也没有一蹴而就的捷径，更没有"面子工程"，要伴随数字化技术自身发展，并结合工业企业的数字化成熟度，因时因地，持续提高工业的数字化水平，提高工业结构升级的数字化支撑。

（五）优化强化营商环境

深化"放管服"改革，全面推行"一网通办"和"最多跑一次"改革，健全企业"直通车"服务制度，畅通政商服务渠道，不断优化政务服务环境。开展降低工业企业成本行动，着力抓好国家深化增值税改革等各项减税降费政策的落实，做好清理拖欠民营企业中小企业账款工作，进一步清理规范涉企保证金，确保企业负担明显降低。加快实施企业家素质提升工程，强化宣传和舆论引导，大力弘扬企业家精神、"大国工匠"精神和新时代豫商精神，依法保护企业合法权益；营造尊重、鼓励、保护企业家干事创业的社会氛围，建立健全企业家荣誉和激励机制，构建亲清新型政商关系，激发企业家创业创新活力。建立健全营商环境评价长效机制，完善河南省营商环境指标体系和评价办法，定期开展营商环境第三方评估，以评促改，以评促优，加快打造市场化、法制化、国际化、便利化的营商环境高地。

第六章 河南省新型城镇化引领 "三化"协调发展的基础点

——加快推进农业现代化

　　农业现代化是城镇化的初始动力和重要基础，因为它不仅为城市经济发展提供了资金积累、劳动力和原材料，同时也保障了人口向城市转移的基本物资生活条件，并拓展了城市工业品的销售市场，同时，也只有加快推进农业现代化，才有可能真正把农民从土地上彻底解放出来让其进入城市成为市民。进入"十四五"，我国已开启全面建设社会主义现代化国家新征程，"三农"工作也转入了全面推进乡村振兴、加快农业农村现代化的新阶段。河南作为传统农业大省和国家粮食生产核心区，要始终把"三农"工作作为重中之重，着力推动乡村产业、人才、文化、生态、组织等全面振兴，加快形成工农互促、城乡互补、协调发展、共同繁荣的新型工农城乡关系，持续推动农村人口合理有序向城市转移，为新型城镇化引领三化协调发展夯实基础。

第一节 推进农业现代化是发挥新型城镇化引领作用的重要基础

　　推进农业现代化是发挥新型城镇化引领作用的重要基础。一方面，农业产业化的发展能够满足城镇居民对农产品数量、品质及多样性的需求；另一方面，农业产业化的发展能够将大量农民从农业中转移出来，为城镇建设及产业发展提供所需的劳动力、土地等资源，把农民推向"城市"。此外，农村现代化的发展有助于加快补齐农村基础设施和公共服务"短板"，促进城乡统筹发展，加快新型城镇化进程。因此，河南省要加快推进农业现代化，夯实新型城镇化的基础。

一、农业现代化能够满足新型城镇化下的农产品市场需求

在新型城镇化进程中，城乡居民随着收入水平和消费能力的不断提升，对农产品供给多样性、质量安全及生产过程的生态环境安全等的需求越来越强烈。只有加快推进农业现代化，增加绿色、安全、优质农产品的有效供给，才能满足新型城镇化下城乡居民对农产品的市场需求。

（一）满足新型城镇化产生的农产品商品化需求

随着城镇化发展和经济社会条件的提升，城乡人口格局和城乡居民农产品消费行为和消费结构都将发生明显的变化。这些变化必将催生出巨大的农产品市场，直接形成农产品商品化的市场需求，进而推动包括粮食在内的农产品的生产、加工和流通体系日益向专业化、规模化方向发展。在农产品商品化的过程中，一方面，农业生产在市场机制作用下必须更加注重成本效益的平衡，要提高市场价格竞争力，追求更好的市场回报，获取较高的农业生产综合效益，这就会推动农业适度规模经营和农业社会化分工合作的发展。另一方面，标准化作为降低生产、加工和流通成本的一种有效手段，在农业生产中的作用也日益凸显，也对农业生产的规模化和专业化提出了更高的要求。此外，随着城乡居民对食品安全的重视、对生态环境保护意识的提高等，农产品生态安全和环境效益也成为农业竞争力的一部分。总之，要加快农业现代化步伐，推动农业生产向规模化、专业化、标准化、绿色化、品质化等方向发展，以满足新型城镇化进程中对农产品商品化的需求。

（二）满足新型城镇化催生的农业休闲需求

休闲是人们在满足基本物质消费的基础上，对更高的物质和精神消费的追求，在城镇化进程加快、生活方式日益快速化的背景下，乡村生产生活方式和迥

异于城镇的农业景观成为城镇居民获取轻松愉悦生活体验的重要途径。在此背景下，乡村旅游和休闲农业等应运而生，成为农村服务业的重要组成部分。随着城镇化质量的不断提升，城乡居民收入水平和消费水平日益提高，居民的休闲方式和休闲品位日益提升。只有加快推进农业现代化，促进农村一、二、三产业融合发展，推动休闲农业、乡村旅游从最初的吃喝玩乐向以多样化、个性化和创意化等为特征的高级形态发展，才能满足新型城镇化催生的农业休闲需求。

（三）满足新型城镇化形成的农业生态需求

在河南省的土地利用结构中，农用地所占比重居首，农业生态系统是河南省最重要的人工生态系统。随着城镇化的发展以及人们对生态系统作为人类生存和生活物质基础重要性认识的不断提高，农业生态系统服务功能的重要性得到了普遍重视。一方面，农业生产过程中的资源节约集约利用和生态环境保护问题，已经成为河南省生态环境保护任务的重要组成部分。解决农业生产中的资源浪费和面源污染等问题，不仅成为社会各界和环保部门所关注的重点，而且也明确了河南省以资源环境友好型农业为现代农业发展的重要方向。另一方面，在生态系统承载能力有限的情况下，农业生态系统自身所具有的承载、景观、文化和经济等服务功能不仅要支撑生态农业、乡村旅游等产业的发展，还要增强农村生态系统的服务功能。只有坚持将绿色发展贯彻农业现代化，才能更好地发挥农业生态系统对新型城镇化进程中产生的一系列生态、旅游需求的支撑作用。

二、农业现代化能够为城镇化工业化提供劳动力等要素

在农业现代化进程中，随着土地规模化经营和农业机械化的稳步推进，大量农村劳动力从农村转移出来流向"城市"，为新型城镇化和新型工业化发展提供了所需的劳动力。同时，农业现代化发展对农业机械化、经营方式转变的需求也推动了城镇化和工业化的发展。

（一）促进农村富余劳动力有序向城市转移

城镇化往往是伴随着工业化发生的。在这个过程中，一方面，非农生产部门的专业化水平和劳动生产效率得到了迅速提升，推动劳动力价格快速上涨；另一

方面，城镇化的发展也使城镇服务业的快速发展，形成劳动力向城镇和非农生产部门迅速转移的乘数效应。第七次全国人口普查数据显示，河南省人口流失现象严重，市场经济条件下劳动力短缺必然导致劳动力价格上扬。在此背景下，加快推动农业现代化发展，适度扩大农业生产规模，提高农业生产专业化水平与劳动效率，能够将更多的农村劳动力从农业生产中解放出来，有序地向城镇转移，以满足城镇建设和第二、三产业发展对劳动力资源的需求。

（二）推动土地等生产要素在城乡双向流通

随着农业现代化进程的加快，农业生产经营方式转变，促使各类农业生产资源要素的配置方式发生了明显的变化。首先，农业生产适度规模经营的发展，促使土地资源逐渐从家庭农业中脱离出来，流向要素市场，农村富余劳动力能够向城镇转移。其次，农产品商品化和农业经营多元化使农业生产经营活动更多面向市场，而不是直接面向消费者，这对农业生产及产品的规模化、标准化、专业化发展提出了新的要求。因此，要更加注重培育新型农业经营主体，提升他们在市场获取资金、技术、管理等生产要素的能力和水平，进而促进土地、人才、技术等各类要素在城乡市场之间自由流通和高效配置。

（三）促进农业与工业、服务业融合发展

农业产业化发展对土地规模经营和农业机械化等的需求，促使农业科技创新、农业机械制造业及农业生产性服务业等得到快速发展。一方面，农业科技创新和农业机械制造业的发展，为现代农业提供了所需的技术装备，有力地促进了农业生产效率的提升。另一方面，信息技术正在逐步广泛用于农业技术装备中，并改变着农业经营信息的获取方式；生物技术的广泛应用使农业高产高效发展成为可能，并为生态农业的发展提供了必要的技术支持，改变了传统的农业生产模式。这些与农业相关的工业、服务业融合发展成果，奠定了现代农业发展的科技和物质装备基础，成为农业现代化发展的创新驱动力。河南作为一个新兴工业大省，具有扎实的农业技术装备和现代种业研发技术基础。随着农业现代化进程的加快，农业机械制造业和农业信息服务业等第二、三产业也将得到快速发展。

三、农村现代化有助于补齐农村发展"短板"，促进城乡融合

随着农业农村现代化的发展，乡村基础设施和公共服务等发展"短板"得以加快补齐，农村人居环境和消费能力得到提升，城乡发展要素流动将更加公平合理，城乡之间差距将进一步缩小。首先，加快农村基础设施发展，是推动农业农村现代化水平提升的重要途径。一方面，通过加强农村基础设施发展，进一步完善区域基础设施网络，便于城镇和工业降低获取农村和农业资源与产品的成本。另一方面，农村地区基础设施条件的改善和提升，必将极大地改善农村居民的生产生活条件，降低农业生产成本，增加农产品获取市场信息和进入市场的机会，促进现代农业生产经营活动的迅速发展。其次，农村现代化的发展，将会推动城乡居民基本公共服务均等化。让乡村居民能够获取与城镇居民相同水平的基本公共服务，是稳定农业生产经营队伍，吸引农业现代化发展所需高层次人才，培育农村发展与农业现代化后备人力资源的重要途径之一。随着城镇的文化、教育、卫生和环境保护等基本公共服务逐步向乡村延伸，农业和农村融入现代化发展的能力将进一步提升，新型城镇化的进程将进一步加快。

第二节　河南省农业现代化发展现状与制约因素

河南省积极探索不以牺牲农业和粮食、生态和环境为代价的新型城镇化、新型工业化、农业现代化"三化"协调科学发展之路，农业现代化在新型城镇化、新型工业化的引领带动下，取得了积极的发展成效。然而，河南省经济发展的阶段性、制度性、机制性问题仍然存在，农业现代化依然面临一些亟待解决的瓶颈制约。

一、河南省农业现代化发展现状

经过多年的努力，河南省农业现代化在新型城镇化的引领带动下，实现了稳定、快速发展，农业生产能力和产业化水平得到了不断提升，农业生产经营方式转变取得了一定突破，农民收入稳步增长，农村发展环境明显改善，科技支撑能力也日益增强。

（一）农业生产能力稳步增长、农业产业化发展迅速

大力实施高标准粮田"百千万"建设工程，完善农田灌溉、排涝、施肥等配套设施，增强除虫害草害、气象预报、人工增雨和科学研发等农业技术服务，为推动农业生产规模化、产业化发展，最大限度地降低农业灾害影响，实现农业优质高产和保障国家粮食安全提供了良好的物质条件基础。截至 2020 年 12 月，河南省已累计建设高标准粮田 6710 万亩，粮食总产量连续 4 年稳定在 1300 亿斤以上，粮食安全重任越扛越稳。河南省还大力发展优势特色农业产业集群，加快推动以面、肉、油、乳、果蔬五大产业为重点的绿色食品业快速增长，肉类、禽蛋、奶类产量稳居全国前列，信阳毛尖、济源冬凌草、渑池花椒等超过 160 个产品获得了国家地理标志农产品登记保护。2020 年底，优势特色农业产值占比达到 57%。农村新产业新业态持续快速发展，休闲农业和乡村旅游不断提档升级，农产品电商销售额突破 500 亿元。

（二）新型农业经营主体蓬勃发展，农业生产组织化程度不断提升

积极培育新型农业经营主体，不断完善新型农业生产经营体系，推进农业生产经营专业化、组织化发展。2019 年 3 月，河南省拥有专业大户和家庭农场分别超过了 9.2 万户和 2.9 万个，培育各级、各类农民专业合作社 18 万家，入社农户数量超过承包农户总数的 30%。拥有郑州双汇食品有限公司、科迪巨尔乳业洛阳有限公司、保和堂（焦作）制药有限公司等 893 家农业产业化省重点龙头企业。各类新型农业经营主体蓬勃发展，有力推动了小农户与现代农业发展的有机衔接，持续增强了农业农村现代化发展的内在驱动力。

（三）农业科技创新能力稳步提升，有力支撑农业现代化发展

大力实施创新驱动战略，农业科技创新取得了显著成效，农业科技成果转化与应用水平不断提升，在推进农业现代化快速发展、确保粮食安全和重要农产品供给、促进农业高质量发展和农民增收等方面发挥了突出作用。目前，河南省农业科技进步贡献率和主要农作物耕种收综合机械化率分别高于全国平均水平 2.4 个百分点和 15 个百分点，粮食作物良种覆盖率保持在 97% 以上，小麦、玉米、棉花等品种选育水平全国领先，花生育种达到国际先进水平。作物逆境适应与改良国家重点实验室获批建设，国家生物育种产业创新中心 21 个新品种通过了审定获登记，国内首台"5G+氢燃料"电动无人驾驶拖拉机在洛阳正式发布，河南省的农业科技创新成绩全国亮眼。

（四）农民收入实现稳定增长，农村发展环境得到明显改善

随着农业现代化的推进，河南省农民收入保持稳定增长态势。新时代脱贫攻坚目标任务如期完成，河南省农民人均可支配收入和人均消费支出分别达到了 16107.93 元和 12201.10 元。农村人口转移规模和速度加快，截至 2020 年末，河南省农村劳动力转移就业总量达到 3086.70 万人，其中，省内转移占比接近 60%。农村人居环境得到了明显改善，2020 年，河南省农村公路总里程达 22.3 万千米，荣获全国"四好农村路"示范县称号数量居全国第一。城乡环卫一体化发展取得显著成效，农村自来水普及率、卫生厕所普及率分别达到了 91% 和 85%。农村固定宽带用户百兆接入全覆盖稳步推进，农村物流"县县有分拨、乡乡有网点、村村通快递"的目标基本实现。

二、河南省农业现代化的根本制约因素

河南省人口众多、经济社会发展不均衡，城镇化发展的速度和质量水平与发达省份存在不小差距，这些都是制约河南省现代化发展的根本性因素。

（一）经济发展水平不均衡

2020 年，河南省 GDP 总量在中部六省居首，但人均 GDP 仅排名第四。省会

郑州市 GDP 总量占全省 GDP 总量的比例达到 21.83%，鹤壁、济源等城市仅达到郑州市 8.17%和 5.86%的水平，郑州"一城独大"的问题突出。从城乡差距来看，城镇居民人均可支配收入是农村居民的 2.16 倍，城镇居民人均消费支出是农村居民的 1.69 倍，城乡居民收入和消费水平差距依然不小。再加上城乡融合体制机制不完善，农村资源变资本、变财富的渠道还不畅通，不利于农业人口合理、有序转移，农民工市民化任务依然繁重。

（二）城镇化水平整体偏低

新型城镇化发展要坚持速度与质量并重。从城镇化发展速度来看，2020 年，河南省城镇化率增长至 54.2%，但与全国平均水平相比低了 9.69 个百分点。省域内部城镇化发展存在不均衡的问题，越是靠近郑州市城镇化率水平越高，反之则越低，2019 年各地市间城镇化率差距最大达到了 30.24 个百分点。从城镇化发展质量来看，河南省"主副引领、两圈带动、三区协同、多点支撑"发展格局有待进一步完善，县域之间城镇化发展水平差距较大，部分特色小城镇建设缺乏特色产业支撑。豫西、豫南和豫东部分传统农区城市和县城在教育、医疗养老、文化、卫生、环境等方面的建设欠账仍多，城乡基本公共服务均等化水平不高。全省城镇化率低于全国平均水平，质量仍然不高，对农业现代化的引领作用尚未充分发挥。

三、河南省农业现代化的体制机制障碍

河南省大力发展农业现代化要素市场，积极培育新型农业生产经营主体，完善新型农业生产经营体系，推动农村人口合理有序地向城镇转移，但农业现代化发展仍然面临体制机制不完善的瓶颈制约。

（一）农村土地流转规范性依然不足

近年来，河南省积极推进土地利用综合改革，邓州、遂平、永城、郸城等县（市）在提高农业产业化、规模化、市场化水平，加速农村人地分离及提高农村集体土地利用效率，拓展农民财产性收入渠道方面进行了有益探索，但由于农村土地市场化交易程度偏低，存在交易行为不规范、交易规模偏小等现象，部分地

区土地流转仍然存在地块分散、流转期短和规范性不足等问题，造成农民流出土地愿望不高，影响了适度规模经营的发展。

（二）农村转移人口市民化机制不完善

河南省农村转移人口市民化依然面临着体制机制障碍，一方面，河南省经济社会发展的不平衡，使传统农区既缺乏足够的就业承载能力，也缺乏改善劳动力结构性失衡的能力，亟待建立促进农业人口在城镇获得较体面的工作和生活机会的长效机制。另一方面，农村宅基地退出机制不完善，补偿资金缺口较大等问题，使农民难以有效将其转换为在城市生活、创业的初始资本，导致农民对在城市未来的生存前景缺乏信心，不利于农民合理、有序向城市转移，影响了农业现代化的发展。

（三）农村市场体系建设亟待提速

由于农业生产综合效益整体上仍然低于其他产业，并且在农业灾害和市场变化中具有明显的脆弱性，各地发展现代农业普遍存在着融资、创新和管理等要素不足问题。此外，当前河南省农业生产的市场意识薄弱，农业生产的品牌化和竞争意识不足，亟待通过构建完善新型农业生产经营体系，实现与农产品加工企业和流通企业的有效对接，进一步促进农业专业化、标准化和组织化发展。

第三节 河南省推进农业现代化的重要着力点

河南作为传统农业大省、人口大省，以及全国重要的经济大省、新兴工业大省，面对农业现代化发展面临的突出瓶颈制约，探索加快推动农业现代化的重要着力点，对夯实新型城镇化引领"三化"协调发展的重要基础，具有较强的典型性和借鉴意义。

一、提升农业现代化水平，为新型城镇化发展提供基础支撑

加快提升农业现代化水平，首先要推动农业部门全面融入现代社会分工，实现技术装备和发展方式的现代化，通过不断提高农产品特别是粮食综合生产能力来实现农业发展的社会效益，不断提高农业经济效益来增强市场经济环境下的农业竞争力，不断提高农产品和农业生产过程中的资源环境效益来提升农业多功能性的外部收益。作为传统农业大省和国家重要的粮食核心区，河南省积极推动农业现代化发展，通过加强农业基础设施、技术装备、产业体系、经营体系、科技创新与服务体系等建设，提升粮食安全保障能力，提高农业产业化水平，推动河南实现由传统农业大省向现代农业强省转变，能够为城镇提供种类丰富、数量充足的农产品，为第二、三产业发展提供富余劳动力，为加快新型城镇化进程提供有力支撑。

（一）加强农业基础设施建设，提升土地产出效率和农业防灾能力

完善的农业基础设施是提高土地产出效率及抵御自然灾害的能力，推动实现农业现代化的重要物质基础。目前，河南省农业基础设施整体相对薄弱，一方面是因为地处典型的自然过渡地，是农业灾害发生比较频繁的地区之一，再加上历史上经历过较严重的人为破坏，人均耕地资源相对稀缺；另一方面是由于河南省现有的耕地资源中，农业基础设施条件较差的中低产田占比偏高。因此，通过推进农业现代化，加强农业基础设施建设，不仅能够显著提高农田土地产出效率和水肥资源利用率，还有利于强化抵御自然灾害的能力，降低农业灾害对农业生产的不利影响。

（二）强化农业科技和物质装备水平，提升劳动生产率和生态效益

现代农业科技和物质装备是以智能化、网络化、集成化、绿色化等为主要发展方向的，提高农业科技和装备水平不仅能够减少农业生产中的劳动投入、提高劳动生产率，还能为发展精准农业和信息农业打下坚实的物质基础，降低农业生产和流通过程的资源消耗和环境损害，提高农业生产的生态效益。第七次全国人

口普查数据显示，河南成为第一人口流出大省，农业发展面临日益严峻的劳动力短缺和资源环境约束，强化农业科技创新，提高农业科技和物质装备水平成为当前紧迫且重要的任务。一方面要加快形成农业科技创新的财政支持和市场化发展机制，加大对现代农业企业发展的支持力度，建立和完善一批高水平的科研创新平台，重点提升育种、农作物改良、农机装备、农业物资和农产品流通等关键领域和重要环节的科研创新能力；另一方面要充分发挥农业合作社、现代农业龙头企业和现代农业服务企业等主体作用，建立起包括现代农业咨询、农业技术服务和农产品流通等在内的现代农业服务体系，加强农业生产经营的产前、产中和产后服务能力，加快农业服务的市场化发展。

（三）完善现代农业产业体系，提高农业发展质量效益与竞争力

构建完善现代农业产业体系，是加快推动农业现代化发展，全面夯实乡村振兴基础的重要举措。加快现代农业产业体系建设，一是可以发挥粮食大省优势，稳定提高粮食生产能力。深入推动农业一、二、三产业融合，因地制宜发展优势特色产业集群，推动绿色食品业转型升级，提高农业发展质量效益与竞争力；二是发挥比较优势，深度挖掘农业的多功能性，积极探索"农业+生态""农业+文化""农业+旅游"等新业态、新模式，增强河南省现代农业发展的多样性和综合效益；三是通过加强农业生产服务体系建设，为做强做大河南省现代农业产业提供必要的服务支撑。

（四）构建现代农业经营体系，提升农业生产社会化和专业化水平

现代农业区别于传统农业的一个重要特征是生产经营过程的社会化和专业化，加快农业现代化发展，必须加快构建和完善现代农业经营体系，通过两个层面实现农业经营的社会化和专业化发展。一是在农业经营主体自身发展方面，理顺传统农户与专业大户、家庭农场、农民合作社和农业产业化企业等新型农业主体的发展关系，加强新型农业经营主体和新型职业农民的培育，提高各类农业经营主体从事农业生产的专业技能和对农业市场的适应能力；二是完善农业合作社发展机制，按照农业生产和经营各个环节的具体特点，建立起适应现代农业发展需要的各级各类农业合作社，加强农业生产的专业分工与合作，提高农业生产的组织性，增强农业经营的协调性与竞争力。此外，加快创新和完善现代农业经营

体系，要引导农业生产积极适应市场需求，通过发展适度规模经营，提高河南省农业生产的专业化、组织化、产业化、集约化、标准化、商品化和生态化水平，提升农产品质量和降低农产品综合生产成本，从根本上提升农业经营的经济效益。

（五）创新和完善农业支持政策体系，营造农业现代化良好发展环境

农业具有天然的弱势性，农业现代化的发展依赖于政策的积极引导和制度的完善保障。河南要持续完善农业发展政策体系，一方面加强对农业基础设施、科技创新、生产经营和市场体系建设等方面的财政投入力度；另一方面加强对土地管理、生产经营及金融、科技、咨询等领域的制度创新，营造有利于现代农业适度规模化、专业化、市场化和创新发展的制度环境。随着现代农业发展政策制度体系的创新发展和日益完善，河南省将形成更加有利于农业现代化发展的政策和制度环境，助推全省各地农业按照市场规律做大做强，实现又快又好的发展。

二、加快农村现代化步伐，推进河南城乡融合有序有力发展

历史规律表明，农村地区的发展与农业的发展休戚相关。农业现代化进程中，农业发展条件和农村经济社会发展条件的不断改善，对加快农村现代化步伐，推动城乡融合有序有力发展，加快城镇化发展步伐起到了巨大的推动作用，也会为城乡建设及三次产业发展提供更多的空间和人才等储备。

（一）加快农村基础设施提档升级，推进城乡基础设施互联互通

加快农村基础设施提档升级，是农业现代化进程中城市反哺农村、工业反哺农业的具体体现，也是实现农业农村现代化的必要条件之一。除农业基础设施外，城乡交通、电力、水利、能源、信息、环保、物流等基础设施将加快实现互联互通，村庄内部基础设施也将不断完善，农村人居环境水平日益优化提升。农村基础设施提档升级，一是来自城市经济社会发展对农村地区的需要，如乡村交通条件改善和生态环境保护，是降低城市获取农产品和旅游资源的成本，提升区

域生态环境质量的重要手段；二是来自农村居民改善居住生活环境的自发动力，这种自发动力随着经济条件的改善和对美好生活的追求形成了自觉行为；三是体现了社会进步的要求，是农村居民追求发展的平等权和发展收益的共享权的一种表现。加快农村基础设施提档升级，推动城乡基础设施互联互通，是城乡融合发展的重要物质条件基础，有助于推动河南省顺利实现新型城镇化、农业农村现代化等发展目标。

（二）改善传统农区经济社会条件，激发农村消费更大活力

当前，我国已经开启全面建设社会主义现代化国家新征程、向第二个百年奋斗目标进军。从第七次全国人口普查数据来看，我国近十年来人口持续保持低速增长态势。与改革开放初期相比，人口红利对经济增长的推动作用已经减弱，制度红利的作用也在削弱。受国际环境及新冠肺炎疫情的影响，出口贸易带来的经济增长动力面临着严峻的国内外形势的挑战。作为传统的人口大省和农业大省，推动河南省农业农村现代化发展，可以促进传统农村地区因地制宜发展优势特色产业，提升农业发展质量效益和竞争力，加快城乡基础设施和公共服务均等化发展，提高农村居民生活水平，进一步缩小城乡差距，为充分打开农村消费市场，补足农村消费"短板"，加快培育完整的内需体系，夯实河南省融入新发展格局的战略基点奠定坚实的基础。

（三）促进城乡公共服务均等化，提升农民幸福感、获得感、安全感

加快促进城乡基本公共服务均等化发展，着力提升农村医疗卫生、文化教育、生态环保、应急防灾及养老等基本公共服务水平，是农村居民与城市居民共享经济社会发展成果，提升幸福感、获得感、安全感的重要体现。全省各地要建立完善推进城乡基本公共服务的财政保障体系，结合实际健全基本公共服务标准体系，坚持统一规划、统一建设、统一管理，不断提升城市、县城、小城镇、乡村之间公共服务体系的协调性，不断提升农村社区治理的精细化水平，增强农业农村的吸引力、集聚力和承载力，引导更多的资源要素向农村地区流动，让农村群众有更多实实在在的获得感、幸福感和安全感。

三、加快农业劳动力转型，强化河南省"三化"协调发展人力支撑

农业现代化发展的关键在于农业劳动力素质的提升，一方面，农业现代化发展需要一支稳定的、高素质的农业生产经营队伍。另一方面，引导农业现代化产生的富余劳动力有序转移，能够为河南省城乡建设及第二、三产业发展提供具有较高素养的劳动力队伍，进一步强化"三化"协调发展的人力资源支撑。

（一）加快新型职业农民培育，提升农业生产经营专业化水平

在现代农业的形成与发展中，农业生产经营者专业技能和经营能力的提升是关键。农业生产经营者能够自觉地学习运用农业科技创新成果和先进技术装备，利用社会服务来降低综合经营成本、按照市场需求和市场信息合理统筹安排农业生产经营活动增加农业收益，既是农业现代化发展的必然要求，也是农民实现自我发展和自我价值的必然要求。农业现代化建设更需要一支稳定的、能够适应市场变化的高素质农业生产经营队伍。然而，第七次全国人口普查数据显示，河南省有超过 1000 万的户籍人口流出，传统农业大市如南阳人口流失就高达 50 万，且农村青壮年劳动力占不小的比例。再加上河南省已经步入老龄化社会，人口少子化、老龄化问题日益凸显，农业现代化发展所需人才资源并不充沛。河南省加快农业现代化发展，必然要求加强对农村居民特别是青壮年劳动力的培育，促使其愿意留在农村，转型成为新型职业农民，提高农业生产经营的专业化水平，提升农业生产效率和综合效益，从而推动农业现代化发展目标的顺利实现。

（二）促进富余劳动力有序转移，为城镇化工业化提供人力支持

随着农业现代化的发展，农业劳动生产率的提升，将会带来农村劳动力的节余。目前，人口红利对中国经济增长的推动作用已经大为削减。农业农村现代化的发展，乡村教育等基本公共服务水平的提升，有助于将农村人口资源转化为人力资源、人才优势，为扎实推动农业农村创新创业提供人才支持，为河南省城乡建设及第二、三产业发展提供具有较高文化素质和职业素养的劳动力队伍，这些均能够为河南省加快推进新型城镇化、新型工业化发展，保障现代化河南建设开

好局、起好步提供重要的人力资源支撑。

（三）保障农村社会和谐稳定，为河南省现代化建设夯实基础

当前，我国在城镇从事非农产业的转移人口市民化问题突出，城镇化发展滞后于工业化发展较为严重。这些问题在河南省尤为突出。在此背景下，农业和农村在社会转型发展过程中的缓冲作用仍然十分重要。以巴西为代表的拉美发展中国家在城镇化过程中发生的"中等收入陷阱"现象表明，农业现代化与城镇化和工业化的同步发展，对保障社会平稳转型和最终实现全面现代化具有重要意义。河南省农业现代化的稳定快速发展，既能够在增强粮食等重要农产品保障能力的同时，通过抑制以食品为代表的居民基本生活消费成本过快上涨，防止物价过快上涨给经济社会稳定发展带来的风险，又能够通过推动农业现代化与新型城镇化和工业化同步发展，实现农业、农村和农民的稳步提升和稳定发展，为河南省现代化建设夯实基础。

第四节　加快河南省农业现代化发展的对策建议

当前，河南省正处于向建设社会主义现代化河南、实现第二个百年奋斗目标阔步前进的关键时期，农业现代化发展坚持以新发展理念为指导，通过深化要素市场改革、健全生产经营体系、完善农民有序转移机制等举措，推动各地农业农村加快实现高质量发展、推动农村人口合理有序向城镇转移。

一、健全新型农业生产经营体系

提升农业现代化水平，发展适度规模经营，提高农业部门自身发展水平是根本。因此，必须因地制宜地探索适合区域特点和时代要求的农业生产经营体制，提高农业经营主体在农业产业化发展中的综合竞争力。河南作为全国的农业大省、粮食生产大省，对于这个问题要尤其重视。河南省要积极、稳妥地发展多种形式规模经营，培育家庭农场、专业大户、专业合作社和混合型企业等新型农业

经营主体，积极发展多种形式、多种合作层次的农业专业合作社，完善合作发展机制；健全家庭农场登记及专业大户扶持发展政策，培育新型农民，形成示范带动效应；鼓励发展混合所有制农业产业化龙头企业，继续推动特色农业产业集群发展。建立健全利益共享机制，推动小农户和现代农业发展有机衔接。此外，河南省还要进一步健全社会化服务体系，探索扩大农业生产全程社会化服务试点，积极推进农业生产经营服务专业化、社会化、市场化发展。

二、深化要素市场化配置改革

加快推进农业现代化，关键要靠完善的要素市场促进各类生产经营要素向乡村和农业流动和高效配置。土地是农业最基础的生产要素，土地制度创新不但有利于促进农村和农业人口转移，更是推动土地流转、凝聚农业生产经营要素的重要基础。在资金、科技和管理等其他农业生产经营要素市场化已经达到一定程度的情况下，土地要素市场化配置机制不健全成为制约农业现代化发展的"短板"。河南省要持续推动农村土地"三权分置"改革，一要积极开展承包地占有、使用、收益、流转及承包经营权的抵押、担保试点，放活土地经营权，拓宽农民财产权实现门路，降低农业生产经营者的经营成本。二要完善土地流转市场服务工作，构建起能够确保农民利益不受损、流入方合理利益得到有效保护的农村土地流转机制，促进在农民自愿的原则上推动土地流转规范化、市场化发展。同时，要利用包括数字化在内的综合手段，有效防止耕地"非农化""非粮化"。三要加快农业现代化其他经营要素市场化的创新发展，促进农业生产经营者以土地经营权与其他生产经营要素所有者之间进行适度融合，构建更加完善的要素市场化配置机制，推动农业现代化快速发展。

三、构建完善农民有序转移机制

顺利推进农业现代化是以农民的自我实现为前提的，要努力构建以促进农民增收为核心的多元收入体系，激发农民生产生活积极性，释放农村消费潜力，推动农民稳步转型。一是加大对乡村产业振兴的支持力度，创新涉农资金使用方式，完善农业补贴和利益补偿机制。增强农业防御自然灾害和市场风险的能力，增加农业综合收益，提高农民和其他社会主体参与农业生产经营活动的积极性。二是着力缩小城乡收入差距，全面促进农村消费，充分发挥人口的巨大市场优势，为构建新发展格局提供更加有力的支撑。三是加快推进农村人居环境改善，针对一些"空心村"地区，在科学论证和广泛征求干部群众意见的基础上，合理推进迁村并居，提高农村土地利用效率。四是加强农民职业培育和教育水平，促进农民稳步转型。一方面，加大对新型职业农民培育力度，打造一支技能型、知识型和创意型的新型农业生产经营队伍。另一方面，重视和加强对农业转移人口的专业技能培训，破除农业转移人口市民化的体制性障碍，为农业转移人口在城镇实现公平公正的稳定就业和体面生活，真正转型为市民打下坚实基础。

四、推进新型城镇化高质量发展

新型城镇化以农业现代化为基础，农业现代化以新型城镇化为引领，两者相互促进、协调发展。因此，在加快农业现代化进程的同时，也要推动新型城镇化高质量发展。一是坚持城镇化发展数质并重。一方面，要加快推动城镇化发展速度，深入户籍制度和土地管理制度改革，完善农业转移人口落户城镇的政策体系，实现"十四五"期间常住人口城镇化率突破60%，户籍人口城镇化率不断提升。另一方面，要加快推动城乡基础设施和公共服务均等化发展，改善城乡居民的就业居住环境，推动以人为核心的城镇化向纵深发展。二是加快完善城镇化发展格局。要深入推进以人为核心的新型城镇化，做优做强郑州国家中心城市，充分发挥其龙头引领作用。加快建设现代化郑州都市圈、洛阳都市圈，推动"两圈"联动融合发展。全面提升县域经济综合实力和新型城镇化水平，建设优势特色农业强县农业强镇。坚持以中原城市群为主体推动大中小城市和小城镇协调发展，不断完善"主副引领、两圈带动、三区协同、多点支撑"发展格局，促进河南省城乡区域协调发展。三是扎实推动县域城镇化发展。加快推动以县域为载体的县域城镇化，不断完善县域功能和现代产业体系，夯实县域经济的发展实力。在距离郑州等市区较近的地区，因地制宜地选择30个左右的县推进"撤县设市""撤县设区"，推动农民就地城镇化。

第七章 河南省新型城镇化引领"三化"协调发展的关键点

——加快第三产业发展

作为经济社会发达程度的标志，第三产业是城市化发展的后续动力，因为随着产业结构的优化升级，第三产业比重越来越大，就业人数占三次产业的绝大多数，第三产业不仅引致经济社会发展转型，促进经济发展繁荣，大规模创造就业机会，同时促进消费增长。改革开放以来，河南省第三产业发展取得了令人瞩目的成就，也为经济社会发展提供了强大支撑。但总体来看，由于受经济发展阶段性制约以及农业大省、人口大省等深层次因素的制约，河南省第三产业发展整体水平仍相对滞后，2020年河南第三产业比重为48.7%，比全国平均水平54.5%低5.8个百分点。未来河南省要紧紧抓住第三产业这一关键，强力推动产业结构优化升级，着力推进第三产业对外开放，持续推动第三产业快速发展，为城镇化人口提供更多就业岗位，创造更多就业机会。

第一节 加快推进转型升级，提高第三产业发展质量

产业经济学经典理论表明，产业高级化发展不仅是第三产业比重的加大，第三产业发展质量亦是决定产业整体发展水平的关键因素。当前，河南省传统服务业比重大、产业附加值不高、战略性新兴服务业内生发展动力不足等问题，是困扰河南省第三产业高质量发展的主要障碍。未来一段时期内，尤其是在"十四

五"期间内,河南省应基于第三产业转型升级快速发展的总体趋势与发展规律,牢牢把握我国加速构建双循环发展格局的机遇,积极有力地促进河南省生产性服务业实施数字化、智能化转型,促进生活性现代服务业开展高端化和多样化升级,实施现代服务业和高端制造业深度融合,通过大力推动现代服务业专业化、标准化、高级化、智慧化的体系建设,促使河南省第三产业高质量发展。

一、河南省第三产业发展现状

(一)第三产业发展成果

改革开放以来,河南省经济发展较快,无论是经济规模还是经济结构,都得到了明显提升或改善,其中第三产业也取得了长足的发展,目前已经成为河南省第一大产业,对经济增长的贡献大幅提升。

一是第三产业规模保持快速增长,占比持续提升。"十三五"期间,河南省服务业增加值保持高速增长,2020 年第三产业增加值相对于 2015 年增长超过75%,从 2015 年的 15121 亿元增长到 2020 年的 26768 亿元,如图 7-1 所示。从增长速度来看,2016~2020 年河南省第三产业呈现强劲的增长潜力。在 2010 年以前,河南省第三产业始终与 GDP 的增长保持同步,年增长率在 12%左右。2011 年以来,河南省 GDP 增速逐步放缓,由 2010 年的 12.4%下降至 2020 年的

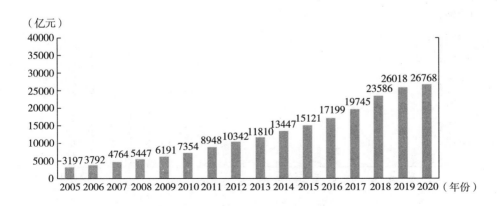

图 7-1 河南省第三产业发展趋势

1.3%，但同时期河南省第三产业却保持了较高增速，2015年曾一度超过GDP增速近3个百分点。2018年，河南第三产业在三次产业中的比重实现历史性突破，超过了第二产业，一举成为河南省的第一大产业。第三产业的快速增长，也推动了河南省服务业地位的上升。"十三五"开始时，河南省服务业占全国第三产业的比重仅为4.5%，经过近五年的发展，截至2020年，河南省第三产业占全国第三产业的比重已经上升至4.8%，增幅达到12%，明显超过全国第三产业的发展速度。

二是第三产业主体数量显著增加，活力明显释放。产业主体作为产业兴盛的关键指标，常被学者们用来表征产业发展质量的指标。与产业规模持续提升相对应，河南省第三产业主体增加十分明显，2019年河南省产业活动单位为1181008个，而在2015年这一数据仅为233574个。如图7-2所示。其中，2019年法人单位增加到1065190个，法人单位占比由2015年的85.6%提升至90%。一方面反映了河南省第三产业发展动能的强劲，另一方面说明产业主体结构也有了明显的改善，第三产业发展的规范性、秩序性得到了极大提升。此外，河南省服务消费持续增加，第三产业活力不断释放。第三产业的迅速繁荣发展，为推动河南经济社会发展提供了有力支撑，直接促进了社会服务性商品消费的不断快速增长，其中包括人们在文化教育、娱乐、医疗、旅行和住宿餐饮等方面的消费支出迅速提升，消费支出远远大于收入的增长速度，服务消费占居民消费的比重明显提升。

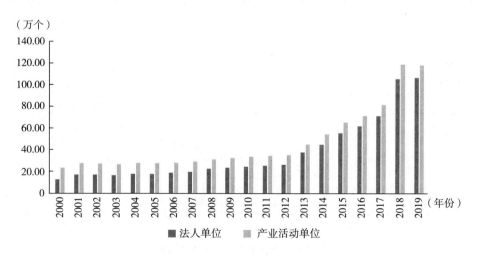

图7-2　河南省第三产业主体数量

三是提供了更多的就业机会，劳动生产率提升明显。随着第三产业规模的快速提升，为河南劳动力提供了广阔的就业空间，大量就业人口实现就业。2019年河南省总就业人口达到6562万，其中第三产业就业人口达到2365万，占就业总人口比例提升至36%，已经成为三次产业中吸收就业人口最多的产业，如图7-3所示。2015年，河南省就业人口仅为6636万，服务业从业人员也仅为2000万，占河南省总就业人口的比重不足30%。此外，得益于高附加值服务业的快速发展，河南省第三产业经济效益也有明显提升。2019年河南省第三产业全员劳动生产率已提升至112074元/人·年，2015年，河南省全员劳动生产率仅为56251元/人·年，其中第一产业全员生产率为16071元/人·年，第二产业为88744元/人·年，第三产业为76687元/人·年。

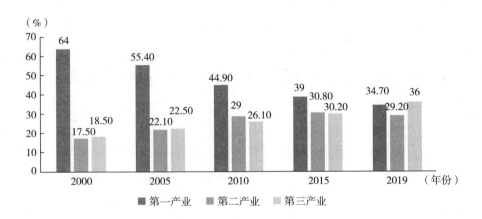

图7-3　河南省就业人口在三次产业中的占比

（二）第三产业结构特征

第三产业结构研究主要通过对产业内各行业之间关联、相对比重以及发展趋势等进行分析，在此基础上对各行业间的联动关系、数量关系进行优化调整，进而使第三产业实现健康快速发展。相当多的文献对第三产业内部结构进行了深入研究，并对产业内各层次和第三产业总体的关系做出了大量的阐述，由于研究者们的划分标准差别很大，导致研究结果出现了较大差异。同时，在实践层面，出于对政策的统筹引领性和覆盖面的考虑，政策制定者也很难对第三产业层次做过细的划分。本书主要划分为传统服务业和现代服务业两大类。在过去二十年里，河南省统计局分别对河南整体经济情况做了四次普查，从四次普查结果中可以看到河南省第三产业的发展轨迹。

一是现代服务业快速提升，带动产业层次优化。按照四次经济普查统计资料，河南省第三产业中，传统服务业占比正在不断减少，而现代服务业的比重持续提升，说明河南省第三产业层次得到了明显优化。以第三产业企业法人单位数据为例，如果从企业法人营业收入这一指标来看，第一次普查数据显示，河南第三产业中的传统服务业的企业法人单位营业收入占整个第三产业营业收入的比重高达 75.69%，而现代服务业营业收入占比不足 1/4，如表 7-1 所示。但根据第四次普查数据，2018 年，传统服务业企业法人营业收入占比已经降至 65.05%，现代服务业企业法人单位营业收入占比已经超过 1/3。尽管产业层次得到了优化，但也需要注意，与我国东部、南部等经济发达省份相比，河南省传统服务业在第三产业中的占比依然过高。即便在中部地区省份中，河南省第三产业层次也有较大的优化空间。例如，与河南毗邻的河北省，2013 年其现代服务业在第三产业的比重就已经提升至 45% 以上。

表 7-1　河南省四次经济普查中第三产业内部分行业占比变化　　单位:%

行业层次	细分行业	企业法人单位在第三产业中的占比						
		2004 年		2010 年		2013 年	2018 年	
		就业人员数	营业收入	就业人员数	营业收入	就业人员数	就业人员数	营业收入
传统服务业	交通运输、仓储和邮政业	8.29	9.43	7.97	10.73	8.09	5.94	6.32
	批发和零售业	15.38	60.23	15.16	52.71	21.50	21.74	50.85
	居民服务和其他服务业	0.75	0.26	1.00	0.53	1.73	1.86	0.98
	住宿和餐饮业	3.53	1.79	4.58	2.37	4.49	2.33	0.92
	租赁和商务服务业	2.73	3.98	3.06	1.54	7.89	8.33	5.98
	合计	30.68	75.69	31.76	67.88	43.69	40.19	65.05
现代服务业	金融业	4.49	16.38	4.39	18.66	3.33	8.83	9.70
	房地产业	1.97	4.75	2.85	6.96	5.69	5.62	13.37
	公共管理、社会保障和社会组织	27.02	—	25.35	0.00	17.57	13.08	0.00
	教育	20.77	0.09	20.47	0.21	12.41	12.92	1.05

续表

行业层次	细分行业	企业法人单位在第三产业中的占比						
		2004 年		2010 年		2013 年	2018 年	
		就业人员数	营业收入	就业人员数	营业收入	就业人员数	就业人员数	营业收入
现代服务业	卫生、社会工作	7.50	0.14	7.57	0.36	5.95	5.83	0.79
	信息传输、计算机服务和地质勘查业	1.32	0.27	1.46	3.37	3.50	3.61	3.77
	文化、体育和娱乐业	1.42	0.38	1.63	0.38	2.00	2.36	1.19
	水利、环境和公共设施管理业	2.19	0.20	1.88	0.28	1.93	1.78	0.94
	科学与探究和技术服务业	2.64	2.11	2.63	1.91	3.91	5.78	4.15
	合计	69.32	24.31	68.24	32.12	56.31	59.81	34.95

资料来源：河南省第一、二、三、四次经济普查数据。

二是传统和现代服务业发展效能差距逐步拉大。人均经济指标往往是一个产业发展效能的有效代表，如人均 GDP 往往表征一个国家经济发展阶段、科技含量和发展动能的真实代表，人均 GDP 越高，经济发展效能越大。换言之，在总量指标一定的情况下，对就业人员占用越少，经济发展质量越高。这种规律在第三产业中依然适用。2010 年，企业法人单位营业收入占比接近 70%的传统服务业务，占用了第三产业接近 32%的就业人员，然而，2018 年，传统服务业企业法人单位营业收入占比降至 65%，对就业人员的占用却提升至 40%，传统服务业效能明显下降。与此同时，现代服务业却出现了截然相反的变化。2010 年，现代服务业企业法人单位营业收入占比为 32.12%，然而却占据了第三产业近七成的就业人员，2018 年，现代服务业企业法人单位营业收入占比已经提升至34.95%，然而现代服务业就业人员数量在整个第三产业中的占比已经不足六成。不难看出，经过十多年的发展，河南省第三产业的传统服务和现代服务业的发展效能已经出现了明显变化，现代服务业发展效能已与传统服务业明显拉开差距。

三是低端服务业依然主导第三产业发展。根据第一次经济普查数据结果，批发和零售业，交通运输、仓储和邮政业，金融业等细分行业的企业法人营业收入在整个第三产业的占比超过了 70%，三个细分行业是河南第三产业的绝对主力，形成"寡头"现象。这一情况在 2018 年出现了明显好转，其中房地产企业法人营业收入占比提升至 2018 年的 13.37%，尤其是高新兴行业的典型代表科学与探究和技术服务业增长十分明显，信息传输、计算机服务和地质勘查业更是实现了成倍增长。尽管"寡头"现象得到一定缓解，然而，批发零售业的企业法人营业收入在整个第三产业的占比依然超过 50%，超过 1/5 的第三产业就业人员从事批发和零售工作。此外，租赁和商业服务作为低端服务业的另一代表，其企业法人营业收入占比也提升至 2018 年的 5.98%，对就业人员的占用量也出现了明显的增多。

二、第三产业发展过程中存在的问题

（一）传统服务业占比依然过重

一般而言，随着第三产业发展水平的提升，服务业对经济社会发展的支撑和贡献越大。然而，2010~2020 年，河南省第三产业增加值虽不断提升，但第三产业并未成为引领河南省经济社会发展的强大新动力。原因是低附加值的传统服务业在第三产业中的占比过重。2020 年，河南省第三产业增加值达到了 26768.01 亿元，在中部地区六省中拔得头筹。然而，传统服务业却占据了绝大部分。其中，作为传统服务业的典型代表，批发和零售业占比最大，在第三产业增加值的比重为 14.3%；同时，交通运输、仓储和邮政业及住宿和餐饮业的增加值在第三产业的占比分别达到了 9.2%和 6.4%；此外，租赁和商务服务占比也超过了 3%。

（二）新兴服务业发展动力不足

随着经济社会的不断发展，尽管河南省服务业内部结构实现了一定的优化，以房地产、现代金融和文化娱乐为代表的新兴服务业规模在河南各地市呈现逐步扩大的发展态势，新兴服务业规模能级不断提升，有力推动了河南省第三产业的增长。但总体来看，传统服务业依然占比较大，超过了 40%，并在近些年表现出较强的增长动力。金融业、科学与探究和技术服务业以及信息传输、计算机服务和地质勘查业等新兴服务业虽然发展势头较好，但规模较小，占服务业的比重依然较低。在第三产业的运行过程中，各细分行业缺乏龙头企业带动，服务业缺乏品牌效应，市场竞争力不强，各市（地区）第三产业规模的提升依旧更多依靠传统服务业的增长。此外，从投资角度来看，河南省近些年的投资主体依然在第二产业，第三产业投资后续动能不足，且第三产业投资结构不合理，新兴服务业发展的资金支持并不强劲，从而制约了河南新兴服务业的发展。

（三）服务业对就业的带动仍有较大差距

在过去相当长的一段时间内，农业占据了河南省产业的大部分。经过多年的发展，河南产业结构得到明显优化，第一产业就业比重持续降低，三次产业结构比例已经转变为 2020 年的 29.7∶41.6∶48.7，第二产业和服务业就业比重持续上升。整体来看，虽然三次产业就业结构在不断优化，总体层次也实现了 "三、二、一" 的历史性转变，增长十分明显。然而，河南省第三产业所吸纳的就业人数在河南省总就业人数中的比重却不如第三产业增加值提升得明显。事实上，由于劳动力非密集型服务业占比较高，河南省第三产业对劳动力的吸收潜能并未充分体现，尤其是未能有效吸收农村富余劳动力，导致劳动力外流。多年来，河南省都是劳动力输出大省，近些年第三产业的快速发展也并未能彻底扭转人力资源大量流出的情况，第三产业 "就业蓄水池" 作用未能得到充分发挥。

三、河南省实施第三产业转型升级的路径与对策

（一）推动生产性服务业专业化高级化发展

从国外主要的发达经济体以及中国近些年服务业发展的经历来看，生产性服务业对其他产业发展以及企业发展都起着关键作用，是服务业产业链的关键环节，又位于价值链高端，直接决定了整体服务业的综合竞争力。所以，实现第三产业优化升级首先要提高生产性服务业的专业化程度和高级化水平。对于河南省来说，一是要加速发展现代物流，全面依托既有的资源优势，做优做强冷链、航空和电子商务等特色物流，并着力推进建立有影响力的国家、省级物流枢纽，畅通骨干物流道路，通过不断完善基础设施、公共信息平台和国际联运等物流服务网络，逐步形成基础设施完善、信息技术领先、面向国内国际的现代物流配送系统。二是要提高金融服务能力，积极发展普惠金融服务，以高质量科技金融服务助力企业科技发展。引导地方政策性、开发性金融机构和商业性金融机构通过建

设发展基金、绿色信贷,大力发展创投基金,加大服务力度,不断创新服务模式。三是进一步发展知识密集型服务业,通过强化培养企业多元化主体,面向国内国外市场,重点促进信息技术服务、创意设计、商业咨询和服务业发展。四是大力发展国际商贸会展,为进一步增强河南省商务服务的国内及国际地位,将重点推动省会郑州市建成国际会展名城,帮助洛阳、南阳、新乡、濮阳等地区的中心城市培育特色国际会展品牌。

(二)加速居民生活性服务业高品质多样化升级

当前的中国经济正在转向高质量发展阶段,正积极形成以国内循环为主、国外循环为辅的"双循环"经济发展新格局。在此背景下,人类的生活消费方式将加速向个性化、品质化方向发展,由此对生活性服务提出了更高要求。对河南省来说,提升生活性服务业发展水平,一是深化供给侧结构性改革,有效扩大高品质、能够满足不同需求的服务供给,进一步创新体制机制、完善消费环境、持续引进新项目和新服务,进一步优化传统服务供给结构,补齐短板,同时也要牢固抓住居民消费新趋势,通过打造新行业、新业态,增强服务功能,创新服务方式,加快推动生活性服务业创新,积极培育新的经济增长点;二是积极推进生活性服务业聚集发展,通过构建社区内高品质生活服务圈与业态聚集区,重点培育发展家政、育幼、物业、教育培训、运动娱乐等服务业,着力构建文化旅游、康复养老业态,促进形成万亿元级服务业态集群,依托城市核心区域,积极建设一站式的体验式消费引领示范区;三是进一步扩大社会生活性服务的供给主体,加大扶持和引导社会资金建立各种社区服务企业和生活服务合作组织,并建立若干具备前瞻性、资源整合力较强的服务企业和平台,大力引进国内外生活性消费知名品牌企业来豫落户。

(三)推动现代服务业和先进制造业深度融合

加快推动现代特色服务业与先进制造业的深度融合,是深化产业供给侧结构性改革,促进产业协同发展,提高经济发展质量的内在要求,也是适应产业发展的新趋势、有效应对国际竞争新局势的必然要求。一是积极探寻与重点产业重点领域融合发展的新途径,促进河南省内的装备生产公司向系统集成和整体解决方案供应商转变,以服饰、家具产业等为重点,促进消费品产业服务化提升,发展规模化、个性化定制业务，促进原材料行业公司向生产和专业服务解决对策供应商转变，积极引导物流、速递公司渗透到制造业采购、生产、仓储、分销、物流配送等各环节。二是发挥企业多元化的融合发展主体作用，进一步增强龙头企业的带动示范效果，力求在科技、生产、业务发展等领域持续创新突破，促进公司内部和与相关社会服务企业的深入合作，进一步增强平台型公司和机构的综合业务效能。三是积极培育融合发展的新产业新模式，以构建互联网、数据基础能力以及更丰富的使用场景为重点，以增强企业安全与防护能力为基础，积极促进工业的全要素、全产业链连接，进一步推进工业物联网、区块链技术以及大数据创新与应用，引导中小企业面向社会开放产品、加工、物流配送等资源，实现资源的有效使用与价值资源共享，积极引导电子商务、研发设计、文化旅游和金融服务等企业发展服务的衍生制造。

第二节　统筹兼顾增量扩容，提升第三产业规模能级

发达国家的经验表明，在经济发展到一定程度以后，服务业的发展与壮大将成为经济发展的主要驱动力。当前，我国各个地区都经历了工业化进程，正转向以高质量发展为特征的新的发展阶段。在这一阶段，第三产业的高质量发展将成为经济社会高质量发展的主要内容之一。当前，虽然实施产业转型升级是河南省第三产业发展的首要任务，但同时也需看到，与我国整体水平相比、与中西部地区主要省份相比，河南省第三产业在国民经济中的比重依然还有较大的提升空间。因此，河南省在着力推进产业转型升级的同时，还需统筹兼顾增加第三产业规模，将其在国民经济中的占比进一步扩大，以缩小与其他地区的差距，为河南省经济社会发展提供强劲的发展动能。

一、第三产业规模比重的横向比较分析

河南省地处中原大地，是我国地理位置最优越、人口红利最大的省份之一，其经济社会发展始终占据一定位次。从经济体量来看，河南省经济总量常年位于

全国第三；从经济增长速度来看，近些年河南省 GDP 增长率甚至超过全国 GDP 增长率 1. 25 个百分点左右。所以，仅从经济发展实力而言，河南省第三产业发展水平与全国相比不应该出现较大差距，甚至有机会超过全国整体水平。但是从历史发展过程来看，河南省第三产业在河南 GDP 中的占比与全国平均水平始终存在一定差距。例如，数据显示，2010 年河南省第三产业占 GDP 的比重为 32%，而当时我国第三产业在全国 GDP 中的占比为 44%。2020 年，河南省第三产业增加值比重提升至 49%，但与全国整体水平相比，仍有 6 个百分点的差距（见图 7-4）。

图 7-4　河南省第三产业占比与全国水平的比较

　　河南亦是我国中部地区最具代表性的省份之一，多项经济指标均明显超前。2020 年，河南省 GDP 总量超过了 5 万亿元，而中部地区其他五省中山西为 1. 76 万亿元、湖南为 4. 18 万亿元、湖北为 4. 34 万亿元、安徽为 3. 86 万亿元、江西为 2. 56 万亿元，与河南均有较大的差距。从人均生产总值来看，河南省为中部地区第二，为 57154 元，与第一名的湖北省仅差 1000 元左右。然而，作为中部地区有明显优势的经济大省，第三产业规模却相对偏小。从 2020 年中部六省的第三产业在三次产业占比数据来看（见图 7-5），河南省处于落后位次，尚达不到平均水平，为 48. 70%，其中湖南最高，为 51. 70%；湖北为 51. 30%；安徽为 51. 30%；山西为 51. 20%；江西最低，为 48. 10%。不难看出，无论是与全国整体水平相比，还是与中部地区其他五省份相比，河南省第三产业在 GDP 中的占比均存在明显差距。换言之，河南省第三产业发展规模与其经济水平不相符。因此，在未来一段时间内，扩大第三产业规模占比，仍为河南发展第三产业的主要任务之一。

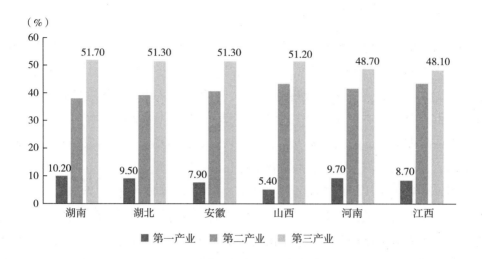

图7-5　2020年中部六省第三产业在三次产业中的占比

二、河南省持续提升第三产业规模能级的现实基础

（一）区位优势明显

河南省地处中原腹地，省会郑州更是我国中部地区重要的枢纽城市，当前河南省形成了以省会郑州为中心，北距京津冀城市群，南下成渝经济带，西入关中平原，东至长三角城市群的特殊地理优势。陇海、京广、京九铁路在郑州交会，形成了"三纵四横"的现代铁路网。河南省发达的公路网，通过连霍、京珠、阿深、二广等高速公路，将河南与其他省市连接在了一起。河南省将充分依托其战略地位，综合运用各类资源优势，以新建郑州国际航空港等为服务核心骨干，构建强大的服务网络，增强河南省在中原地区乃至整个中国市场的资源调配能力和对外服务输出能力。河南省积极推进沿线中心城市物流节点建设，进一步完善地方物流场站、多式联运基础设施的改造升级，进一步增强地方物流枢纽集疏、

分拨物流能力，推动地方物流的顺畅衔接和一体化发展，构筑涵盖周边、辐射全省的大交通物流网。

（二）区域旅游文化资源的丰富

河南是历史文化底蕴深厚的省份，孕育的河洛文化、殷商文化、炎黄文化、少林文化等闻名国内外，拥有的文化资源十分丰富，许多著名的文化自然景观，中原传统文明对古代中华民族传统精神文明的保护弘扬，起到过独特的重要影响。从古至今，已有二十余个西夏王朝、200多个王朝皇帝在中国河南开城建都。夏商时期遗址、战国名家青铜、三十六国名家战场、北魏名家禅林、明清名家祠庙，在这条漫溯上古人类的文化历史长河中留存着数以百万计的珍贵出土文物，凝练着我国历代华夏王朝的历史文明艺术精华。河南省仅世界文化遗产就有五处，国家考古遗址公园有十三处。"十三五"期间，河南省深度挖掘历史文化资源，大力发展文旅产业，实现了由文旅资源大省向文旅经济大省的跨越。2020年，黄河流域生态保护与高质量发展战略为河南保护传承弘扬黄河文化提供了重大战略机遇，河南省浓厚的历史文化优势正在加速转化为文旅深度融合、现代服务业高质量发展的突出优势。

（三）市场空间庞大

河南省拥有将近1亿的人口和6500万劳动适龄人口，加上对周边省份的辐射带动作用，蕴藏的市场空间潜力巨大。仅从省内来看，目前人口超千万，人口超百万的县（市、区）将近40个，但城市之间、城乡之间存在发展不平衡不充分的问题，中高端产品和服务的有效供给不足，消费的结构、模式和业态与消费主体的多样性还不相匹配，消费升级的需求和潜力较大。庞大的市场空间和消费潜力，为河南省加快培育完整内需体系，在构建新发展格局中打造发展新优势赋予了无可比拟的优势。

（四）政策充分支持

截至2020年，河南省相继出台了《关于加快我省服务业发展的若干政策》《河南省服务业产业发展及鼓励投资指导目录》等一系列文件。这些政策文件表明，河南省正将服务业的提升与发展放在经济建设的重要战略位置，第三产业势必将为河南省城镇化发展、工业化发展以及农村现代化注入强劲动力。在充分认识到第三产业发展战略意义的基础上,除了上述政策文件的支持,未来河南省还将继续加码,在产业市场准入、税收优惠、财政金融支持和要素保障等方面均出台政策给予支持。

(五) 发展机遇良好

河南省在加快构建高水平现代服务业强省战略进程中不断迈出坚实脚步,服务业进入了难得的历史黄金机遇期。首先,产业结构调整。目前,河南省已经基本完成了从中国传统现代农业制造重点发展省向现代新型产业制造重点发展省的一个历史性阶段过渡,并首次明确提出了加快促进全省工业经济结构调整的总战略要求与发展总体目标,要着力促进全省经济社会发展驱动方式,创新转换与推动经济结构转型,促进传统产业结构不断优化转型升级,推动三个主要行业的整体统筹协调发展,逐步形成以传统农产品的深加工制造为驱动基础、新型高技术现代工业制造为发展先导、以传统基础产业与现代制造业融合为驱动基础、服务业全面协调发展的全省现代新型工业发展格局。其次,消费结构升级。随着河南省城乡人民收入水平的不断提升,城乡人民的消费观念也出现了明显转变,社会消费结构提升速度明显加速,所产生的消费需求的层次化与多样性,直接带动着消费行业结构的调整,为河南省服务业的发展提供了巨大的空间。

三、新形势下持续推动第三产业增量扩容的路径

(一) 积极推进新型城镇化,培育产业发展载体

目前,河南省的众多人口依然散布在广大农村,由于农村地区人口密度相对较低,服务类企业机构进驻农村市场很难取得规模效应,导致农村地区第三产业发展不足,这也是长期制约河南第三产业发展的重要因素。通过新型城镇化建设,加速人口聚集,为服务业发展提供了坚实载体。着力推动以县城为载体的新型城镇化建设,以高质量服务业吸引农业人口向城镇转移。科学布局县域"三生"(生产、生活、生态)空间,积极培育县域服务业发展载体,重点建设中心商务区和特色商业街区。统筹推动县域医疗教育、文化娱乐和社会保障等公共服

务资源优化配置，使县城积极融入周边中心城市发展。

（二）加速产业集聚，培育壮大领军型企业

郑州国家中心城市以及安阳、洛阳、南阳、商丘等区域中心城市依托自身要素禀赋和主导优势产业，加紧培育一批综合服务能力强、辐射带动作用大的特色服务业集群。重点优化提升区域中心城市的商务服务区，加快规划建设现代物流、现代金融、信息与科技、研究咨询、文化与创意等综合性服务业领域的产业聚集区。做好现代服务龙头企业选育工作，重点培育一批引领新服务模式、经济效益好、增长潜力大、创新能力强的现代服务型企业，不断强化企业核心竞争力，充分引领示范效用，切实提升第三产业内生动力。

（三）加强市场化改革，进一步激发市场活力

现代服务业发展亟须适合的土壤和适宜的环境。目前，能否建立公平公正的市场政策环境和营商环境是河南服务业发展的关键。尽可能地破除现代服务业各领域准入障碍，加大第三产业开放力度，进一步破除体制机制障碍，加快资源市场化配置。打造公平、透明、高效的营商环境，进一步简政放权，全面提升营商环境竞争力，切实提升服务业市场活力。持续降低民资和外资进入门槛，为第三产业中的中小企业提供更加便捷的金融服务。

（四）加快服务业人才培养，注重服务业品牌建设

服务业特别是现代服务业对于技能人才的需求更高，在信息技术、科学研究、银行服务等业务中技术含量很高，这就需要进一步提升服务业人才的整体素质。目前，高端人力资源缺乏是制约河南省服务业发展的最主要原因。首先，河南省各大专院校要按照市场上对人才培养目标的要求，积极调整学科建设，增加培养层次，并加大对社会服务业中紧缺人员的培训；其次，企业应重视对人力资源的开发与激励，积极培育与选拔高素质的人力资源。另外，大企业应重视对人力资源的开发与激励，积极培育与选拔高素质的人力资源，以推动河南省从传统服务业向现代服务业的转型。

第三节　稳步推动扩大开放，增强第三产业活力韧性

当前，服务业的发展对河南省经济社会的带动作用明显增强，是未来河南省走向高质量发展的重要引擎。然而，出于对产业的保护，在过去相当长的一段时期内，包括河南在内的全国大部分地区第三产业开放程度并不高，导致服务业总体竞争力不强，科技创新水平不高，这是阻碍第三产业发展的关键问题。未来，河南省应通过在重点行业领域深化改革扩大开放以及形成与国际接轨的制度创新体系等措施，稳步推动第三产业扩大开放，通过补"短板"、强优势，提升产业发展韧性和活力，助力河南省新型城镇化发展。

一、河南省推进第三产业扩大开放的必要性与紧迫性

我国的发展经验和经济成就表明，推行对外开放政策、加快市场开放进程是尊重经济规律、顺应世界发展趋势的正确选择。但是，在过去比较长的一段时间内，为了防止国内企业直接面临外国强势公司巨大的竞争压力，不致受到过多挤压，相对于第一和第二产业，我国第三产业开放进程要缓慢得多，鼓励外资参股服务业企业的政策很少。这种带有保护性的政策倾向，在一定时间内和一定程度上为我国服务业提供了保护，包括河南在内的诸多省份和区域第三产业获得了难得的成长壮大的时间窗口。但是，这种保护性措施也在客观上造成了服务业整体竞争力不强的后果，技术创新发展相对滞后。这种情况在河南省表现得尤为明显。总之，与经济发展所处阶段及其发展要求相比，河南省服务业发展水平仍相对较低，国际竞争力不强。

当前，随着中国市场经济步入新的发展阶段，正积极形成以国内循环为主体，国际国内双循环的新发展格局，这就势必需要第三产业企业加紧对外开放，通过切实提升竞争力为居民、企业提供更优质的服务和体验。不仅如此，服务业的开放发展还可以在先进科技技术与管理经验方面产生溢出效应，有助于河南企业突破自身的科技瓶颈，逐步在营销、品牌建设等方面积极推动新型服务业与中

高端服务业的发展，从而带动服务业结构优化提升。服务业转型升级所带来的包含劳动力市场在内的社会公共资源的重新配置，以及新兴服务业的蓬勃发展也派生着对多元化的人才需求，同时还会对就业市场造成巨大的负面影响。

事实上，第三产业扩大开放已经迫在眉睫。一方面，河南省国际服务贸易逆差的规模在不断扩大。由于河南省在国际市场拥有竞争力的服务业行业和服务业公司仍不多，导致目前的服务贸易顺差规模在不断扩大，而且与货物贸易差相比，非均衡问题的发展趋势更加明显。另一方面，服务贸易结构也不合理。进入21世纪以来，全球服务交易呈现结构上持续优化的态势，包括交通运输、旅游等传统服务交易的占比不断减少，但金融服务、专利使用、科技密集型业务的占比却不断提高。目前，知识、技术密集型服务在西方发达国家普遍超过了50%，甚至达到了60%以上。但是，近些年河南省的服务外贸结构尽管有所优化，但服务外贸机构结构依然十分不合理，在劳务输出、物流业务、文化旅游等中低端业务所占比例一直居高不下，其中知识、技能密集型业务在服务出口总额中的比例一直低于30%。

二、当前形势下河南省推进第三产业扩大开放的战略机遇

（一）国际层面

一是世界经济增长的中长期趋势没变。尽管世界经济发展面临诸多困难和挑战，但和平与发展仍然是时代主题，世界经济具备实现中长期增长的基础。一方面，世界各国对构建开放型全球经济体系的热情并未退去，随着亚太地区、欧盟、非洲国家和地区、跨地区的自贸安排有序进展，以及《区域全面经济伙伴关系协定》（RCEP）给全球经济运行带来的新动力，也创造了积极预期。另一方面，得益于新技术和新产业的不断涌现和发展，从长期来看，世界经济增长的基础依然坚实。在新兴科技全面赋能工业化的基础上，发达国家工业化的新产业、新业态和新模式进一步显现，产业发展的科技含量进一步提高。

二是全球治理体系在博弈中调整重塑。随着全球新兴市场、发展中国家呈现

比较快速的群体性梯次崛起态势，影响力和发言权不断增强，国际力量格局和全球治理体系发生重大转变。中国正在引领世界政治体系朝着"合作共赢、区域共享"的健康、可持续方向发展。毫无疑问，这都将构成河南省第三产业扩大开放的战略契机。

三是世界贸易格局迎来均衡发展新契机。在当今世界格局下，新兴工业化国家在世界经济中占据越发重要的位置，是影响塑造世界经济格局、左右世界经济走势的重要力量。国际贸易重心也不再紧紧围绕欧美国家，以亚太国家为多重重心的多区域并进趋势已经无法阻挡，并形成了"东盟+中国"、"东盟+中日韩"和东亚峰会为代表三重"同心圆"发展格局，新兴经济体之间的联系正在不断加快。

（二）国内层面

一是我国经济进入了高质量发展阶段，而目前中国经济正处在改革发展方式、调整经济内部结构、转变经济增长动力的攻关时期，对人民美好生活的需求也将变成经济与社会发展的动力。随着中国特色社会主义步入崭新时期，人民的物质性需求日益获得满足，并越来越多地追求社会性需要与心理性需求，人们期待着优质教育、更加坚实的社会保险、更加完善的医疗服务、更加适宜的住宿条件、更加良好的自然环境以及更加充实的社会主义物质文化生活，中国经济将由此转入高质量发展阶段。高质量发展的重要内涵之一是，经济增长将更加依赖消费、服务业和国内需求，更加需要全民素质提高和社会技术水平的提升。

二是我国积极构建双循环发展格局。通过国内与国际大循环，积极促进国家开放战略升级，探索形成国际共同推动的新机制，积极促进对外贸易高质量发展，积极促进建立相适应的国际贸易新格局，积极有效利用外资，发挥外资公司的重要功能，积极参加我国国际贸易治理，努力营造良好的国际环境。

三是推动更加高层次开放。对外开放，是中国经济继续高速发展的巨大动能。党的十八大后，中国经济步入了全新发展阶段，并通过建立以上海为代表的一大批自贸试验区、海南自由贸易港等措施，对标着全球高水准的经济对外开放。2020年的中央经济工作会议指出，全面推进改革对外开放，形成国家新型发展格局，必须充分发展社会主义市场经济，建立高水平经济发展体制，并以高水平对外开放来促进经济发展与对外开放互动。对照国家新任务，在新时期中国要着力促进形成全方位对外开放新格局，发展更加高水平的开放型经济，并将更加推动中国和世界市场相连、产品相融、创新相促、发展规则相连，也将使市场在相通中共享更多的发展机遇。

四是河南省发展迎来新机遇。一方面，新时代中部地区实现加速崛起。中部地区具有明显的区位优势和综合资源优势，产业基础好、提升空间大，文化底蕴深厚、文旅资源丰富，发展潜力很大。从国家发展大局来看，已将中部地区定位为我国工业化、新型城镇化和乡村振兴的重点区域，在扩大内需、提升对外开放水平方面承担着更多的任务和期待，也是未来保障我国实现经济增长目标的关键地区。另一方面，河南省正加快构建内陆开放经济新高地。近些年，河南省的对外开放发展也步入新阶段。国家层面对河南省发展保持高度关注，粮食生产核心区、中原经济区、中原城市群、中国（河南）自由贸易试验区等战略和发展平台先后确立，帮助河南省加快形成陆海内外联动、东西双向互济的开放新格局。

三、河南省第三产业扩大开放的主要任务

（一）推进在服务业重点行业领域深化改革扩大开放

深化科技服务领域改革，持续深化科技成果使用权、处置权和收益权改革，优化完善交易赋权、成果认定评定、收益二次分配等制度，赋予科学研究人员更多处置空间，充分激发科研人员活力。提升金融科技服务能力。支持社会资本参与金融服务科技事业发展，在人民币国际投贷方面实施试点，稳步推进外资机构与合格境内有限合伙人开展合作。推动教育服务领域扩大开放。更大力度地引入国际教育资源，完善外籍人员子女学校在河南境内的布局，按国家有关规定有序推进河南各地中小学对外籍人员子女的接纳。支持外资来豫兴办成人教育培训机构，鼓励外商在职业技能培训方面积极作为。推进专业服务领域开放改革。在商事争端预防与解决方面，充分发挥国际第三方组织和平台作用。

（二）形成与国际接轨的制度创新体系

促进投资贸易自由化便利化。建立健全进口服务产品贸易负面清单制度，逐步放宽服务贸易市场准入限制，进一步扩大"单一窗口"的业务覆盖领域。依

托新一代信息技术，建立通关与跨境物流交易数据共享服务平台，实现跨境电商交易物流数据"上云""上链"。探索建立健全市场化招商引资信用奖励制度。实施现代服务业小微企业招商融资扶持项目"区域评估+标准地+承诺制+政府配套服务"的制度改革。完善财税社会保障补贴政策，在半导体、新能源、人工智能等相关领域认定高新技术开发企业时，在满足硬性条件后，实行"报备即批准"，强化事中事后监督。研究在郑州、洛阳等相对发达城市和地区开展国外高级人才的个人所得税政策。开展政策联动创新，在各地市自由贸易试验区加速扩大服务业开放，支持郑州、洛阳等区域中心城市复制推广国内外自由贸易试验区的成熟经验。

（三）推动服务业扩大开放在重点园区示范发展

打造数字贸易发展引领区。立足河南自贸区，积极推进数字证书、电子标签等的全球互认，建立健全信息、商品统一监管体制。立足航空港区，在数字经营新产业准入、数字服务、国际资源引进等领域进行试验，积极开拓大数据审计和新兴服务。在确保风险安全可控制的前提下，重点支持发展商业投资银行文创投资专营业务分支机构、文化产业项目证券投资公司、文化产业项目相关金融保险公司、文化产业投资公司以及股份股权转让交易平台等多种试点融资方式，进行支持文化产业的相关金融服务试点项目。建立一批新型国际经济合作急救产业示范园区，支持一批外商投资到河南豫中德中韩国际经济合作经贸园区，中日、中韩国际经济合作经贸园区等企业投入国际应用急救航空运输领域，符合国家有关政策要求的企业可持续开展国际应用急救航空运输相关业务。鼓励更多全球著名的开源开放软件社区代码数据库与软件开发工具软件服务商到豫落地，并积极支持开放软件社区代码技术交流服务平台、代码资源托管服务平台与开放技术支持服务网络平台建立。构建高效的艺术品物流服务平台，进行各类艺术品快速物流通关和艺术相关商品物流配送服务等各项业务。优化对电影电视类及其他文化影视的作品审批。优先帮助符合要求的传统文化传播公司申请国家信息网络传输视听节目许可证和游戏版号。

（四）加强服务业开放发展的政策和要素保障

推进贸易投资便利化。实施国际服务结算贸易"单一窗口"国际服务合作试点,逐步规范扩大覆盖到"一带一路"沿线国家和地区,依托"单一窗口"试点实施国际服务结算贸易促进国际服务结算贸易便利化。对"国外—国内"和"国外—国外"之间相互转机的境内国际航班联运乘客以及托运行李,在完全符合国际民用航空运输管理机构执行有关安全防护措施管理规定的具体前提下,积极支持推动境内国际间相互转机和航班通程国际联运,提供人才保障。为我国外籍高级管理人员提供投资经商创业、讲学商务交往、经济交流活动,进行出入境安全检查和办理停留的居留便利。符合要求的中国服务业有限公司直接招聘的"高精尖缺"入境外国服务人才,可依法享受招聘人才出国签证、工作入境许可、社会保障等相关业务,并办理便利政策措施和"绿色通道"相关业务。强化企业大数据综合应用和保护知识智财产权的安全保障。推进在大数据安全、信息技术保障等重点领域的应用基础性相关法律法规制度体系建立,进一步建立健全相关政策制度规范、优化应用相关信息技术保障服务,积极探索建立大数据应用监督管理的新长效机制。强化跨境金融风险综合防范,积极主动推进跨境金融服务领域风险管理跨境信息资源共享、金融监管跨境协同领域合作以及金融风险管理跨境综合应对领域协作。

第八章　河南省新型城镇化引领
"三化"协调发展的支撑点

——提高城镇承载能力

　　完善城镇功能，提高城镇综合承载能力，是发挥新型城镇化引领"三化"协调科学发展作用的战略支撑点。近年来，河南省通过实施百城建设提质工程等行动，城镇基础设施和公共服务设施不断完善，就业吸纳能力不断提高，社会管理水平不断提升，但仍然不适应快速城镇化和有序推进农业转移人口市民化的要求，迫切需要通过强化城镇产业吸纳就业能力、基础设施支撑能力、公共服务保障能力、社会管理协调能力等综合措施，进一步推动城镇功能的完善和承载力的提升。

第一节　完善城镇功能和提升承载力是
发挥新型城镇化引领作用的重要支撑

　　通过城镇功能完善和综合承载能力的提升，将促进城镇高端生产要素聚集，促进产业集聚集群发展，提高城镇就业吸纳能力，推进资源集约节约利用，形成生态宜居的城镇环境，加快农民市民化进程，并引领农业现代化和农村现代化进程。

一、完善城镇功能有利于促进产业集聚集群发展

现代产业尤其是现代工业发展更加依托的是信息、研发、配套服务环境，更加依赖教育、金融、技术指导等生产性服务业。工业化、农业现代化发展的动力也越来越多地来自服务业，尤其是现代服务业。完善城镇功能，将带来多方面的集聚效应，包括销售市场、运输网络、劳动力供给、技术创新、投融资服务、休闲娱乐等，为产业的集聚与发展提供基础和平台。首先，完善城镇功能意味着基础设施的改善，通过加强水、交通、通信网络等基础设施建设，促进生产要素、人口、企业向城镇集聚。其次，完善城镇功能，将促进劳动力向第二、三产业大批转移，吸引更多的产业向城镇集聚。而要素向城镇的集中，加速了城镇规模的扩大和城镇功能的完善，反过来又增强了城镇的集聚和辐射带动作用，进一步强化了城镇对生产要素和人才、信息的集聚功能。最后，完善城镇功能，高起点、高水平推进城镇建设，能够有效增强城镇对生产要素的集聚力，完善城镇生产功能、消费功能、就业功能、服务功能，实现人居环境的大提升，吸引更多的技术人才、企业家投资创业，增强城镇对农村人口进城的拉力，减少中间阻碍因素，使城镇可以成为聚集生产要素、聚集人气、聚集财富的重要载体。并以此为载体，加大对外交流合作力度，创新区域之间的经济发展合作模式，通过开发区共建、发展经济等吸引生产要素。同时，有利于推进生活环境的便利化，特别是高端社区的形成和发展，为吸引世界顶级企业落户提前完善配套服务。

二、完善城镇功能有利于增强城镇就业吸纳能力

就业作为民生之本，是实现农民变市民的根本途径和重要支撑。在加快新型城镇化进程中努力创造更多适合农民的就业岗位，推动农村富余劳动力实现更大规模、更高质量的就业，既是提高居民收入、扩大内需、维护社会稳定的迫切需要，更是促进产业和城镇融合互动发展，增强经济社会发展内生动力的根本要求。当前，由于河南省城镇功能的不完善，城镇综合承载能力受到影响，就业吸纳能力不足是其突出表现。增强产业支撑能力、提高产业发展水平是挖掘就业潜力、扩大就业容量的首要任务和重要途径。但是，由于城镇功能不完善，商务中

心区和特色商业区的功能还没有充分发挥出来，文化、旅游、物流等产业园区建设仍相对滞后，集聚发展和就业带动作用均有待进一步提升；中小城镇能够提供大量就业岗位的服务业发展水平较低，无论是生产性服务业还是生活性服务业，都发展不足。同时，受制于城乡二元结构制约，进城务工人员在就业所在地享有的子女入学、住房、社会保障、技能培训、就业创业等公共服务均等化水平仍有待提高，转移劳动力生活成本高，不能真正融入所在城市，也影响了农民转移就业的积极性。从这一意义上讲，完善城镇功能，实际上就是完善服务业发展的重要载体，有利于为实现公共服务常住人口全覆盖和农业转移人口有序市民化创造环境和条件。

三、完善城镇功能有利于推进生态宜居城镇建设

城镇化快速发展，将成为河南调整产业结构、转变生产方式、推动经济社会发展的强劲动力，与此同时，也将带来大量的生态环境问题，例如：城镇污染物排放集中，资源环境超载严重；城市水资源短缺，水生态系统脆弱；机动车保有量持续快速增加，油烟污染严重，雾霾天气成为公众热议话题，大气污染凸显；生活污水、垃圾等废弃物产生量大幅增加，固体废弃物排放攀升；产商住混杂，噪声污染严重；等等。在社会公众对环境质量改善和人体健康的需求意愿更加强烈的背景下，城镇环境质量改善速度无法满足社会预期。整体来看，目前城镇环境污染呈现复合型污染态势，污染物排放总量超过环境容量，保护和改善城镇环境质量的任务十分艰巨。产生城镇生态环境问题的主要原因，既有生态环境保护意识薄弱、城镇环境规划滞后、生态环境保护投入不足、城镇环境法制尚不够完备等方面的因素，也有城镇基础设施和功能不完善的因素，突出表现为提供生活污染、生产污染防控方面的环保基础设施和公共服务能力薄弱，致使城镇环保的基础设施、队伍建设、监测和监管能力严重滞后，污水配套管网、垃圾处置场等设施建设不能满足现实要求，许多城镇污染物处理能力不足，垃圾处理处置设施运行效率低下。发挥新型城镇化引领，加快农村人口向城镇转移，既对城镇功能完善提出了要求，又为城镇功能完善提供了机遇，促进城镇以提高基础设施、公共服务设施和就业承载能力为核心，加快推进城镇生态修补和功能修复，强化交通、通信、供电、供排水、污水垃圾处理等基础设施的完善，强化文化教育、公

共卫生、住房保障、人居环境等公共服务功能的提升，有利于实现城镇功能完善化、发展机制良性化、公共服务配套化，有利于实现城镇功能提升与城镇人口增长的协调同步。

四、完善城镇功能有利于加快农民市民化进程

新型城镇化的过程，是农民向城市有序转移的过程，是城乡居民享受公共服务均等化的过程。但是，农民变市民，不是简单地改写户口本，而是要确保进城农民在就业、住房、养老、教育等方面与城市居民享有同等待遇。完善城镇功能，将有助于从就业、住房、教育、社会保障的领域推动农业人口有序向城镇转移，确保农业转移人口"进得来""落得住""转得出"。首先，完善城镇功能，通过产业集聚和转型升级繁荣城市经济、拓展就业创业空间，通过完善城市功能吸引要素集聚、拓展产业发展平台，形成产业集聚、就业增加、人口转移、产城融合发展的新格局，将为农业转移人口的就业和生计提供基本前提。其次，完善城镇功能，逐步将农民工纳入城镇住房保障体系，在城镇为农民工提供稳定的住所，使农民工拥有安身之所。再次，完善城镇功能，对于已经具备条件的公共服务项目，如义务教育、就业培训、职业教育、计划生育等，率先实现均等化。最后，逐步将农民工纳入城镇统一的社会保障体系中，积极探索通过"土地换社会保障"的方式来解决农民工的社会保障问题。最后，完善城镇功能，通过积极探索"融合教育"，可以打开城镇优质资源向农村开放的大门。

五、完善城镇功能有利于加快农业现代化

农业现代化是农业发展的高级阶段，包括生产活动生态化、生产经营组织化和增长方式集约化等。任何一个方面的现代化都需要雄厚的资金、技术、人才和市场支持，都需要与之相适应的新型城镇化为引领。完善城镇功能，有助于发挥新型城镇化对加快农业现代化进程的引领作用。首先，城镇规模的扩大、基础设施的改善、公共服务能力的增强、二三产业就业机会的增加等，为吸纳和转移更多的农业劳动力提供了条件。城镇发展创造着越来越多的就业岗位，吸引大量农村人口向城镇地区转移，使耕地向少数人手里集中，为农业实现规模化、机械

化、专业化生产创造必要的外部条件。其次,城镇非农产业的发展为农业现代化提供必要的硬件与软件支撑。其中第二产业的发展主要提供农用机械设备等硬件服务,不断提高农业发展的机械化水平;城镇第三产业的发展则为农业实现现代化提供技术、信息、人才以及丰富多样的社会化服务,不断提高农业生产的科学化和信息化水平。最后,随着城镇功能的完善和市民化进程不断推进,农产品生产与消费群体之间的数量与规模差距越来越大,农产品消费需求的档次也在不断提高。为了保障市场对农产品质与量的需求,农业生产率必然得到提高,从而带动农业现代化的发展。

第二节 河南省城镇功能和承载能力的发展现状

近年来,河南省委省政府先后出台了《关于推进城乡建设、加快城镇化进程的指导意见》《河南省加快城镇基础设施和载体建设专项工作方案》《河南省城乡建设三年大提升行动计划》《关于推进百城建设提质工程的意见》等文件,采取了一系列措施,强力推进城镇基础设施和公共服务建设,提升城市规划建设和管理水平,城镇综合功能得到不断完善,城市综合承载能力明显提高,有力支撑了城镇化的快速发展。

一、城镇基础设施逐步完善

随着河南省城乡基础设施建设三年大提升行动计划、百城建设提质工程的持续推进,市政公用基础设施扩容升级和改造持续推进,城镇基础设施支撑能力不断提高。2019 年,河南省 39 个城市的道路长度为 15766 千米,道路面积为39506 万平方米;城市用水普及率达到 97.4%,供水综合生产能力为 1281 万立方米/日;城市集中供热面积达到 51600 万平方米;城市燃气普及率为 97.1%,城市排水管道长度为 27932 千米。以蓝天、碧水、净土保卫战三年行动计划为重点,进一步改善城市环境质量。2019 年,城市污水处理厂集中处理率达到97.7%,城市污水处理能力达到 554.8 万吨/日;城市生活垃圾无害化处理率达到99.7%；城市建成区绿化覆盖面积达到120799公顷，人均公园绿地面积为13.6平方米（见表8-1）。

表8-1 河南39个城市基础设施建设情况

指标 ＼ 年份	2010	2015	2018	2019
年底供水综合生产能力（万立方米/日）	1010	1121	1167	1281
全年供水总量（万立方米）	179122	196709	216305	221104
用水普及率（%）	91.0	93.1	96.7	97.4
燃气普及率（%）	73.4	86.0	96.3	97.1
集中供热面积（万平方米）	10737	22375	43421	51600
道路长度（千米）	9413	12318	14538	15766
道路面积（万平方米）	21767	29915	36673	39506
排水管道长度（千米）	14733	20467	25027	27932
建成区绿化覆盖面积（公顷）	73652	94345	121864	120799
建成区绿化覆盖率（%）	36.5	37.7	40.0	41.0
公园个数（个）	262	327	443	523
公园绿地面积（公顷）	18361	25201	31934	35361
人均公园绿地面积（平方米）	8.7	10.2	12.7	13.6
生活垃圾无害化处理率（%）	82.5	96.0	99.7	99.7
城市污水排放量（亿吨）	14.74	19.47	20.04	20.73
城市污水处理量（亿吨）	12.91	18.22	19.49	20.25
城市污水处理厂集中处理率（%）	—	93.1	97.3	97.7

资料来源：《河南统计年鉴（2020）》。

二、基本公共服务能力显著增强

近年来，河南省委省政府高度重视以改善民生为重点的社会建设，不断加大民生投入，为加强基本公共服务奠定了良好基础。河南省先后制定出台了《河南省城乡一体化试点户籍改革意见》《河南省人民政府关于促进农民进城落户的指导意见》等文件，初步奠定了城镇基本公共服务常住人口全覆盖的制度基础。

2012 年，河南省政府印发的《河南省基本公共服务体系"十二五"规划》又建立了推进城乡均等享受基本公共服务的制度框架。2020 年，一般公共预算支出为 10382.77 亿元，其中民生支出为 7957.57 亿元，占一般公共预算支出的比重达到 76.6%。总体来看，河南省城镇基本公共服务体系初步建立，基本公共服务向常住人口全覆盖的体制机制逐步完善，已达到低水平全覆盖。同时，各项社会事业也得到了加强和巩固。2020 年，河南省中等职业技术教育招生 52.56 万人，在校生 143.74 万人，毕业生 40.92 万人。普通高中招生 78.44 万人，在校生 224.86 万人，毕业生 69.03 万人。初中招生 154.05 万人，在校生 472.14 万人，毕业生 148.46 万人。小学招生 165.99 万人，在校生 1021.59 万人，毕业生 154.17 万人。特殊教育招收 1.01 万人，在校生 6.30 万人。2020 年共安排"两免一补"经费 167.17 亿元，资助义务教育阶段学生 1493.73 万人次。农村医疗卫生事业作为"保基本、强基层、建机制"的重点，服务能力和保障水平显著增强，农民的看病就医负担明显减轻，城镇医疗卫生服务体系和医疗保障制度也加快完善，不断适应居民快速增长的医疗卫生服务需求。城镇养老保险覆盖面不断扩大。截至 2020 年底，参加城镇职工基本养老保险人数为 2248.52 万。其中，参保职工 1724.09 万，参保离退休人员 524.43 万。参加城镇职工基本医疗保险人数为 1336.52 万。其中，参保职工 947.32 万，参保退休人员 389.21 万。参加失业保险人数为 885.87 万，参加工伤保险人数为 999.98 万，参加生育保险人数为 872.07 万。

三、公共就业服务体系不断完善

目前，河南省已形成基本覆盖省、市、县（区）、街道（乡镇）、社区的公共就业服务网络，初步建立了包括就业服务、就业援助、就业与失业管理等公共就业服务制度，就业公共服务已基本实现城镇常住人口全覆盖。同时，省委、省政府出台《关于推动全民创业的意见》《关于认真做好农民工回乡创业工作的通知》《河南省农村劳动力职业技能培训规划（2015—2020 年）》等一系列政策措施，积极探索"外出务工—返乡创业—贷款扶持—带动就业"的工作模式，从资金、场地、技术、服务等方面大力支持农民工返乡自主创业。加快产业集聚区建设，鼓励农民就近就业，支持第三产业和公益服务事业发展，创造更多就业岗位, 吸纳、引导农民工转移就业和城镇失业人员再就业。加强职业技能培训, 不断提升农村劳动力技能和就业能力。大力实施职业教育攻坚计划和全民技能振兴工程, 按照培训、鉴定、就业 "三位一体" 的工作要求, 充分利用各种培训教育资源, 相互协调配合, 多渠道、多层次、多形式组织实施农村劳动力技能就业计划, 大力开展农村劳动力转移就业培训。

四、住房保障体系初步形成

从 "十一五" 开始, 河南省委省政府高度重视解决城市低收入家庭住房困难, 加快推进廉租住房和经济适用住房建设, 全面实施城市和国有工矿棚户区改造, 积极进行公共租赁住房建设试点, 以廉租住房和经济适用住房为主, 棚户区改造和公共租赁住房建设为辅的多层次住房保障体系初步形成, 有效增加保障性住房供应, 提高了住房保障能力。廉租住房保障范围进一步扩大, 保障收入标准从城市低保住房困难家庭扩大到城市低收入住房困难家庭, 通过建设经济适用住房, 使其成为具有一定支付能力的低收入群体改善住房条件、享受社会公共资源的重要途径。城市和国有工矿企业棚户区改造工作全面铺开, 以煤炭棚户区和铁路棚户区改造为突破口, 大力推进棚户区改造, 极大地改善了原棚户区居民的居住条件。公共租赁住房建设正式启动, 探索多种公共租赁住房建设模式, 取得了较好的效果, 为大规模建设奠定了良好的基础。截至 2020 年 10 月底, 河南省共开工棚户区改造安置房 336.67 万套, 总量居全国前列; 基本建成 209.89 万套, 累计完成投资 7731 亿元, 让近 200 万棚户区居民出棚进楼乔迁新居。

五、社会保障和社会事业建设成效明显

河南省大力推进公共文化体育服务, 已实现县有图书馆、文化馆, 乡镇有综合文化站, 广播、电视基本实现全覆盖。进城务工人员可以无差别享有城镇公共文化体育设施和服务。省、市、县、乡 (镇) 四级计划生育信息服务网络和服务体系已经建立, 包括流动人口在内的城镇常住人口基本上可以无差别地享有城镇人口和计划生育服务。建立了医疗救助与医保报销同步结算制度。2020 年, 省级安排下达社区养老服务设施补助资金 14.3 亿元, 预拨 2021 年资金 6 亿元;

新建社区养老服务设施超过 1000 个，建筑面积超过 100 万平方米。支持各地社区养老服务机构在提供生活照料、数据采集、精神慰藉等基本公共服务的基础上，因地制宜为辖区老年人提供多元化、个性化的普惠养老服务。鼓励探索开展"中央厨房+社区配送+集中就餐"助餐服务，支持开展社区居家助浴、精神慰藉、老年教育等服务，培育一批社区养老服务知名品牌及龙头企业和社会组织，打造"一刻钟"的养老服务圈。

但是，随着新型城镇化的加快推进，农业转移人口市民化的要求越来越高，推动基本公共服务体系实现常住人口全覆盖的任务越来越重，河南城镇规划、建设和管理中存在的一些问题，还影响着城镇功能的进一步完善和承载能力的进一步提升。一是城镇基础设施支撑能力不强。由于历史欠账较多，城镇基础设施供给总量不足，不能满足城镇化快速发展的需要。城市供水、排水和热力、燃气以及污水垃圾处理、绿化等基础设施规划建设不协调、标准低。道路布局设计不合理，路网层次不分明，负荷分布不均衡，造成道路堵塞。基础设施建设任务繁重，城建资金短缺严重。二是公共服务能力有待提升。城镇基本教育资源总量依然不足，结构不合理，教、学失衡，中小学、幼儿园教育资源严重短缺。随着进城务工人员随迁子女逐年增多，流入地政府财政负担日益沉重，城镇中小学、幼儿园建设投入及运行经费压力巨大。医疗卫生服务资源总量仍无法满足需求，卫生人才过度集中在效益好的城市大医院和老城区，县级和基层医疗机构、城市新建成区居民无法就近、便捷地享受医疗卫生服务。民营机构与公立机构有序竞争、优势互补、良性发展的多元化办医格局尚未形成，影响了全社会提供医疗服务的能力和效率。三是社会保障层次有待提高。各统筹地区筹资标准不同、待遇不同，各项社保制度之间缺乏有效衔接，社保关系转移接续存在困难。社保制度门槛高、转移难，导致农民工权益难以保障。四是就业服务体系相对滞后。产业支撑能力较弱，吸纳就业的能力不足，劳动者技能与岗位需求不相匹配，加之薪酬、工作环境、期望值等因素的影响，企业招工难和劳动者就业难这一结构性的矛盾依然存在。农民工在城镇就业还存在一些制度性障碍，就业创业环境不优。随着经济发展方式转变和产业结构转型升级，低技能的劳动者再次失业的风险很大，就业稳定性差。五是住房保障体系有待完善。保障性住房的交通、基本公共服务等外部配套设施的建设相对滞后，导致建成后迟迟不能入住。建设资金筹措和征地拆迁压力比较大。市县财政配套困难，项目融资方式单一，银行贷款受额度等限制。有些地方的保障性住房用地未能及时完成征地拆迁，拉长了建设周期，分配和运营管理方面还存在不少问题。六是社会保障事业需要进一步加强。公共文化服务经费投入不足。河南省养老服务业的发展水平整体不高，无论是基础设施建设还是专业化、规范化管理等都不能适应老年人养老保障的实际需求。

第三节　促进城镇功能完善和承载力提升的着力点

坚持产业为基、就业为本、住房和学校牵动的原则，强化城镇产业吸纳就业能力，加强基础设施和公共服务设施建设，提高城镇规划建设和管理水平，加快社会管理创新，有力推动城镇功能完善和承载能力提升。

一、强化城镇产业就业吸纳能力

坚持产业为基、就业为本、生计为先，以城镇集聚产业的规模和提供的就业岗位决定农村劳动力向城镇转移的规模和进程，坚持把制造业高质量发展作为主攻方向，强化战略性新兴产业引领、先进制造业和现代服务业协同驱动，加快建设实体经济、科技创新、现代金融、人力资源协同发展的现代城镇产业体系，强化城镇产业支撑，千方百计增加就业岗位，营造良好的就业和生活环境，使农业转移人口"进得来"。

推动工业集聚发展。加快推进新型工业化，以技术高端化、产业集群化、发展集约化为方向做强高成长性制造业，以发展深加工产品群、节能降耗增效为重点改造提升装备制造、绿色食品、电子制造、先进金属材料、新型建材、现代轻纺等传统支柱产业，以主攻核心技术、突破市场瓶颈为着力点培育新型显示和智能终端、生物医药、节能环保、新能源及网联汽车、新一代人工智能、网络安全、尼龙新材料、智能装备、智能传感器、5G 等战略性新兴产业，增强工业的支撑能力。聚焦创新突破、开放联动、产城融合、体制创新，提升产业集聚区主导产业能级和承载服务功能。加快推进产业集聚区智能化改造，打造园区数字供应链体系。开展产业集聚区"百园增效"行动，整备、盘活批而未供和闲置低效建设用地，提高亩均产出效益。推动产业集聚区低碳化、循环化、集约化发展，建设安全、绿色园区。深化产业集聚区体制机制创新，因地制宜推广"管委会+公司"、"政区合一+公司"、纯公司化等管理模式，提升管理运营专业化、市场化水平。

大力发展服务业。充分发挥服务业最大就业容纳器的作用，适应居民消费需求多样化，完善和落实政策，着力发展金融、现代物流、文化、旅游、信息、电子商务等高成长性服务业，推动房地产业、商贸流通业等传统支柱服务业转型升级，培育发展健康服务、教育培训、商务服务、科技服务、养老及家庭服务等新兴服务业，显著扩大产业规模和就业规模。把商务中心区和特色商业区作为加快城区服务业发展的主要载体，创新融资开发、商业运作模式，建成一批大型城市综合体，培育一批金融服务、文化创意、商务中介、总部经济等特色楼宇，形成一批商旅文融合的特色商业街，改造一批现代物流、电子商务、会展等有机融合的专业市场，打造产业高集聚、产出高效率、功能高复合、就业高容量的服务业集群。

完善多渠道增加就业政策措施。出台更有力的鼓励企业吸纳就业的措施，运用财政扶持、税费减免、创业指导、政策性金融服务、小额贷款担保等手段，大力发展中小微企业，增加更多就业岗位。鼓励自主创业，制定创业优惠政策，突出资金、场地、技术等创业服务，形成政府激励创业、社会支持创业、劳动者勇于创业的新机制，发挥创业带动就业的倍增效应。扩大政府购买公共服务的规模，积极开发公益性服务岗位，并多向城镇低就业家庭和农民工提供。继续抓好省外转移就业，推动建立长期劳务培训与输出关系，培育一批全国知名的劳务品牌。规范招人用人制度，消除城乡、行业、身份、性别等一切影响平等就业的制度障碍和就业歧视，建立全省统一的就业服务信息平台，完善城乡均等的公共就业创业服务体系，依法保障农民工的合法权益。

加强和改进就业技能培训。高度重视农民工职业培训和素质提高，深入实施全民技能振兴工程，坚持人力资源、教育、民政、农业和残联等部门协同配合、资源共享，扩大培训规模，提高劳动者技能；大力实施农民工职业技能提升计划，使每一个农民工特别是"80后""90后""00后"农民工都能至少得到一次免费的基本职业技能培训，对有创业意愿并具备创业条件的农民工，要做好提升创业能力的培训。加快国家职业教育改革实验区建设，继续实施职教攻坚计划，坚持"三改一抓一构建"：改革单一的封闭式办学模式，大力推进校企合作；改革单一的政府投资模式，强化企业开展农民工岗位技能培训责任，建立多元投入办学机制；改革职业院校的管理体制和机制，激发职业教育办学活力。抓好一批职业教育重大项目，建设一批高水平的骨干职业院校，做大做强一批竞争力强的职教集团。构建现代职业教育体系，推动职业教育特色化、品牌化发展。创新培训方式，调动培训对象和培训机构两方面的积极性。

二、强化城镇基础设施支撑能力

进一步完善城镇道路综合交通系统。优化城镇道路网结构，加快道路、立交桥、地下通道等交通设施建设，拓展出口通道，重点打通断头路，完善支路路网，提高背街小巷的通行能力，大力实施"畅通工程"，进一步加大交通设施建设力度，努力推动中心城市基本形成骨架支撑有力、路网完善均衡、结构优化合理、出行便捷顺畅的道路网络体系。

加强城镇供水设施建设与改造。适应城市新区、县城新城区和产业集聚区发展，配套建设城镇供水管网，加快老城区供水管网升级改造，继续推动严重缺水县和重点镇供水设施建设；以南水北调中线工程受水城镇供水工程为重点，提高供水水质监测能力。加强城区自备井管理，封闭管网覆盖区域内的自备井，提高公共供水普及率。

加快建设城镇供热和燃气设施。鼓励有条件的城市新区、产业集聚区发展热电联产集中供热，争取分批分步完成全省城镇集中供热老旧管网改造工作，实现降本降耗，节能减排。积极推进既有建筑供热改造，加快建设供热管网，优化城镇集中供热布局。积极稳妥地推进既有住宅供热计量及节能改造工作。围绕"气化河南"的建设目标，全面提升城镇燃气规划、建设、运营以及管理、技术和服务水平。加快西气东输二线沿线用气城镇燃气配套设施建设，统筹协调利用多种气源，进一步优化城镇燃气用气结构。

推动城镇污水垃圾处理设施扩容提升。以治理城镇内涝为重点，加快地下管网、排水沟渠、排涝泵站、排水管网雨污分流改造等设施建设，完善城镇排涝、排水体系，逐步提高雨水设计重现期标准，形成水系利用和排涝相互协调的雨水收集、调蓄、入渗、河湖联调系统。按照"减量化、资源化、无害化"的原则，加快垃圾无害化处理设施建设，完善"村（组）收集、乡（镇）运输、县（市、区）处理"垃圾收集收运体系，逐步推进垃圾分类处理，完善垃圾收运和分类处理体系。在有条件的市县开展利用大型水泥生产线协同处理生活垃圾试点。开展存量垃圾核查、风险评估和治理规划编制工作，推动餐厨垃圾处理项目建设。

三、强化城镇公共服务保障能力

推进城镇教育均衡发展。积极稳妥推进中小学布局调整，结合旧城改造和城市新区建设，配建相应规模的中小学，扩大城镇义务教育资源，努力解决义务教育阶段择校问题，逐步消除大班额现象。实施义务教育学校标准化建设，实现中小学校舍、师资、设备、图书、体育场地基本达标，努力缩小校际差距。大力发展城镇学前教育，根据城镇居住区规划和居住人口规模，充分考虑进城务工人员随迁子女接受学前教育的需求，配套建设幼儿园。大力发展公办幼儿园，积极扶持普惠性民办幼儿园。鼓励社会力量以多种形式举办幼儿园，采取政府购买、以奖代补、公建民营、委托办园、派驻公办教师等方式，引导、支持民办幼儿园提供普惠性服务。加快建立一支高素质的幼儿教师队伍。支持普通高中多样化发展，完善普通高中办学体制，扩大优质资源。鼓励和支持民办普通高中学校发展。实施普通高中改造工程，加大投入力度，改善普通高中办学条件，提升办学水平和教学质量。

推进城镇常住居民享受均等化的公共卫生服务。重点推进"全覆盖、均等化"，继续提高城乡人均基本公共卫生服务经费标准，逐步增加基本公共卫生项目，提高服务水平。按实际服务人口向基层医疗卫生机构核拨公共卫生服务经费，促进常住人口均等享受基本公共卫生服务。继续实施重大公共卫生服务专项，重点加强食品安全、职业卫生、精神卫生、慢性病防控、卫生应急等对居民健康有重要影响的公共卫生服务。完善政策，支持在城市的务工农民或进城落户农民工在一定过渡期内继续享有针对农民的重大公共卫生项目。

修改完善社保政策，消除农民工进城参保及享受社保待遇的制度障碍。实现统筹区域内城乡居民医疗保险筹资水平、用药目录、医保待遇的统一，使农民工在务工地即可转移或参加城镇居民医疗保险。修订《失业保险条例》，统一失业保险缴费模式及待遇水平等政策，实现农民工与城镇职工在就业失业登记、免费就业培训、领取失业保险金等待遇标准均等化；逐步扩大强制参加工伤保险的行业，简化工伤保险工伤待遇申请程序，必要时司法部门介入，切实保证农民工享受到工伤保险待遇。将被征地农民全部纳入城镇社会保障范围，建立被征地农民基本生活保障风险准备金，资金从适当提高征地补偿标准或从土地出让金收入中解决。取消户籍制度与低保和社会救助相挂钩，改为按居住地原则实施低保和社会救助，或对农村进城务工人员家庭确实困难的采取临时救助政策。推进社会保障制度整合和城乡衔接。出台城镇职工养老保险与城乡居民养老保险的转移接续办法，实现城乡居民养老保险和城镇职工养老保险的顺利转移接续。探索整合城乡居民基本医疗保险制度，力争实行城乡居民医疗保险在制度及经办管理上的统一。健全社会保障公共服务体系。加强基层特别是乡镇（社区）社会保障服务中心（站）建设，推行网上社保信息查询、参保登记、基数申报、基本信息维护等社保业务办理的"一站式"服务。整合社会保险征缴和稽核业务经办机构，努力实现城镇职工养老保险、医疗保险、失业保险、工伤保险、女工生育保险"五险合一"和"一票征缴、分账管理"的管理及征缴模式，提升社会保险经办机构服务能力。

四、强化城镇社会管理综合能力

树立以人为本、服务为先的理念，完善城镇治理结构，创新社会治理体制，加强党委领导，发挥政府主导作用，鼓励和支持社会各方面参与，实现政府治理和社会自我调节、居民自治良性互动。加快树立新型社会管理理念。从传统的以经济管理为主逐步转向经济社会协调管理，从过去的单纯管制控制思维逐步转向以加强改善民生、完善社会服务、公平配置资源、疏通诉求渠道、维护公众权益、协调利益关系、化解社会矛盾、解决社会问题为主的管理和服务理念上来。

加快社会管理体制改革。加快改革不适应创新和完善社会管理的经济、政治、文化、社会和党的建设等体制弊端，尤其是加快推进政府行政管理体制、收入分配体制等方面的改革，进一步健全法律法规、权益保障、民主监督、干部管理、反腐倡廉、思想道德、社会服务等体制机制，加快形成与社会主义市场经济、民主政治、先进文化、和谐社会建设要求相适应的城镇社会管理体制。

加快完善社会管理体系。根据目前城镇经济社会发展的新特点和新需求，加快建立和完善具有战略性、宏观性、前瞻性和权威性的城镇社会管理体系，其内容需涵盖社会管理理念、目标、标准、架构、格局、结构、方针、原则、战略、规划、政策、制度、措施、对象、主体、功能、体制、机构、职能、权利、责任、方式、手段、队伍、绩效、评估、监督、改革等各方面，其作用覆盖各行业、各领域、各环节、各阶层、各群体。

加快社会管理职能转变。发挥各级党委在社会管理中的领导核心作用，发挥各级政府在社会管理中的全面负责作用，发挥社会各界在社会管理中的相互协同作用，发挥广大公众在社会管理中的主体参与作用。加快改变政府相关部门对城镇社会管理职能的越位、缺位和交叉问题，进一步理顺城镇街道办事处、社区党组织、社区居委会、业主委员会、社区民间组织、物业管理部门、社区民警等管理主体之间的关系。借鉴北京、上海、广东在社会管理中的创新经验，探索建立党的社会管理工作部等社会管理和服务机构，加快形成决策更科学、分工更合理、执行更顺畅、权责更统一、监督更有力的社会管理格局。

加快社会管理方式转变。从单纯重视政府作用向更加重视发挥社会组织和广大公众的作用转变，更多运用社会协商、公众参与、民主自治、多方合作、统筹兼顾、协同处置等社会共同治理的方式。从偏重运用传统行政手段向运用科学综合手段转变，更多运用完善服务、道德教育、心理疏导、舆论引导等手段，并采取夯实基础、强化基层、综合管理、全面覆盖的方法，突破薄弱环节，消除管理盲区。从偏重事后处置向更加重视源头治理转变，采取预防为主、服务先行、调解优先的源头治理方法，把工作重心从治标转向治本，从事后救急转向事前防范，做到社会管理关口前移，遏制矛盾萌芽，消除纠纷隐患。

五、强化生态环境承载能力

积极推进生态城镇创建工作。认真组织实施《河南省生态建设规划纲要》，结合生态市、生态镇的创建指标和环保模范城创建指标和当地自然环境特点，以符合生态系统自身规律的形式进行城镇设计和建设，积极创建生态城镇，保护植被水域和自然景观，促进城镇建设、城镇化与环境保护同步规划、同步建设、同步发展。

加快建设城镇生态网络。依托城区河流、干渠、道路，结合城镇水源地、湿地分布和生态隔离带建设合理布局城镇生态网络，推动城镇绿化建设由平面绿化向立体绿化转变，扩大垂直绿化和立体绿化，提高城镇绿地覆盖率和人均绿地面积，增强城镇生态系统的自我调节能力。以黄河干流为主线，太行山、伏牛山、桐柏—大别山等山地为屏障，以淮河、南水北调中线、隋唐大运河及明清黄河故道为主要串联廊道，统筹推进自然保护地建设，推行林长制，构建"一带三屏三廊多点"的生态保护格局。

提升城镇污染防治水平。优先保护饮用水源地，加大城区河段环境综合整治。加强对空气污染成因的分析和对策研究，制定切实可行的预防和治理措施。开展大气污染联防、联控、联治，推动电力、钢铁、水泥等行业脱硫、脱硝设施建设。加强城镇公共交通建设，全面推行机动车环保标志管理，加大城镇扬尘污染和机动车尾气污染监测治理力度，逐步改善空气环境质量。加强社会生活、建筑施工和道路交通噪声监管，妥善解决噪声扰民问题。开展重污染工业企业搬迁地块土壤环境调查和风险评估工作。

开展智慧环保体系建设。加强城镇新发展区域环境质量监测和预警网络建设，优化环境质量监测点位布局；加强应用卫星遥感和地面监测相结合的生态环境监测监控能力建设。逐步完善城镇污染源自动监控网络，实现重点污染企业在线监控；加强对涉重金属和危险废物污染企业以及放射源的监测监控，推进国际履约受控物质监测监管。加强移动执法系统和信息平台建设，提高机动环境执法能力。逐步建立天地一体化的环境监测网络和预警应急监测体系，形成完善的智慧环保预警监控网。

切实加强环境安全管理。完善环境应急防范体系，建立健全统一指挥、分级负责、部门协作的全过程管理防控体系。加强工业危险废物、电子垃圾及医疗废物无害化处置，持续开展环境风险源调查和污染隐患排查整治。强化辐射安全规范化管理，实现辐射事故零发生。开展重金属、危险废弃物污染治理。加大环境安全监管力度，提高应急处置能力，建立健全应急预案，确保不发生重大环境污染事件。大力开展生态环境保护的宣传工作，提高生态环境保护意识。建立与完善为生态环境保护服务的信息平台，为生态环境保护的各个参与方提供相关技术信息、循环及生态经济发展经验、废旧物资物流信息等。综合运用财税政策、投资政策、信贷政策、价格政策等手段影响和规范企业行为，加强企业的生态环保意识。倡导生态价值观和绿色消费观，普及生态环保知识，形成社会共识和舆论氛围。提高全体民众的环境意识，积极加强公众参与，让公众更加了解环境法律的要求和自己应承担的环境责任和义务，自觉维护应取得的环境权益。

六、强化城镇住房保障能力

坚持科学选址，在符合城市总体规划、土地利用规划的前提下，均衡布局保障房建设和商品房开发，统筹规划建设交通、教育、医疗、通信、商业等公共服务和社区服务设施。坚持和落实在商品房中配建廉租住房和公租房政策。支持市（县）在产业集聚区和开发区周边规划建设廉租住房和公租房，鼓励用工较多的企业利用自有土地建设职工宿舍，纳入保障房统筹管理。进一步改进保障方式。在继续加强实物保障的同时，进一步强化租赁保障，通过向符合条件的家庭发放租赁补贴，支持其在市场上租赁适当的住房。推进廉租房和公租房并轨运行，统一规划，统筹建设廉租住房和公租房，实行"市场定价、分档补贴、租补分离"的运行机制，将部分节余的廉租房调整为公租房使用，根据承租人的家庭收入水平，分档将保障对象纳入廉租房或公租房保障范围。开展公租房和廉租房租售并举试点，建立保障性住房"内循环"的流转模式。加强和改进项目管理。将保障性住房建设项目纳入省、市、县联审联批范围，优化审批流程，改进审批方式，提高审批效率。加强部门联合督查，加快项目建设进度，对于进度缓慢或未按时间节点完成建设任务的市县进行约谈和通报批评。严格落实施工现场质量和安全责任制度，加强施工组织和现场管理，进一步健全工程质量终身制和安全责任追究制度。优先在保障性住房建设中推广绿色节能型建筑材料和技术。加强配套基础设施和公共服务设施建设，完善入住条件，增加有效供给。

探索与保障需求相匹配的建设机制。要科学选址，在符合城市总体规划、土地利用规划的前提下，均衡布局保障房建设和商品房开发，统筹规划建设交通、教育、医疗、通信、商业等公共服务和社区服务设施。坚持和落实在商品房中按住宅面积的10%配建廉租房和公租房政策。严格执行各省辖市中心城区建设公租房的规模不低于任务总量40%的规定。

进一步改进保障方式。在继续加强实物保障的同时，进一步强化租赁保障，通过向符合条件的家庭发放租赁补贴，支持其在市场上租赁适当的住房。缺口的保障性住房，由市（县）政府向市场上租赁居民闲置用房作为公共租赁住房，市（县）财政提供一定的资金补贴，向符合条件的居民提供保障性住房。从市（县）拟分配的年度保障性住房中拿出一定数量的住房专门用于保障产业集聚区从业人员及家眷住房。推进廉租房和公租房并轨运行，统一规划，统筹建设，实行"市场定价、分档补贴、租补分离"的运行机制，将部分节余的廉租房调整作为公租房使用，根据承租人的家庭收入水平，分档将保障对象纳入廉租房或公租房保障范围。开展公租房和廉租房租售并举试点，在满足租赁的前提下，市（县）可向符合条件的住房困难家庭进行出售，已承租的家庭可自愿申请购买廉租房或公租房有限产权，购买后仍符合低保条件的，继续享受低保待遇；购买人因经济和住房条件变化超出当地标准，或特殊原因需要出让的，由当地政府以评估价格进行回购，再向符合条件的低收入住房困难家庭出租或出售，建立保障性住房"内循环"的流转模式。

第四节　促进城镇功能完善和承载力提升的对策建议

结合当前河南省城镇特别是大中城市和县城城镇功能和综合承载力的发展现状，要全面提升城镇综合承载能力，必须寻求以思想、意识和观念的不断创新引导行动和实践，着力在政府职能转变、动态评估机制建立、绿色低碳发展、扩大对外开放、强化法规保障等方面全面推进。

一、切实转变政府职能，建立健全动态评估机制

按照以人为本、构建社会主义和谐社会的要求，把政府的主要职能、主要财力集中到为老百姓提供更多更好的公共产品上来，更加注重履行好社会管理和公共服务职能，在继续推动城镇经济发展的同时，采取更加有效的政策措施，努力创造更多的就业机会，统筹城乡就业，建立健全与经济发展水平相适应的分层次、广覆盖的社会保障体系，完善收入分配制度，加快解决社会保障性住房的建设和供应、义务教育、公共医疗卫生、城镇生态环境的保护和建设，注意对弱势

群体的扶持、社区建设、城镇安全的规划和建设等。

加强城镇基础设施和公共服务发展的统计工作，建立健全相应的统计监测指标体系，规范统计口径、统计标准和统计制度方法，加快制定对基础设施、公共服务、城镇常住人口、流动人口、就业岗位和就业人员等项目的监测评估体系，实施动态监测与跟踪分析，为完善相关政策、科学提高城镇承载能力提供依据。加快信息化提速赶超，推动信息化与城镇化协同发展。坚持城镇信息基础设施与市政公用设施、公共服务设施同步规划、同步建设。建设宽带、融合、泛在、安全的基础信息网络，加快城镇基础设施智能化。以建设统一的地理空间信息平台为基础，统筹推进城镇运行管理和社会管理数字化，深化交通、市政、环境监管、应急保障、治安防控等领域信息化应用，构建智能、协同、高效、安全的城镇管理体系。建设智能化城镇公共服务平台，创新教育、就业、社保、医疗和文化体育等服务模式，构建广覆盖、易使用、惠民利民的公共服务应用体系。实施CPU芯片IC卡式样的居住证，为流动人口享受"市民待遇"，进一步转化为城镇市民奠定基础，也为政府各部门及时掌握流动人口现状，调节和控制城镇人口规模，实现管理提供便利。实施"一证通"制度，以建设全省统一联网、信息共享、动态管理的流动人口服务管理信息平台为依托，逐步将流动人口居住管理、公共服务和社会保障及个人征信系统纳入居住登记和居住证制度，实现"一证多能，全省通用"。积极推进国家智慧城镇试点建设。扩大信息消费，大力发展智能终端产业和电子商务，加强物联网、云计算、大数据等新一代信息技术创新应用，拓展智慧化的信息应用和新型信息服务，增强城镇要害信息系统和关键信息资源的安全保障能力。

二、提高规划建设水平，加快生态环保型城镇建设

充分发挥规划的引导和调控作用，把以人为本、尊重自然、传承历史、绿色低碳理念融入城镇建设全过程，科学确立城镇功能定位和形态，统筹规划城镇基础设施和公共服务的空间功能布局。完善城镇基础设施和公共服务设施的规划工作程序，推行规划政务公开，加大公开公示力度，提高民主参与水平，将基础设施和公共服务设施的规划实施情况纳入地方党政领导的考核和离任审计，确保依规划进行开发建设。对重大城市基础设施项目和民生项目实行联审联批，开辟手

续办理绿色通道。同时，加强建设项目过程监督和工程质量把关，严格实行工程质量监理制，"谁监理，谁签字，谁终身负责"，实行事先、事中、事后全过程审查监督，实行质量验收责任终身追究制。

建立节约集约考核奖励机制，大力发展节地节能节水型产业、节地节能型绿色建筑和紧凑型城镇。合理确定基础设施和公共服务设施用地规模，优化基础设施和公共服务设施用地布局，提高用地开发强度、投资强度和环境效益，统筹地上地下空间，积极开发利用地下空间。加大基础设施和公共服务设施的节能力度。把生态文明理念全面融入基础设施和公共服务设施规划建设的全过程，加强城镇生态建设和环境整治，全面提升城镇人居环境质量。改善城镇生态系统，科学规划生态功能区，加强城镇调蓄水库、过境水系、周边湿地生态系统、绿地生态系统保护和建设，推进城镇河道整治和园林绿地、立体绿化、生态走廊、休闲健身广场建设，营造环城防护林和城郊森林公园，构建城镇绿色生态空间。深入开展城镇环境综合整治，强化城镇污水、垃圾处理设施建设和运营监管，加强大气污染、水污染、土壤污染等防治，发展绿色交通，倡导绿色出行，构建城镇绿色生活空间。

三、创新资金筹措机制，确保基础设施和公共服务设施投入

建立透明规范的城镇建设投融资机制，创新融资工具，拓宽城镇建设融资渠道。支持有条件的地方发行市政债券，发挥政策性金融机构在城镇化中的重要作用，鼓励引导商业银行、保险公司等金融机构加强融资保障、增加贷款，有效支持城镇化建设。允许社会资本通过特许经营权等方式参与城镇基础设施投资和运营，探索公益性基础设施和商业开发相结合的长效机制，实现"公商协同、以商补公"。

搞好土地储备和两级循环开发，增加土地增值收益并合理分配，提高用于城镇建设的比例。整合运作国有资源、资本、资产、资金，做大做强符合条件的投融资公司。加强地方政府性债务管理，建立合理偿债机制。加强与国家部委沟通，积极争取中央国债资金和以奖代补资金，缓解城市基础设施建设的资金压力。

探索政府主导、市场运作的融资新模式，鼓励社会资本投资城市道路、桥梁、公共停车设施、供水、供气、供热、污水处理、垃圾处理、园林绿化、市容环卫等城市基础设施建设，引导社会资本规范、有序地投入。

实行宽松的行业投资政策，按照"非禁即准、合理回报"的原则，凡符合国家产业政策、在全省各城市投资、基础设施项目，对全社会投资者实行同等待遇。有收费机制、收益较稳定的供水、供气、供热等城市基础设施项目，逐步交给社会投资者；有收费机制但难以做到收益平衡的污水垃圾处理等基础设施项目，政府通过补助、贴息等政策，有效保障其正常运行。

四、扩大对外开放，推进城镇功能优化升级

虽然河南省城镇基础设施和公共服务体系建设领域对外开放取得了突破性进展，但与城镇化快速发展相比，与全面提升对外开放水平的新要求相比，还存在较大的差距，影响了外来资本的进入以及示范效应的发挥。

以扩大开放推动城镇功能优化升级，要着力推动房地产建设领域扩大开放。围绕加快城镇新区开发、老城区改造、商务中心区和特色商业区建设等，以连片综合开发、商业综合体、大型商品房和保障性住房建设为重点，开展专题招商和定向对接，带动城镇品位的提升。着力推动市政设施和生态环保设施建设领域扩大开放。围绕加快城镇新区、中心城区、产业集聚区和县域城镇基础设施建设，以城镇道路、公共交通、停车场站、供水、燃气、供热以及垃圾、污水处理、城镇生态水系建设等公共设施建设领域为重点，综合运用 BT、BOT、TOT、PPP、ABS、租赁等多种融资模式，带动吸引境内外资本参与城镇基础设施项目建设、管理和经营。积极与国内外优秀城镇、研究机构开展战略合作，大力引进城镇经营管理、城镇大气污染治理等的先进经验，推动提升城镇软实力，为建设宜居城镇提供支撑。着力推动信息基础设施建设扩大开放。围绕建设智慧城镇，深化与中国电信、中国移动、中国联通三大运营商的战略合作，积极与国内战略投资者沟通对接，吸引国内风险资本参与我省宽带网、有线电视网、无线网络接入点、5G 移动通信网络等信息基础设施建设，推动以宽带河南、"无线城镇"、"感知中原"三大工程为重点的信息网络设施建设。

着力推动教育领域扩大开放。实施优质教育资源引进合作计划，以高等教

育、职业教育、学前教育等领域为重点，吸引更多的国内外知名大学来河南设立分校或与河南高校合作办学。积极引进国内知名民办教育机构到河南设立分校，开展战略合作、兼并重组，提高民办学校的综合实力和对外影响力。着力推动卫生领域扩大开放。

实施社会资本办医办学行动计划，以引进优质医疗资源、引进境内外资本举办医疗机构或参与省内公立医院改制为重点，在巩固已有的与美国、韩国、新加坡、德国、中国香港、中国台湾等引资办医合作渠道的基础上，不断开发新的合作渠道，加强与国内外知名医疗机构、高等医学院校和战略投资者的合资合作，通过独资、合资合作、改制重组等方式，建设一批民办医院，扩大利用境内外资本规模。

着力推动养老等社会福利领域扩大开放。以供养型、养护型、医护型养老机构和疗养院、护理院等建设为重点，加强与境内外实力强的专业化机构和愿意投身公益事业的大型企业集团的沟通联系，采取公建民营、民办公助、政府购买服务、补助贴息等多种模式，吸引境内外资本投资各类养老和社会福利服务设施的建设、运行和管理。积极引进境内外资本采取整合、置换或转变用途等方式，将闲置的医院、企业以及各类公办培训中心、活动中心、小旅馆、小招待所等设施资源改造用于养老服务和康复护理服务等。

推动文化体育领域扩大开放。大力引进演艺影视、体育健康、休闲娱乐等领域的龙头企业，积极吸引国内优质资本入股中原出版传媒集团、河南影视制作集团、河南有线电视网络集团、河南文化影视集团、河南歌舞演艺集团等骨干文化企业，更好地满足人民群众的精神生活需要。

五、建立健全法律法规，完善法制保障

严格依法规划、建设、管理城镇。加快推进规划立法工作，研究城镇规划、建设和管理过程中的户籍管理、社会保障、土地利用、生态环境建设、公共服务设施建设、投资促进等新情况新问题，及时将实践中的好经验上升为地方性法规、规章，及时清理并修改与科学推进新型城镇化不相适应的地方性法规、规章、规范性文件，促进城镇功能开发建设的规范化、科学化。积极推进公共决策公示、公共听证和专家咨询论证制度，确保决策民主、程序正当、结果公开。严

格规范征地拆迁行为，依法解决矛盾和纠纷，维护群众合法权益。同时，城镇基础设施和公共服务设施规划、建设和管理方面的法律法规较多，并且专业性较强，更需要加强宣传教育。可以采取向公务员宣传和向群众宣传相结合、法律知识宣传与案例宣传相结合、日常宣传与集中宣传相结合的方式，通过广播、电视、报纸、板报、标语等，广泛宣传城镇建设方面的法律法规和重大涉法事项处理情况及有关信息，培养全体公民遵法、守法和依法办事的习惯。

第九章 河南省新型城镇化引领
"三化"协调发展的动力点

——创新体制机制

新型城镇化引领"三化"协调发展的根本问题在于为工业化提供所需要的土地、基础设施、公共服务体系等要素条件，为农业规模化、产业化、现代化创造条件。城镇化发展既有来自农村农业发展对农业人口向城市转移的推动力，也有来自城镇功能及非农产业就业对农业人口的拉动力，而这些动力的形成关键在于创新体制机制，加大在人口、土地、资金、公共服务等制度层面创新力度，培育体制机制新优势，为新型城镇化引领"三化"协调发展提供源源不断的动力。

第一节 人口发展体制机制的改革创新

人是发展中最具能动性的因素，人口问题是经济社会发展的核心问题。如何提高农民从事农业生产时的技能和效率，农村居民能否稳定地转移到城镇、农村剩余劳动力能否有序转移到第二、三产业中去，最终实现身份（从农民到市民）、职业（从农业到工业）、空间（从农村到城镇）的三重变换以及农村、城镇及工业的协调发展与共同繁荣，是新型工业化、新型城镇化和农业现代化发展的核心议题。河南省推进"三化"协调发展进程就必然要求人口在规模、质量和结构加以优化，通过清醒认识和准确把握在"三化"协调发展中人口发展的趋势及面临的难题，将人口压力转变为推动经济社会发展，提高新型城镇化发展质量进而引领"三化"协调发展的积极能动力量。

一、人口发展与"三化"协调发展的互动机理

(一) 人口规模与"三化"协调发展的互动关系

从经济学意义来看，在一定生产技术条件下，劳动力资源、资本和其他经济资源存在一个最优组合水平，人均资本低拥有量和经济资源低拥有量导致的结果必然是人均产出水平低下、劳动生产率提升困难，而这两个拥有量都与人口规模有关。人口规模过大会造成人均资源拥有量偏低，导致劳动力要素与其他经济要素不相匹配，从而抑制劳动生产率的提高，也造成人均收入水平偏低，而人均收入水平偏低意味着工业化、城镇化、农业现代化水平偏低。人口规模过大还会妨碍技术进步，阻滞工业化进程中有决定意义的经济结构的提升。农业人口规模过大还会导致人均耕地偏低，不利于农业规模化生产和农业技术升级。城镇人口规模过大尽管有助于城市的快速形成和发展，但人口向城市流动和非农产业转移过度又会引起"城市病"，进而影响城镇化发展质量。

(二) 人口素质结构与"三化"协调发展的互动关系

人口素质结构是人口自然构成的重要方面，人口的健康素质和劳动力素质是人口素质的重要组成部分，直接影响劳动力资源的比重和质量。从人口年龄来看，随着计划生育政策的实行，我国生育率迅速下降，同时由于经济社会的发展、人们生活水平的提高和医疗卫生事业的进步，人口的死亡率下降、预期寿命提高，这"一降一升"导致人口老龄化。老龄化意味着社会将承担更多的非生产性支出，会抑制社会生产性资本的积累速度和劳动生产率的提高，从而减弱工业化、农业现代化进程中资本的推动力量，增加城镇化的负担。从人口素质来看，劳动力素质的高低与劳动力转移的速度与效果应当是正向相关的，人口素质越高就越容易掌握现代农业生产技术，激励更多劳动力从农业劳动中解放出来，同时，素质越高就越容易在城镇找到非农工作岗位，拥有更多的向城镇转移的机会，向城镇转移的能力越强。

（三）人口就业结构与"三化"协调发展的互动关系

随着农业生产率的提高，农业发展需要的劳动力会大幅度下降，大量劳动力就会无事可干，剩余人员就需要向其他产业尤其是向城镇的工业部门转移。同时，经济的发展与人均国民收入的提高带来产业结构的高度化并促进劳动力就业结构的非农化，而劳动力就业结构的非农化又将引起并推动劳动力向非农产业密集的城镇转移。这种人口区域分布的城镇化反过来能够加速产业结构升级和就业结构调整，从而提升工业化水平和质量。另外，如果人口就业结构不能随着产业结构的变动而变动，那么人口的城乡分布就会陷入失衡状态，农村居民占比过高还会导致居民消费需求增长缓慢，引起社会有效需求不足，进而导致第二、三产业发展受到限制，产业结构就不能有效实现转型升级。

（四）人口流动与"三化"协调发展的互动关系

人口的流动主要考虑两个维度：一是人口在城乡之间的流动；二是人口在不同行政区域之间的流动。一方面，人口城乡结构本身是衡量城镇化水平最重要的指标，人口城乡结构的变动是城镇化进程最重要的方面，与城镇化关系具有一致性。另一方面，在工业化初期，农村和农业是工业资本和商业资本的最初来源，农业剩余会以各种渠道流向其他产业，推动其他产业发展，但随着工业化进程的深入，区域经济将进行工业反哺农业的阶段，农村和农业对工业化的支持就主要取决于农村人口的消费需求。改革开放以来，"民工潮"推动的城镇化进程，对工业化起到了重要的推动作用，也形成了东中西部地区工业化、城镇化水平的巨大差异。

二、河南省人口发展的现状、特征与问题分析

（一）人口自然增长率持续放缓，但人口规模较大的压力仍将存在

中华人民共和国成立以来，河南省人口发展经历了从无计划增长到有计划增长的过程，人口控制取得了巨大成就。尤其是 20 世纪 80 年代以来，人口高速增长的势头得到控制，人们的生育观念发生了很大转变，人口自然增长率逐年降

低，随后持续保持降低趋势，2019 年人口自然增长率为 4.18‰。然而，从人口规模来看，河南省的总人口在 2010 年突破 1 亿后，人口基数持续保持居高不下；根据第七次全国人口普查数据，河南省总人口数量为 9403.0 万，位居全国第三，仅次于广东和山东。人口规模巨大对人口发展尤其是对人口结构优化、人口质量提升带来了较大的挑战。

（二）人口老龄化趋势越发明显，但人口素质的整体水平持续提升

20 世纪 70 年代以来，随着我国计划生育政策的贯彻落实，河南省少儿比重不断下降，与之相对应的是人口老龄化持续加剧。根据第七次全国人口普查结果，河南省 65 岁及以上人口达到了 1340 万，占总人口的比重达到 13.5%，分别比 2012 年多了 510 万人、上升了 4.7 个百分点。与此同时，河南人口的整体素质水平持续提升。根据第七次人口普查结果，河南省 15 岁及以上人口的平均受教育年限从 2010 年的 8.95 年上升到 9.79 年，文盲率从 2010 年的 4.25% 下降到 2.24%，每 10 万人中拥有大学文化程度的人口从 2010 年的 0.64 万人上升到 1.17 万。尽管如此，拥有大学文化程度的人口占比仅为 11.7%，低于全国平均水平 15.4%，更低于北京、天津、上海、江苏等省（市），高学历人才比重仍然偏低。[1]

（三）非农就业人员比重持续上升，但人口就业结构构成仍不合理

改革开放以来，随着工业化和城镇化的推进，河南在城镇就业的人口占比持续上升，从 1978 年的 15.1% 上升到 2019 年的 32.7%，上升了 1 倍多。从三次产业从业人员来看，河南省第一产业从业人员占比持续下降，从 1978 年的 80.6% 下降到 2008 年的 48.8% 再到 2019 年的 34.7%，而第二、三产业从业人员的比重持续上升，到 2019 年已经达到了 65.3%。[2] 从工业化和城镇化的发展趋势来看，城镇就业人口将超过农村就业人口，而且在非农产业中第二产业的"机器替代人"趋势将明显快于第三产业，第三产业作为吸纳农业转移人口的重要领域比重应持续上升。然而，目前从河南非农就业人口来看，农村从业人员占比仍明显高

---

[1]　资料来源：《第七次全国人口普查公报》，2013~2020 年《河南统计年鉴》。
[2]　资料来源：《河南统计年鉴（2020）》。

于城镇就业人员占比，且第三产业从业人员占比与第二产业从业人员占比差别不大，这给未来城镇化和工业化带来了较大的挑战。

三、河南省推进人口发展体制机制创新的重点方向

（一）持续深化户籍制度改革

在我国，长期存在的城乡二元户籍制度及附着在上面的各种权益，给劳动力的转移带来了巨大障碍。因此，未来一段时间仍要持续深化户籍制度改革。一要以农村学生升学和参军进入城镇的人口、在城镇就业居住5年以上和举家迁徙的农业转移人口以及新生代农民工为重点，促进有能力在城镇稳定就业和生活的农业转移人口举家进城落户。二要以具有合法稳定就业和合法稳定住所（含租赁）、参加城镇社会保险年限、连续居住年限等为主要依据，全面放宽郑州、洛阳等城市中心城区落户条件，区分城市的主城区、郊区、新区等区域，分类制定落户政策。三要健全以居住证为载体、与居住年限等条件相挂钩的基本公共服务提供机制，鼓励地方政府提供更多基本公共服务和办事便利，提高居住证持有人城镇义务教育、住房保障等服务的实际享有水平。四要探索推行以经常居住地登记户口制度，支持郑州都市圈、洛阳都市圈户口通迁、居住证互认，有序引导人口落户。

（二）健全农业转移人口市民化机制

完善财政转移支付与农业转移人口市民化挂钩相关政策，提高均衡性转移支付分配中常住人口折算比例，推动市民化奖励资金分配主要依据跨行政区域落户人口数量确定。在保障农业转移人口市民化的用地指标方面，应进一步调整城镇建设用地年度指标分配依据，建立吸纳农业转移人口落户数量和提供保障性住房规模挂钩机制，加大对吸纳落户和提供保障性住房较多城市的基础设施投资补助、建设用地支持力度。另外，还应依法保障进城落户农民农村土地承包权、宅基地使用权、集体收益分配权，建立农村产权流转市场体系，健全农户"三权"市场化退出机制和配套政策，探索根据人口流动实际，调整人口流入流出地区教师、医生等编制定额，解决农业转移人口市民化的农民权益保障和城镇公共服务

短缺的问题。

（三）创新劳动技能人才培养与引进机制

农业人口的就业技能既关系到农业现代化水平的提升，又关系到农村剩余劳动力能否在进城过程中找到赖以生存的就业岗位，还关系到在产业转型升级过程中能否找到匹配的产业工人。因此，应建立健全劳动技能人才培养与引进机制，首先，应持续向农村投入更多的教育资源，加大对实施"阳光工程""雨露计划"的投入，大力开展多类型、多层次的技能培训，提高农村劳动者的知识水平与实践能力，实行农村免费职业教育，加大农民工培训和转移力度，同时鼓励、支持回乡创业农民工平等参与国有（集体）企业改制改组和公用设施、基础设施、社会公益性项目建设等。其次，结合产业集聚区和现代农业发展，健全农民转移培训就业的长效机制，完善就业培训、就业服务体系，紧紧围绕产业转型升级需求，优化劳动技能人才培训课程，不断提高农民转移就业能力。最后，围绕河南省"十四五"发展战略目标，认真落实完善引进海内外高层次人才特殊优惠政策，加快实施"百千万人才工程"，为"三化"协调发展奠定人才基础。

（四）实施更加积极的就业创业政策

加强就业服务体系建设，建立健全统一开放、竞争有序的人力资源市场，完善覆盖城乡的公共就业服务体系，不断提高就业服务能力。一是积极争取国家资金支持，建立人力资源市场，搭建人力资源交流服务平台，建设若干个国家级创业培训服务示范基地和省级就业公共实训中心，加快人力资源市场和培训基地项目建设，培养一大批高素质产业工人。二是扩大就业专项资金用途，增加创业服务补贴、困难企业社会保险补贴以及在岗职工培训补贴，推行创业指导和"订单式""菜单式""单向式"培训方式，以便更好地促进全民创业，帮助困难企业走出困境，推动经济健康持续发展。三是鼓励郑州、洛阳、新乡等城市在城市新区和有条件的产业集聚区内建设一批海内外高层次人才创新创业基地（创业园），吸引海内外高层次人才到河南创新创业。四是放宽市场准入和投资领域，放宽工商登记条件，实行试营业制度，同时从拓宽融资渠道、整合创业孵化园区、完善服务体系等方面，破解资金、场地等瓶颈制约，营造支持创业的良好制度环境。

第二节　土地利用体制机制的改革创新

河南省是我国重要的粮食生产基地，但区域平均人口密度大，后备土地资源不足，农业持续开发带来的生态用地萎缩较为严重。进入工业化、城市化快速发展阶段，河南人地关系紧张的局面更加突出，耕地保护、土地生态环境、人地矛盾等面临更加严峻的经济社会形势。在以县城为重要载体的就近就地城镇化发展过程中，如何保障失地农户和转移到城镇的农户获得较稳定的收入来源和生活保障以及保障这些农民的土地权益，成为以新型城镇化引领"三化"协调发展过程中亟须解决的重要社会问题。

一、解决土地问题对于推动"三化"协调发展的重要意义

（一）解决粮食主产区的土地问题是"三化"协调发展的根本保障

河南省是我国农业生产特别是粮食生产的重要区域，土地利用程度较高，可以开发利用的后备土地资源是不足的，有些地方出现了农业用地对生态用地过度挤压，导致需要在用地上做出偿还"旧账"的安排。与此同时，随着城镇化和工业化进入快速发展阶段，有不少地方出现了土地过度开发的情形，导致生态保护用地明显不足。面对双重压力，尽管各地明显加大了土地整理、土地复垦的力度，但耕地被生态保护和城市建设占用而减少的趋势并没有得到有效遏制。在国家推行占补平衡措施的过程中，占优补差（即占用优质土地，补较差质量土地）始终是困扰国家政策的重要问题，而且导致整体土地质量和农业效益下降的风险加大。因此，只有解决好作为粮食主产区的土地尤其是耕地保护问题，才能从根本上推动"三化"协调发展。

（二）农民进城过程中的土地权益是"三化"协调发展的关键因素

农村劳动力和农业人口向非农产业和城市转移的过程，也是家庭资产结构重构的过程。在传统的农业社会，耕地、宅基地是家庭的基本资产，特别是耕地，它是保障家庭收入来源的基本生产资料。在农村劳动力和农业人口的转移过程中，家庭经济收入来源将发生重大变化，家庭资产将以住房为主，并且依赖于劳动力素质和技能的提高来保障家庭生活质量的稳步提高。在现行土地管理制度下，作为进城农民重要权益的土地承包权，与农业现代化对土地适度集中经营的要求存在一定的矛盾。随着农业劳动力和农村人口的转移，如何既能够保障耕地土地不撂荒并稳定农业发展，又能够保障进城农民宅基地和住房处置的资产权益，降低进城农民的资产结构转换成本，让农民充分享受土地经济权益，是推动"三化"协调发展过程中必须解决好的重要问题。

（三）推动实现土地节约集约利用是"三化"协调发展的重要举措

一些西方国家工业化和城市化发展的进程表明，土地问题的产生，与国家的社会经济制度、资源禀赋和国际关系密不可分，同时也对一个国家工业化和城市化发展模式产生重要影响。对美国、德国、日本和巴西的实证研究表明，对于土地问题的解决，需要围绕土地问题进行一系列的社会和经济制度改革与建设，从而使土地制度的发展与工业化和城市化发展的要求相适应，进而实现对工业化与城市化发展的推动，否则，将会对工业化和城市化的发展形成制约，进而影响工业化和城市化进程。推动土地节约集约利用，提高土地利用效率，将有利于推动工业化、城镇化和农业现代化朝着健康可持续的路径和模式走下去，实现协调发展。

二、河南省土地利用的现状、特征与问题分析

（一）耕地保护与城市发展矛盾依旧，城乡用地结构有待优化

城市化和工业化发展要实现集聚效应，首先就需要实现城乡建设用地在空间上形成相对集中、合理有序的布局，城镇化的加速推进使城镇建设用地的需求也

迅速增加。然而，在实施最严格的耕地保护措施的土地利用制度下，耕地特别是基本农田转变为建设用地受到了严格限制。近年来，河南省的耕地尽管守住了耕地保护红线，但耕地减少数量超过通过土地复垦增加的数量，耕地总体面积减少，而且从耕地减少去向来看，超过 80% 减少的耕地都被建设占用①。尽管如此，仍有部分地方特别是大城市面临用地指标不足、项目落地难的问题，一些能够支撑地方财力和经济社会发展的项目难以落地发展，城乡用地结构性矛盾有待进一步缓解。

（二）土地利用方式仍然较为粗放，效率和效益有待提升

在传统的工业化和城市化发展过程中，由于产业发展和城乡建设用地资源整合存在不足，土地利用方式粗放问题凸显，利用效率偏低。从农业用地利用效率来看，河南省作为粮食主产区，农业生产主要以附加值较低的粮食作物为主，由于农村年轻劳动力外出务工现象普遍，留守劳动力土地经营能力相对较差，开展提高农业生产效率和种植高附加值农业经营的能力不足，加之仍有一些地方农田水利等农业基础设施上投入严重不足，在一些农村地区，农作物复种指数下降明显，土地抛荒现象也时有发生，制约了耕地利用效率和产值的提升。从建设用地利用效率来看，单位面积建设用地的第二、三产业增加值相对偏低，而且农村居民点占城乡建设用地比例较高。随着劳动力和人口转移的快速发展，"空心村"现象也较为普遍，有些地方仍热衷于搞一些超越发展阶段的形象工程，一些地方仍然存在较严重的"广场热""园区热""新区热"等现象，导致城镇化、工业化建设用地相对供给不足。

（三）部分地区土地质量有所下降，生态环境保护有待加强

首先，土地质量下降表现在工业化导致的土壤污染问题上。一些地区特别是近年来经济和人口发展较快、城市基础设施建设积累不足的城镇，由于工业项目和人口过快增长，相应的环保基础设施建设速度较慢，生产和生活垃圾处理能力不足，再加上在环境保护的认识上存在问题，以及环境污染物排放行政监督机制不健全，导致部分固体废弃物和废水向周边环境直接排放，对工业园区、城镇周

---

① 资料来源：2013~2019 年《河南省自然资源公报》。

边和河流沿岸的土壤造成严重污染。其次，由于利益机制不顺利，农业经营的比较效益较低，年轻劳动力群体更加倾向于向非农产业转移，对农业生产的人力资本、科技支撑和资金投入等要素有限，农业生产的粗放型经营表现明显，农业生产更多依靠增加灌溉、化肥和农药来保证增加产量，最终形成了局部地区的土壤污染和肥力下降等问题。最后，为了尽可能地增加耕地数量和农业产量，再加上对一些生态脆弱地区和重点生态功能区不适宜或者过度的农业和建设开发，造成了水土流失加剧、土地沙化和盐碱化等问题。

（四）土地权益分置实质性进展不明显，农民土地收益保障有待强化

随着我国城镇化的加快推进以及基本农田的基本划定，农村宅基地的潜在价值不断提高，预期收益呈攀升趋势，而目前尽管农村宅基地的确权工作取得了显著效果，但宅基地不具备进入市场的条件，使得当下宅基地的市场价值大打折扣，所以农村居民根本不愿转让宅基地进城。与此同时，通过城乡挂钩由农村转移到城镇的建设用地或者由农用地转为城镇建设用地的出让收益，农村集体和农民的分配比例长期以来严重偏低。未来随着统一城乡建设用地市场改革的推进，势必将大幅度提高农村集体和农民的分配比例，其预期收益将是可观的。当然，随着农业地位的提升，农业产业结构的优化，生产经营规模的扩大，农业的收益也不断攀升，农民越来越不愿意放弃土地的经营权。种种原因使农民虽不愿意放弃现有的土地权益，但又享受不到合法的应有的土地收益。

三、河南省推进土地利用体制机制创新的主要任务

（一）持续推进农村土地产权制度改革

产权清晰是农村土地产权能够进入土地交易市场的先决条件。因此，当务之急要持续推进农村产权制度改革，确保如期完成土地承包权、宅基地使用权等确权登记颁证，推进农村集体资产确权到户和股份合作制改革，确保农民土地权益明确到户。在此基础上，进一步完善农户对"三权"的自愿有偿退出机制，探索建立离农人口土地承包经营权及宅基地的退出机制和补偿机制，支持和引导进

城落户农民依法自愿有偿转让上述权益，确保不得强行要求进城落户农民转让其在农村的土地承包权、宅基地使用权、集体收益分配权，或将其作为进城落户条件，有效保障农民进城前后仍然享有原本的土地权益。

（二）创新农村土地产权流转制度

在城镇化过程中，农民面临着进城后与原有土地的关系怎样处理、农地的使用权能否转让、原有宅基地是否还耕等问题，这些是影响农民进城安居乐业的重要因素，同时也要求更加明确农村土地产权的权属和相对的流动性。因此，必须加快推动农村土地流转制度改革创新。在稳定农村基本经营制度的基础上，采取转包、出租、互换、转让或者法律允许的其他方式流转土地承包经营权，推进土地适度规模经营，促进农业生产要素集中集聚，提高农业规模化、集约化水平。在此基础上，加快赋予农民土地使用权的物权性质，实施以农村集体土地产权制度、征地制度和农村宅基地有偿退出制度为主要内容的农村土地管理制度，进而开展以完善土地招拍挂出让制度、探索建立农村土地交易制度、统一城乡土地要素市场等为主要内容的土地有偿使用制度改革，有力保障城镇化进程中农民的土地权益。

（三）完善城乡建设用地增减挂钩机制

按照以人定地、人地和谐的原则，在国家确定的用地总规模和年度计划指标的前提下，下放城市建设用地审批权限，充分考虑人口总规模和城镇化人口转移规模、耕地保护面积和基本农田面积、工业化所处阶段和固定资产投资规模、规划建设用地总规模等因素，较大幅度增加河南城乡建设用地增减挂钩指标，加快形成城乡统一的土地市场。建立健全城镇低效用地再开发激励约束机制，实施城镇建设用地增加规模与吸纳农业转移人口落户数量挂钩政策，完善年度土地利用计划指标分配机制，保障农业转移人口在城镇落户的合理用地需求。在此基础上，应进一步完善土地利用动态平衡、调整补偿和增减核查机制，探索将村庄整治出的土地在确保耕地和基本农田数量不减少的情况下，纳入城乡建设用地增减挂钩范围，同时积极争取国家支持，力争在全省范围内建立健全跨区域调剂制度，提高土地资源配置效率，缓解耕地占补平衡压力。

（四）完善集约节约用地制度

河南省在经济发展中存在一定的土地资源紧张与浪费共存现象，如何通过制度创新推进存量土地优化配置，是土地制度创新的重点。因此，一方面，应完善农村土地综合整治制度，加快编制实施农村土地整治和复垦规划，统筹安排农用地整治、农村建设用地整治和新型农村社区建设、城镇化发展、产业集聚区建设用地，规范推进村庄整治和城乡建设用地增减挂钩。另一方面，应加强土地供应政策调控，加快完善节约集约用地制度，加大闲置建设用地清理处置力度，优先保障多层次标准厂房建设用地，同时建立节约集约用地指标评估体系和各类建设用地标准体系，健全节约集约用地考核评价与激励约束机制，推进存量建设用地挖潜和集约利用，有效提高土地利用效率。

（五）强化规划的管控作用

按照"城镇发展，规划先行"的原则，正确处理土地利用总体规划、城市规划和新农村建设三者之间的关系，合理开发和利用土地，确保耕地红线不被突破。城镇建设要把保护耕地作为重点，突出规划的先行、引领和调控作用，科学把握城镇建设与产业集聚，耕地保护、村庄分布、生态环境等和谐发展关系，严防城镇化演变成"摊大饼"。建立土地占补平衡问责制，强化各级政府和土地管理部门对土地占补平衡的监督检查，实现城镇化进程中的土地占补动态平衡。

第三节　资金保障体制机制的改革创新

资金是区域经济社会发展的血液，是经济增长的发动机。河南省是全国推进新型工业化、城镇化和农业现代化的重点区域，新型城镇化引领"三化"协调发展的推进，是一项涉及面广、周期性长、资金需求大的复杂系统工程，解决好"钱从哪里来"的问题是推进三化协调发展的关键环节。近年来，河南省在以新型城镇化引领"三化"协调发展过程中，开展了中原城市群、郑州都市圈、洛阳都市圈、百城建设提质工程等独具特色的尝试和探索，通过坚持多措并举，搭建融资平台，拓宽融资渠道，加强项目谋划，逐步构建起政府与市场责任共担、利益共享的投融资机制，但同时河南仍面临一系列资金方面的问题和挑战，需要进一步推动体制机制创新，不断提升资金保障水平。

一、河南省新型城镇化建设的投融资概况

（一）政府部门持续优化投融资载体平台

为确保资金投入，各级政府开阔思路，探索推动省、市、县三级融资平台、基金平台嫁接，通过省、市两级平台对县级平台增信、"统筹统还"等方式，有效提升县级投融资平台的融资能力。例如，邮储银行河南省分行、河南省豫资城乡投资发展有限公司与兰考县政府签订合作协议，开展兰考县投融资企业 PPP 股权合作，为老城区改造提供充足资金保障。目前这一做法已经扩展到很多市、县、区。一些市、县积极创新，利用政策性资金、企业债、公司债、金融租赁、新型城镇化基金等融资渠道和工具，提高资金配给总量和效率，有效地保障了城镇化建设的资金需求，积累了较丰富的实践经验。另外，河南省已连续举办了多次百城建设提质工程投融资洽谈会，成为城建项目与社会资本对接的有效平台，项目吸引了不少企业巨头甚至是世界 500 强企业的参与。

（二）金融机构不断提高金融服务水平

为解决城镇化的资金难题，国家开发银行、中国农业开发银行等多家金融机构准确把握国家金融政策，深化银政企合作，设置了专门的金融产品，开辟了专属绿色通道，不少银行进行了有力探索。例如：国家开发银行河南省分行及中国农业开发银行河南省分行同河南省住房和城乡建设厅建立了互联互通机制、出台了多项支持政策；中国银行河南省分行、中国工商银行河南省分行以及中国农业银行河南省分行在地方投入专项贷款；中信银行、中原银行在部分地区成立了城镇化建设专用基金；等等。金融机构还加强与中原豫资投资控股集团、河南省投资集团、河南省水利投资集团、河南省交通投资集团等投融资平台的联动协作，同时主动为市县量身定做综合金融解决方案，做好融资模式设计、流程督导和沟通协调，有效缓解了城镇化建设工程的资金困难。

(三) 社会资本踊跃参与项目建设

在城镇化建设过程中特别是启动百城建设提质工程以来，包含中央企业、省属企业、民营企业、平台公司等在内的超过 200 家的社会资本方被吸引到建设项目运营中来，通过将基础设施、生态建设、土地开发、旧城改造、公共服务、社会事业等各类工程纳入项目库，不同类型的项目采取不同的运营模式，探索以"咨询"牵头的"咨、投、建、管、运"一体化建设模式，提高资金规模和使用效率，并采取经营性与非经营性项目打捆来配置收益，实现项目社会效益和经济效益的平衡。例如，武陟、长葛、新郑等一些紧邻郑州的县（市、区）引入了华夏幸福等运营商开展新城建设，秉承"产城融合"的理念，从产业优化、城市功能提升及城乡融合等方面入手，共同规划建设管理运营城市，在解决资金困难的同时推动"三化"协调发展。

二、河南省新型城镇化引领"三化"协调发展面临的资金保障难点

(一) 供需匹配问题

从供给来看，当前城镇化建设的资金主要由五个方面组成：一是以当地政府的财政拨款和上级财政补助为主的财政资金；二是由省级政府代理市县发行地方政府债券、发行专项债券（如土地储备专项债券、棚户区改造专项债券等）以及县级政府投资公司发行企业债券等方式的直接融资；三是省级新型城镇化发展基金、人保河南城市发展基金等形式的发展基金；四是从国家开发银行、农业发展银行等政策性银行获取政策性贷款；五是以 PPP 为主要模式的社会资本。从需求来看，如果按照每转移一名农业人口需要 10 万~15 万元的综合投资来测算，河南省要解决农业转移人口市民化问题，每年需要的投资高达 2000 亿元以上。这种需求需要巨大的资金支持，如果仅靠地方财政显然是"杯水车薪"，因此多种渠道的资金来源成为必然选择。然而，种种制约因素导致河南城镇化建设工程的融资供求不平衡。

（二）融资平台问题

近年来，河南省的投融资平台发展很快，对于解决城镇化建设资金问题发挥了一定作用，但是整体资产规模偏小，信用评级低，优质资源少，而且基于对城市基础设施公共产品属性的认识，仍有一些市（县）没有建立起适应市场经济发展要求的城市基础设施投融资体制，以广泛吸引社会资金、民间资本的进入，还没有完全实现市场化运作，管理水平滞后，很难获得金融机构的青睐，导致不少市（县）存在融资难、融资贵的问题。另外，在国家进一步规范金融市场，严控政府举债以预防系统性金融风险的大环境下，有些市（县）把政府融资平台当作财政投资平台，缺少成本控制，盲目扩大投资，超过承受能力，容易加大政府债务风险；还有一些市县的 PPP 项目运作不规范，甚至有个别市县政府炒概念、巧包装，借用 PPP 项目名义变相融资，这也会加大地方政府的隐性债务风险。

（三）成本收益问题

在现有的建设项目中，安居工程、污水处理、供暖、供电、医疗、体育设施、高速公路等具备盈利性质的项目，后期可以通过收费来获得收益，对社会资本的吸引力较大；而城市公园、道路桥梁、生态环境治理等项目，后期不能通过收费来获取收益，在投资回报预期不明确的情况下，对社会资本的吸引力不足。尽管可以通过捆绑运营的方式打包项目，但由于捆绑项目存在合法合理性问题，导致一些项目落地困难。另外，近年来政策性银行由于缺乏稳定低息的资金来源，且贷款资金死滞沉淀过多，逾期贷款比例过高，导致政策性贷款申请条件日趋严格。

（四）体制机制问题

2017 年，财政部印发了《关于进一步规范政府举债融资行为的通知》和《关于坚决制止地方以政府购买服务的名义违法违规融资的通知》，对地方政府融资行为进行了进一步规范。同时，按照当前的国家政策，一个 PPP 项目从孕育到落地实施需要经历多个环节和步骤，手续烦琐、建设周期较长，而由政绩驱使，很多地方的城镇化建设工程要求在中短期内出现成效，这两者之间的矛盾较突出。另外，如果在供水、供电、供热等建设项目中注入企业股权，虽然有利于剥离纯公益性资产实现市场化运营，但如果操作不规范容易导致国有资产流失。

三、河南省推进资金保障体制机制创新的建议

（一）加快地方融资平台市场化转型

坚持政府引导、社会参与，积极探索"资源资产化、资产资本化、资本债券化、债券市场化"等市场化办法，建立健全政府与市场分工合理的投融资机制，推动各级投融资平台公司以有效资产、有价证券等对金融机构进行抵押担保，探索将收储整理的土地由资源转化为资产、资本，全面提升投融资平台公司的市场化水平。按照经营性、准经营性、非经营性标准对建设项目进行分类，明确还款和收益来源，有效吸引社会资本参与市政基础设施和公共服务设施投资、建设、运营和管理。同时，按照"同类、区域、流域"聚合和"以盈补亏、以商补公、以丰补歉"资源配置原则，策划满足社会资本和金融资金收益要求的项目。

（二）完善县级城市投融资体制机制

国土面积占全省90%、人口约占全省80%的中小城镇在河南省新型城镇化过程中发挥着主力军的作用，城镇化建设资金的难题也主要集中在县一级。因此，应借助已有的省级新型城镇化发展基金、人保河南城市发展基金、邮银豫资"一带一路"发展基金和PPP开发性基金等基金的撬动作用，加快推动县级政府与金融机构、社会资本和省级城镇化基金共同设立子基金和PPP投融资企业，提升县级城市的投融资能力和规模。同时，坚持公司融资与项目融资相结合，更多地运用项目融资，通过项目融资来引进资金、先进理念和管理运营模式。探索在合理合法的原则上将项目打捆，将土地开发与公共设施项目建设有机结合，建立县级建设用地价值发现和增值链培育机制，实现以土地带项目。另外，推动省级政府加快完善新型城镇化转移支付分配、财力性转移支付分配、相关专项转移支持分配、新增政府债券资金分配等措施，进一步加大对县级城市的倾斜支持力度，增强财政投入的针对性、引导性和实效性。

（三）构建"融资—投入—收益"良性循环机制

坚持直接融资与间接融资相结合，鼓励金融机构深入了解市（县）发展的资金需求，积极开发适应和满足城镇化建设要求的金融产品，同时扩大信贷规模、优化信贷结构、加快信贷投放，做好对项目建设的资金支持。支持有条件的市（县）政府发行市政债券和城投债券，积极探索和推行资产证券化，鼓励城镇化龙头企业通过上市、资产证券化等方式直接融资。加快构建融通开发性金融、政策性金融和商业银行中长期贷款的体制机制，争取更多专项建设基金、棚改资金、水利建设贷款等政策性资金用于城镇化建设。同时，配套做好项目建设融资偿还、回报的制度设计工作，逐步形成"融资—投入—收益—再融资—再投入—再收益"的良性循环。

（四）加强金融风险的防范与管控

根据本地基础和发展潜力，根据城市发展规划来科学确定项目及投资规模，合理确定融资方案，控制区域风险和项目自身风险。健全完善政府债务预算管理、规模控制、举借审批、统计管理等制度，明确融资规模上限，加强对市县政府债务风险的监督，建立债务风险预警与应急处置机制和政府债务的风险偿债基金，严防隐性债务风险。加快社会信用体系建设，维护正常的市场经济秩序和金融秩序，打造良好的社会信用环境和金融生态环境。

第四节　公共服务体制机制的改革创新

相对于农村而言，城镇信息发达、就业机会多、收入普遍较高，再加上便利的交通、方便的购物环境、优越的医疗卫生和教育条件、完善的社会保障政策，对农业人口形成了巨大的吸引力。然而，从城镇化的拉力来看，工业和服务业作为城镇化的拉力，拉动农业人口进城务工提高了常住人口城镇化水平，但却难以使更多的农业人口转移。一个重要的原因是农民进城成为市民得到的收益在一定程度上要低于付出的成本。突出表现为，现阶段城市还不能充分满足农业转移人口的公共服务需要。以新型城镇化引领"三化"协调发展，就需要通过科学合理的系统规划，统筹大中小城市和小城镇的公共服务供给，形成公共服务供给促进城镇化发展的新动力，重构促进城镇化发展的拉力机制，并以此为新时期城镇化的健康可持续发展提供强有力的支撑。

一、公共服务体系对"三化"协调发展的重要意义

（一）公共服务体系是"三化"协调发展的重要支撑

公共服务体系实现"三化"协调发展的一个必要条件就是要使广大人民群众无论是在城市还是在农村，无论是从事哪个产业，其基本的生存、生产、生活、发展与娱乐等需求能够得到充分满足，在这个基础上才能够构建起"人尽其才、地尽其利、物尽其用"的理想的社会发展平台。公共服务体系是公共资源配置的基本途径，是弥补市场机制在公共资源配置方面失灵的重要手段，涉及城乡基础设施建设、科技服务、政策性信贷、教育、医疗、社会保障以及环境保护等方面，与广大人民群众的生产、生活息息相关，成为经济社会发展重要的支撑机制，是支撑河南省实现"三化"协调发展的基础性条件。

（二）公共服务体系是"三化"协调发展的重要举措

"三化"协调发展的实质是实现资源和要素在城乡之间的空间范围内，在农业、工业以及服务业等产业之间实现最优配置，以使经济社会发展的各个方面得以相互协调、相互促进。"三化"协调涉及农村、城镇以及各个产业的多个系统，统一、开放的公共服务体系是这些系统之间联系的桥梁与纽带，布局合理、体系健全、功能完善的公共服务体系可以大大降低资源与要素在不同系统之间流通与组合的交易成本，推动"三化"协调发展的步伐。公共服务体系延伸的范围，就是资源和要素能够达到优化配置的范围，由于公共服务体系具有再分配功能，在某些领域，公共服务体系已经成为经济社会发展的重要动力。

（三）公共服务体系是"三化"协调发展的重要保障

公共服务体系主要利用公共资源，向社会全体成员提供具有公共品性质的产

品与服务,是熨平社会成员之间收入差距的重要工具,是促进社会和谐发展的重要平衡机制。尤其是基本公共服务体系以无差别、均等化为目标,是社会各个阶层、各个行业、各个区域人民群众基本生存权、发展权的重要保障。河南省以新型城镇化引领"三化"协调发展必须着力克服传统城乡二元化的公共服务体制,充分保障农民的各种权利,照顾城乡弱势群体的基本利益,建立和完善城乡统一、惠及全民的公共服务体系是实现"三化"协调发展的重要保障。

二、河南省公共服务供给的现状与问题分析

(一)公共服务供给总量不足

随着城镇化、工业化的加速推进以及人口结构的显著变化,无论是进城农民还是农村留守农民,对医疗、教育、养老等公共服务的需求正在与日俱增,需求的种类也在加速多样化,需求标准和层次也越来越高。相对于需求的变化,当前,河南省用于科教文卫以及公共服务基础设施建设等方面的支出占比尽管连年增加,但相比发达省(市)而言整体上仍然偏低,公共服务资源的供给总量还存在不足。以医疗卫生资源为例,2019年,河南省的医疗卫生机构数和卫生人员数分别为70734个、887780人,分别居全国第四位和第三位,但是,河南每千人卫生技术人员数、每千人执业(助理)医师数分别为6.8人、2.6人,分别居全国第24位和18位,与山东、湖南、湖北等中部省份相比存在明显差距。① 另外,进城农民首先要解决居住问题,但是目前还没有有效的机制将进城农民统一纳入城市住房保障体系,进城尤其是进入大城市后住房成本较高是阻碍农业转移人口市民化的重要原因之一。

(二)公共服务供给分布不均

从城乡来看,农村的公共服务供给仍然明显低于城镇公共服务供给。比如,2019年,河南省城乡每千人卫生技术人员数比、每千人执业(助理)医师数比

---

① 资料来源:《中国卫生健康统计年鉴2020》。

分别为 3. 18、2. 81，城市医疗卫生资源明显高于农村。① 从城镇体系来看，经济条件较好的大城市人满为患，政府即便使出浑身解数，不断扩大对教育、医疗、体育、社保的投资，也不能从根本上解决需要问题，相对于不断爆棚的农业转移人口，教育资源短缺导致"大额班"矛盾不断加剧，医疗资源不足问题比较突出，社会保障资金不足无法做到均等化全覆盖。与之相对应的是，仍有不少中小城市和小城镇不仅再就业能力不足，城市建设水平相对偏低，而且由于财政困难难以提供基本的公共服务，教育医疗社会保障等公共服务不仅数量不足，而且质量也不高。大城市与小城市之间、城乡之间的公共服务尤其是医疗服务依然存在一定差距，驱使居民在享受公共服务时产生向优质公共服务资源地区集中的"用脚投票"行为，从而加剧优质公共服务资源供需不平衡和区域公共服务资源的差距，弱化了公共服务供给制度的公平性和福利性。

（三）社会保险制度深层次问题依然存在

社会保险制度是社会保障体系的核心组成部分，也是公共服务体系的重要组成部分。尽管当前已经实现了城乡居民社会保险的统一，但社会保险制度背后深层次不公平依然没有得到有效解决。从区域来看，不同区域之间的经济社会发展水平差距导致各地区社会保险基金的筹措政策、缴费标准、补贴标准都不相同，经济发展水平越高的地方人口集聚能力更强，居民参保意愿、社保待遇、社会保险规模相应更具优势。从主体来看，"自愿缴费、缴多少补多少"模式下的居民社会保险制度其参保缴费标准、补贴标准以及享受到的待遇水平都不如职工社会保险制度，而且农村居民的参保缴费标准、补贴标准以及享受到的待遇水平也远低于城镇居民。从转移机制来看，近年来河南外出农民工占总人口比重都在 10% 以上，而现行社保接续制度下户籍地与就业地、流出地与流入地等不同区域之间的社会保险经办服务缺乏统一标准和流程，使得以农民工为主的流动人口能否可持续参保以及便捷快速地享受参保待遇都带来较多的不确定性，针对非正规就业人员缴纳社保的碎片化现象导致参保人员在职业身份发生转换时很难实现其社会保险灵活高效的转移接续。

---

① 根据《中国卫生健康统计年鉴 2020》数据计算得出。

三、河南省推进公共服务体制机制创新的努力方向

(一) 持续完善教育现代化供给体系

科学规划布局城乡基础教育资源，推进城镇基础教育资源供给与常住人口相匹配，缩小城乡、区域、校际差距。推进义务教育优质均衡和城乡一体化发展，确保进城落户农民子女受教育与城镇居民同城同待遇。加大教育经费投入、落实教育经费逐年增长、改革完善教育费附加等经费使用管理制度。完善义务教育控辍保学体系，加强农村中小学标准化建设，加快城镇学校扩容增位，加强乡村小规模学校和农村寄宿制学校建设，开展"强校+弱校"交流合作，促进优质教育资源共享。以保障进城农民就业创业为重点，完善农民职业教育体制机制，深化职普融通、产教融合、校企合作，构建现代职业教育和培训体系。落实和扩大学校办学自主权，完善学校内部治理结构，完善教师培养培训体系和待遇保障机制，加大教职工编制统筹配置和跨区域调整力度，推行县域内教师医生交流轮岗模式及义务教育学校教师"县管校聘"，推动优质教师资源实现共享。

(二) 加快优化医疗养老服务供给体系

加快基层卫生机构尤其是乡镇卫生院、村卫生室的基础设施提档升级，完善城乡、上下级医院之间高层次医疗技术人员的交流互动机制，构建网络化服务运行机制和平台，完善覆盖城乡、功能完善的疾病防控和医疗救治体系，推动"医联体""医共体"建设，提升基层医疗服务人员的服务能力和水平。深化养老服务供给侧改革，积极开发老年人力资源，改善老年人资产结构，不断夯实全社会养老财富储备，同时落实国家支持养老服务产业发展的优惠政策，提高公办养老机构尤其是农村养老机构服务质量和水平，发展健康养老、智慧养老、旅居养老等高品质、复合型养老服务，开发适老生活用品市场和老年功能产品市场，多元化、宽领域扩大养老产品和服务供给。

(三) 进一步完善社会保障体制机制

一是完善社会保险待遇确定和调整机制。突出政府责任，以保障养老金的绝

对购买力为重点，综合考虑社会经济发展、居民人均可支配收入、财政财力状况、物价变动情况等因素完善差异化补贴政策，探索居民社会保险尤其是养老保险制度的指数化改革，建立对城乡老年居民特别是农村老人及 65 岁以上的养老金倾斜机制。二是完善社会保险基金的平稳增长机制。坚持精算平衡，健全社会保险责任共担机制和筹资机制，探索社会保险制度的结构性改革，完善社会保险基金预算和决算制度；鼓励城乡居民参与补充医疗保险、商业健康保险、商业养老保险，探索个人税收递延型养老保险、工伤保险与商业保险合作等新模式，建立健全养老保险"三支柱"制度，形成多元化基金收支结构。三是完善社会保险统筹衔接机制。从资金筹集、基金管理、待遇发放、经办服务等环节入手，进一步优化顶层设计，按照"分级管理、责任分担、统筹调剂、预算考核"的总体思路，加快推动社会保险制度实现省级乃至全国层面统筹，优化社会保险基金调剂机制和转移接续机制，增强基金的抗风险能力。四是构建统一的社会保险综合服务平台。以全国统一的政务服务平台建设为突破口，加快整合城乡社会保险经办机构和人员等方面资源，借助信息化手段推动实现数据整合和信息共享，完善社会保险公共服务平台，探索以社会保障卡为载体建立居民服务"一卡通"，深化社会保障领域的"放管服"改革，制定规范统一的社会保险经办业务流程和标准，健全社会保险服务事中事后监管体系。

（四）健全进城落户农民住房保障体系

坚持"房子是用来住的，不是用来炒的"的定位，加快建立多主体供给、多渠道保障、租购并举的住房制度，多途径解决困难群众和新市民、青年人住房问题。全面贯彻房地产市场长效机制，坚持因城施策、一城一策，夯实城市政府主体责任，建立住房和土地联动机制，加强房地产金融调控，稳定地价、房价和预期。在此基础上，加快完善城镇住房保障体系，确保进城落户农民与当地城镇居民同等享有政府提供基本住房保障的权利。住房保障逐步实行实物保障与租赁补贴并举，通过市场提供房源、政府发放租赁补贴方式，支持符合条件的进城落户农民承租市场住房。推进扩大住房公积金缴存面，将农业转移人口纳入覆盖范围，鼓励个体工商户和自由职业者缴存。落实放宽住房公积金提取条件等政策，建立全国住房公积金转移接续平台，支持缴存人异地使用。

第十章 河南省新型城镇化引领"三化"协调发展的结合点

——促进三次产业互动发展

城乡关系是我国最基本的经济社会关系。在长期农业支持工业、农村支持城市的城市优先发展政策下，我国呈现典型的城乡二元分割特征。二元结构理论认为，发展中国家城乡二元结构形成的主要原因在于以传统生产方式为主的落后农业与以现代化生产方式为主的非农产业发展脱节和失衡。相对于传统城镇化而言，新型城镇化是与工业化、信息化、农业现代化同步推进的城镇化。其中，城镇化是载体和平台，承载工业化和信息化发展空间，带动农业现代化加快发展。由此不难看出，新型城镇化引领"三化"协调发展的结合点，恰恰在于促进三次产业互动发展，以此促进城镇发展与产业支撑、就业转移和人口集聚相统一，进而推动城乡要素平等交换、公共资源均衡配置，实现城乡融合发展。

第一节 三次产业互动发展的理论基础

一个国家或地区的劳动力、资金、各种自然资源与物质资料在国民经济各部门之间的配置是有限的，资源的稀缺性决定了配置上的相互制约，这种制约往往导致了农业、工业和服务业发展的结构性失衡。产业互动发展理论的提出，就是为了不断调整和优化产业结构，使其不断实现由低级向高级演进的高度化和资源要素横向配置的合理化。

一、三次产业互动发展的深刻内涵

产业互动是以市场为导向，政府、企业多方促进的一、二、三产业优势互补、协作配套、全面发展的产业发展格局。它的本质是各产业之间有较强的互补和谐关系和相互转换能力，其表现是构建产业支撑体系，优化区域资源配置和生产力布局，形成一、二、三产业互动的产业链条。良好的产业互动会让农业添动力、工业强实力、服务业增活力。

产业互动包含以下三个方面相互联系的内容：从静态方面来看，三次产业以及各产业内部的比例要相互协调。这种协调不仅要符合经济运行过程的内在要求，而且也要适应国民经济的发展需要，即使是相对静态的比例关系，也要反映动态过程的一般特点。从动态方面来看，各产业内部及三次产业之间增长与发展的速度要相互协调，即在产业联系的基础上，产业结构要反映部门之间投入产出关系的变动。从动态方面来看，各产业部门的联系、变动和流向要符合经济发展过程的一般规律。需要指出的是，近年来广受关注的产业融合也与产业互动密不可分，在某种程度上，产业融合、产业互动的一种特殊形式，是一、二、三产业打破各自边界，相互渗透、相互包含，最终融为一体，逐步形成新产业、新模式和新业态的动态发展过程。

从城乡地域空间的视角来看，三次产业互动其实是以第一产业为主体的乡村产业和以第二、三产业为主体的城市产业之间的互动。城乡产业互动是在合理构建和延伸城乡产业链的基础上，按照产业互动的要求，把城市产业与乡村产业作为一个相互依存、相互促进的统一体，充分发挥各自优势，合理配置资源，实现城乡产业互动形成合力，推动城镇化的发展。城乡产业互动的主要包括城市产业扩散、城乡产业合理分工与合作。其中，城市产业扩散是指产业从经济较发达的城市地区向相对落后的农村地区扩散或转移，主要是城市把一些传统产业，如粮食加工业、纺织业、手工加工业等劳动密集型产业扩散或转移到农村地域。随着农业经济的发展和城乡经济差距的缩小，这种扩散转移的势头会越来越强。常见的扩散方式为公司总部或某个部门设在中心城市，生产部门则转移到农村，通过中心城市的聚集和辐射效应，实现规模经济和范围经济。城乡产业合理分工是把城乡产业作为一个整体，通过城乡资源及生产要素自由流动，实现城乡之间在农业与非农产业以及工业内部各行业之间的合理分工,提高资源利用效率,使城市与乡村优势互补,共同发展。

在深入推进乡村振兴战略和新型城镇化建设的背景下,产业互动发展必须转向关注人的价值取向,以人的发展促进经济社会的发展;必须坚持高质量发展的导向,以高质量发展促进经济发展方式转变;必须建设生态文明,构建以生态为战略支撑的社会主义新型城乡产业联动系统;必须是和谐、集约高效、功能完善和质量水平全面提升,实现经济社会可持续发展的新型城镇化;必须传承乡土文明,以文化振兴带动产业发展。此外,还要充分挖掘城乡之间的资源特色和发展规模差异、生产要素禀赋比较优势和互补性优势,整合和促进生产要素合理流动,实现资源的高效率利用,形成城乡分工合作体系,解决城乡就业问题,实现"打工候鸟"的回归,从根本上解决农村留守人口过多和产业空心化问题,提升产业互动的吸引力,既保证农村的发展又支撑城镇的发展。

二、三次产业互动发展的实现路径

按照传统观念,农村是农业生产的主战场,城市则应发展非农产业。随着科技的进步和现代产业体系的渐趋完善,农业与非农业产业之间的产业边界和空间界限日趋模糊,农村一、二、三产业相互延伸融合,并与城市的二、三产业之间建立起横纵交错的立体式、网络化的新型产业联系。城乡一、二、三产业之间交错融合与协同发展已经成为我国产业发展和结构演进的必然趋势。城乡一、二、三产业互动发展主要通过以下几类途径实现:

一是城乡工业互动。随着新型城镇化和农村工业化的推进,农村工业已经逐渐融入城市工业体系,城乡不断探索各种形式的产业分工与协作,既有生产要素的双向流动,也有以多种产权形式实现的经济合作,逐渐形成了城乡一体的工业化格局。典型的城乡工业合作模式包括总部经济模式、城乡产业转移模式等。其中,总部经济模式是一种能够实现企业与其总部所在城市、生产加工基地所在地区三方共赢的经济发展模式,有助于克服城乡产业同构问题,实现城乡产业协同发展。城乡产业转移模式则是城市中的工业企业将部分生产环节或整个生产线搬迁到城郊和乡村,或者通过入股收购等方式兼并乡村企业,其实质都是工业企业在城乡间重新布局过程,也是城乡产业分工调整过程。

二是农业内部循环发展。主要是在大农业内部，将农牧渔林、粮经饲各环节统筹结合，依靠循环发展等形式来调整优化农业种养结构，促进农业产业结构、农产品品种结构和质量升级。该模式的特征在于通过发展种养结合的循环农业和绿色农业，促进农业价值链提升，形成以高效益、新品种、新技术为主要特征的高效立体农业。例如，某种养殖场采用立体循环种养，通过循环系统，实行污物干湿分离，干粪通过堆积发酵养蛆喂鱼，污物通过沼气池发酵、污水池处理后用于蔬菜、葡萄等种植。这种立体循环种养布局和模式，既实现了养殖业可持续发展，又促进了绿色农产品的生产，带来了农业经济效益和生态效益的双重提升。

三是农业产业链纵向延伸。整合产前、生产、加工、流通和销售等环节，构建沟通城乡两个地域空间、联结三次产业的工农贸产业链，促进农业产品向商贸产品的加工与转换，推动乡村传统农业向城市需求的现代农业发展，实现农业产业化经营以及农业与加工工业、服务业的互补性融合。此外还有农业功能的横向拓展，包括生态功能拓展、文化功能拓展、旅游功能拓展等，通过挖掘农业在生态、文化、旅游等方面的功能价值，实现农业与旅游、教育、文化、康养等产业深度融合和互动发展。

四是特色产业集群化发展。按照传统的城乡产业分工，农村更适合发展农业生产、农产品初加工以及乡村文旅服务，而更多的精深加工和农业生产性服务业则更适合向城镇适度集聚。近年来，国家鼓励发展特色村镇，按照"一县（镇）一业、一村一品"的发展思路实现"产城一体"。特色产业集群化发展模式就是以建设特色村镇为契机，让农村一、二、三产业融合发展的空间布局与国家新型城镇化战略有机对接，将相关产业链上的产业组织向县城、重点镇、特色村集聚，形成农业产业化集聚区、专业特色小城镇、产城（村）一体化示范区等，使其成为引导农村一、二、三产业融合发展的主要空间载体，更好地发挥农村三次产业融合发展的集聚效应。

五是新技术渗透发展。近年来，以"互联网+"、大数据、云计算、人工智能、生物科技等为代表的新技术迅猛发展，并不断向"三农"领域渗透和普及，深刻地改变着农业的生产方式和农民的生活方式，也使农村面貌发生了翻天覆地的变化，催生了一大批一、二、三产业交叉融合的新业态、新模式。如电子商务、现代物流与农业的深度融合诞生了大量的淘宝村，不仅解决了因区位劣势、信息不畅等造成的农产品滞销问题，还带动了农村包装、物流、运营等相关行业的发展，借助电商平台实现了从农业生产到最终消费的跨行业、跨区域的融合互动。

三、三次产业互动发展的效应分析

一是空间效应。产业互动与融合不仅是突破产业边界、促进不同产业间交叉与渗透的过程，也是强化城乡关联、重构区域空间结构的过程。首先，产业互动强化了城乡之间的要素关联。产业互动使农业、工业和服务业之间互相渗透，打破了二元经济条件下农村发展农业、城市发展非农产业的传统分工格局，优化了城乡资源的空间配置，大大提高了资本、劳动力、技术等生产要素在城乡之间的流动性。其次，产业互动催生的新产业、新经济，都要落实在一定的"空间"上，才能有利于推动形成新的区域产业布局，优化经济功能格局。最后，产业互动对传统工业集聚区的空间转型起着重要的推动作用。例如，有学者通过分析上海市生产性服务业和制造业不同的互动融合形式与工业集聚区不同的空间转型机制认为，置换融合促进了工业集聚区的产业转换和功能转变、渗透融合促进了产业区的产业升级和功能提升、延伸融合促进了工业区的产业链延伸和功能拓展。

二是收入效应。城乡收入差距是判断城乡是否真正实现融合互动的一个重要标准。产业融合对提高城乡居民收入水平、缩小城乡收入差距具有积极的作用。第一，产业融合提高了城市对农村富余劳动力的"拉力"。农村富余劳动力由农业向非农产业、由农村向城市转移，是城镇化发展的基本趋势。第七次全国人口普查结果显示，我国城镇化率已经达到了 63.89%，但仍然有超过 5 亿人居住在乡村。受农村人均土地规模的制约，仍有数量庞大的农村富余劳动力须转向城市，而城市产业的就业支撑能力就成为城市吸纳农村转移富余劳动力规模的重要影响因素。产业的互动与融合拓展了市场范围的边界，扩大了就业空间，为农村富余劳动力转移创造了新的就业机会。同时，科技创新成为产业融合互动的主要推动力，产业互动直接提高了产业的高级化水平，对科技人才、创新人才的需求明显增加，总体提高了社会人力资本水平和收入水平。第二，农村三次产业融合互动，促进农民增收、农村富裕，有利于缩小城乡收入差距。一方面，现代科学技术与传统农业的结合，或者通过生物链将农业内部的种植养殖融合发展，使传统的农业生产向高效、优质的现代农业生产方式转变，农业生产效率大幅提高，直接提高了农民的收入水平。另一方面，农村三次产业融合互动使传统单一的农业生产经营活动发展成集农业研发、种植（养殖）、加工、物流、销售、旅游等于一体的复合型现代农业，既扩大了农业市场范围，也将与农业价值链相关的第二、三产业增加值更多地留在农村，拓展了农民就业增收的渠道。

三是结构效应。随着信息化的发展和劳动分工的深化，按照不同工序、区段和环节进行产品内分工的产业组织形态，产生了规模更庞大的产业间或产品间的边界和交叉点。这些边界和交叉点因为与上下游环节具有较强的技术关联性或市场关联性，成为现代产业发展最活跃的结合点，催生了大量的新经济、新业态与新模式，既拓展了产业边界、产业范围，又提高了城乡产业的高级化水平。同时，利用电子信息、新材料、生物工程等新兴产业与其他产业的广泛关联性，通过嵌入其他传统产业，用高新技术、绿色技术改造提升传统产业，提高了传统产业的经济效率和市场竞争力，推动了产业结构的调整优化。农村三次产业融合的加深，对于发挥农业的多维功能、推动农业现代化起着积极的促进作用。农业装备制造、物联网等与农业的深度融合，可以显著地提高农业生产效率，推动农业现代化；种、养、销的融合，推动形成一体化经营、社会化服务的现代农业生产经营体系；农、旅、物的融合，推动农村旅游业、物流业的兴起与繁荣。

四是环境效应。粗放的经济发展方式导致资源环境约束日趋紧张，生态环境面临严峻的压力，我国城乡经济发展的脆弱性和不可持续性日益加剧。将现代产业作为区域发展的主要支撑和核心驱动力，以产业的融合互动为抓手推动我国经济发展模式的转换，不失为破解资源环境约束的有效途径。无论是高新技术、绿色技术对传统产业的渗透性融合，还是沿着产业价值链向研发、销售两端的延伸性融合，相较于过去高投入、高消耗、高污染的传统生产模式，通过产业融合互动带来的生产模式的根本变革，推动着经济发展模式朝着高科技含量、低消耗、低排放的方向发展，极大地降低了资源的消耗水平和生态环境的污染程度。从农村三次产业的融合互动来看，通过现代科技与传统农业的紧密结合，推进农作物秸秆循环利用、病虫害绿色防控、有机肥替代化肥等系列农业绿色发展方式，推动传统农业向高质、高产、高效的现代农业转变，能有效遏制目前农业较突出的面源污染问题；而农业与绿色观光、文化教育、康体养生等旅游产业的融合互动，是对"绿水青山就是金山银山"的最直接表达，也将倒逼农村地区重视生态环境建设，以构筑农村不同产业协调发展的良好生态基底。

第二节　河南省促进三次产业
互动发展的探索与成效

随着产业规模的不断壮大与产业层次的不断提升，河南省三次产业相互交叉、相互渗透的能力日益增强，呈现出多种模式的产业融合态势。以推动产业间的融合为主线，河南省正在走出一条以转型促升级、以升级促发展的转型发展之路。

一、河南省产业结构的演进趋势

按照主流的三大产业划分方法，河南省的产业结构在改革开放后出现了一系列变化。在 1978~1980 年为"二、一、三"的格局，即第二产业所占比重大于第一产业，第一产业所占比重大于第三产业。改革开放初期，农村普遍推行的家庭联产承包责任制极大地释放了农业生产力，第一产业占比不断上升，产业结构在 1981~1985 年已变为"一、二、三"的格局。1986~1991 年，由于轻重工业都得到了快速发展，特别是加工工业和能源、原材料工业增速明显，第二产业再次跃居首位，产业结构重新回到"二、一、三"的格局。从 1992 年至今，三次产业结构一直处于"二、三、一"的状态。改革开放以来，河南省第三产业不断发展壮大，所占比重从 1991 年首次超过第一产业占比后，逐渐由近 30% 升至 2018 年的 48.7%，超过第二产业 41.6% 的比重。如图 10-1 所示。产业结构优化和经济增长是互为因果的关系，经济的发展和产业结构的合理化和高度化往往是相伴而生的。河南通过不断调整产业结构，优化产业布局，保持了产业的持续较快发展，也促进了经济社会的可持续发展。回顾河南的产业结构调整历程可以发现，在不同时期，河南的产业结构调整有着不同的时代主题，以不同的方式推动着经济前行。

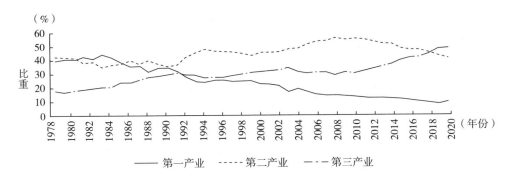

图 10-1　1978~2020 年河南省三次产业增加值占比

资料来源：历年《河南统计年鉴》、《2020 年河南省国民经济和社会发展统计公报》。

近年来，随着技术的进步和经济活动的日益复杂化，国民经济的分工体系逐渐从产业间分工向产业内分工和产品内分工过渡，产业之间相互影响，边界日益模糊，产业的集群化、体系化发展受到普遍关注。同时，传统的基于产品的物理形态划分的三次产业理论越来越难以解释产业结构对经济增长的效应问题，即所谓的"结构红利"逐渐减弱。有学者便不再从产出和规模的视角考察不同产业对经济增长的贡献，而是在知识和能力的层面分析产业的相对重要性。这事实上构成了对传统产业结构理论有意义的拓展。以此为背景，以产业的融合化、集群化、网络化为特征的现代产业体系被提出和关注。事实证明，在产业互动发展中实现产业转型升级始终是河南省推进产业结构调整的重要方面。产业结构调整缘于结构失衡所导致的经济无效率，调整的目的在于实现产业结构的合理化和高度化，即不仅是在现有的要素资源禀赋条件下优化产业之间及各产业内部的比例关系，也是为了实现产业本身的高附加值化、高加工度化、高技术化、高集约化。产业的转型升级离不开产业结构调整，前者同时也是后者所要达成的重要目标。河南省在产业结构调整中始终强调增加产品科技含量和附加值、拉长产业链条、增加以需求为导向的最终消费品和深加工产品的重要性。这一点无论是在 20 世纪八九十年代的《政府工作报告》中，还是在 21 世纪出台的若干促进产业结构调整的文件中都有体现。党的十九大提出，我国经济已由高速增长阶段转向高质量发展阶段。这是根据我国经济社会发展的阶段和特点做出的重大判断。高质量发展阶段不是坐享其成地等来的，而是在推进发展质量变革、效率变革和动力变革的过程中奋斗出来的。高质量发展离不开区域均衡发展，也离不开产业结构转型升级和三次产业互动融合这个"牛鼻子"。

二、河南省推进三次产业互动发展的成效

随着河南省新型工业化、信息化、城镇化和农业现代化进程的加快，产业融合互动现象已贯穿在经济社会各领域各行业，呈现出多向交互融合的新态势。推进河南产业融合互动发展，促进虚拟经济与实体经济深度融合，是培育河南经济新的增长点、提升河南产业竞争力的重大举措，是经济新常态下发展创新型经济、促进经济结构调整和发展方式转变的内在要求。

一是积极推进产业内部融合，延伸产业链条，推动产业实现纵向互动。在农业内部，通过整合各类资源，建立上下游联系，实现高效、绿色、循环发展。河南在推进农业农村可持续发展中，有效整合分布于种植业、养殖业、畜牧业、水产业中的各类农业产业资源，积极引导农民进行作物轮作间作套作、农林混种、林药混种、水体复合养殖、混合造林，推动农业产业内部各子产业融合互动发展，持续推动农业产业结构优化。如河南省鹤壁市浚县农村产业融合发展示范园。该示范园坐落于王庄镇，通过统一规划，确定农产品种植、畜牧养殖规模，完善产品结构，通过"企业+合作社+农户+清洁安全生产基地"方式，发展"地种粮，粮结秆，秆喂羊，羊拉粪，粪还田"的绿色循环农业，推动农牧融合。又如，河南省汝州市农村产业融合发展示范园。在龙头企业驰骋农牧科技有限公司的带动下，该地区生态养殖业蓬勃发展。在生猪喂养和公猪配种产业基础上，增加良种猪繁殖项目，推动产业链向高端延伸，并与周边农户合作，建立青贮饲料种植基地，打造"种—养—沼"生态循环链条，提高了农产品附加值，促进了乡村经济的发展。在工业产业内融合互动上，一方面，依托行业龙头企业，推动行业内产业链上下游整合，延伸企业产业链、提升产品附加值；另一方面，积极利用高新技术对传统制造业的渗透融合，依托传统产业加快发展战略新兴产业，推动工业结构的转型升级。在服务业产业内融合上，依托深厚的历史文化积淀，主打文化旅游牌，推动文化与旅游产业互动发展，如红旗渠红色旅游、少林寺文化旅游；借力郑州航空港经济综合实验区建设，推动商贸业、运输业、仓储业、邮政业融合互动发展。

二是积极推进农业向工业渗透、工业向服务业渗透、农业向服务业渗透，产业间横向互动日益频繁和深入。农业向工业渗透融合，主要是依托农产品深加工向产业链后端延伸，由农业环节进入工业环节，尤其在电商新模式不断渗透传统产业的主流趋势下，农业生产经营不断涌现新业态，省内"一县一业""一镇一品""一村一特色"的块状经济形态层出不穷。作为农业大省，河南省充分发挥农业资源和产业优势，通过建设规模化、标准化、专业化和集约化原料生产基地，壮大龙头企业、培育知名品牌，由粗放生产到初级加工再向精深加工延伸，打响了原阳大米、开封西瓜、中牟大蒜、信阳毛尖、灵宝苹果、洛阳牡丹、鄢陵花卉、焦作四大怀药等特色农业产品，逐步实现了由国人"粮仓"向国人"厨房"的转变。工业向服务业融合互动，尤其是制造业向服务业的渗透融合，则是近年来提高制造业的"附加值"含量、推动制造业攀升价值链中高端的重要途径。中国一拖集团有限公司的发展就是制造业服务化的典型案例，该企业实施集中采购、供应商管理、精益供应链等模式，高效运用订单管理、物料配送、仓储库存等供应链服务，加强全供应链业务协同，以服务提升带动制造能力和制造水平提升，强化企业在供应链的主导地位。中国一拖集团有限公司作为传统的农业装备提供商，坚持信息化引领，加快信息技术在供应链管理中的集成应用，通过推进制造与服务融合，优化供应链管理，开展物资贸易、物流整合等，延伸和提升价值链，持续打造产业竞争新优势。

三是积极推进工业向农业渗透以及服务业向工业渗透，不断强化产业间的逆向融合互动。工业向农业渗透融合，主要表现为生物技术、材料技术、信息技术、数字技术、航天技术等诸多高新技术加速向传统农业生产经营领域的介入、渗透和扩散，从而导致传统农业生产方式的变革。如在生物质能源领域，作为新能源领域领军企业的河南天冠集团，是国内唯一同时拥有生物乙醇、生物天然气、生物柴油三大生物燃料的企业，其在不断提升核心生产环节的同时，积极向农业领域延伸产业链条，先后在印度尼西亚等海外地区建设木薯等原材料基地，保障其生物质原材料稳定供应。在服务业向工业渗透融合方面，研发设计、资讯管理、电商物流等以制造业为主要市场的服务部门，凭借其在产业链高端的控制力，为了寻求全产业价值链的价值增值，利用专利技术、管理经验、销售渠道、物流网络等优势，积极嵌入制造环节，从而推动实现制造业的跨越式发展。例如，河南中原云工有限责任公司是一家集电子商务、线下仓储、物流服务、信息技术服务、金融居间服务等为一体的工业云平台服务公司,致力于将制造业与互联网融合发展。该企业基于信息化技术开展供应链管理,让供应商、配套厂商、客户等上下游各主体之间无缝对接、资源共享和业务协同,可有效帮助企业实现采购管理、原材料库存管理、生产管理的协同运作水平,实现精准采购和精准配送,从而达到降本增效的目的。

四是以农业为基础,推动三次产业跨界互动。河南省各地致力于推动农资供应、农业生产、农产品销售等农业经济活动全面向工业、服务业延伸,在更大范围和更高层次上实现乡村资源的优化配置和生产要素的重组,打造农业生产、经营的全产业链。如河南驻马店市平舆县农村产业融合发展示范园。在政府扶持、企业引领、科技带动、金融参与、农民协作下,围绕白芝麻育种、种植、加工、文化旅游等乡村生产经营活动做文章,走出了一条农工服深度融合之路。该园区与河南省农业科学院合作,划出万亩良田,建立绿色无公害农产品生产基地,进行白芝麻种植;依托西北农林科技大学研发的生产技术,加工制作白芝麻叶、白芝麻香油、芝麻花茶、芝麻叶茶等绿色食品和芝麻休闲食品,提炼生产芝麻木酚素等高科技产品,并注册了 "七品芝麻" "小芝味" "乐芝道" 等商标。同时,建立白芝麻文化博物馆、挖掘白芝麻文化内涵、普及白芝麻知识、介绍白芝麻食用常识、拍摄并播出《芝麻花开》微电影、开发以白芝麻文化传播为主题的乡村休闲观光旅游,努力打造白芝麻全产业链,有效推动了农业现代化。

第三节　河南省三次产业互动发展存在的主要问题

充分发挥新型城镇化对 "三化" 协调发展的引领带动作用,积极构建现代化经济体系,不仅需要农业、工业和服务业各自发力,更要顺应产业边界逐渐打破、产业间分工日益细化、产业融合日益普遍的大趋势,加强产业融合互动。就目前来看,河南在推进一、二、三产业互动方面尚存在一些 "短板" 和不足。

一、产业互动的深度广度不够，产业链条延伸不充分

当前，河南省产业融合发展中低端融合互动仍占主流，以信息技术、工业化手段为主要方式推动产业互动的传统性融合占比较大，产业之间的互动主要依托产业链的简单扩展来实现，而不是以信息化、智能化、网络化为媒介的高级互动，也尚未建立依托新媒介发展的产业融合体系，产业互动的创新性优化效应、竞争性结构效应、组织性结构效应、竞争性能力效应、消费性能力效应以及区域一体化发展效应还未真正展现。

在农村一、二、三产业融合互动方面，在促进农业发展战略和一系列支农惠农政策的推动下，河南省农村三产融合发展取得明显成效。2020年已打造国家级、省级现代农业产业园59个，国家级"一村一品"示范村镇138个，省级农业产业集群500多个，培育特色农产品50多种（有西峡猕猴桃、柘城辣椒等）、"三品一标"农产品品牌4679个①。但是，与发达地区相比，河南省农村三产融合的深度和广度还有待提升。具体表现为：绿色优质农产品、生态健康畜牧产品供给依然不足，"三品一标"农产品认证占比较低。在农业新功能（如采摘体验、休闲旅游、农家乐等）的开发拓展方面，同质化严重，缺乏创造性、独特性，且层次较低，存在"一窝蜂"现象，缺乏规划，文化农业、立体农业等高层次农业有待进一步开发，融合业态有待大量增加。日本农业经过"六次产业化"推动，取得显著成效，农产品加工产值是农业产值的3倍，农产品加工转化率达80%。而我国的这两项数值分别为60%和68%②。河南省农产品的加工转化率更低，仅有50%左右。受加工技术和设备的限制，大部分农产品以初级原料的样态供应于市场，农产品精深加工环节相对薄弱，影响了产业链延伸和附加值增加，导致农业高产却不能高效发展。

① 任磊萍.河南省有效期内"三品一标"农产品4679个［EB/OL］.（2020-03-09）［2021-07-13］.https：//www.cfsn.cn/front/web/site.newshow? newsid=22606.

② 冯赟，起建凌，普雁翔.延伸和拓展中国农业产业链的对策研究［J］.湖北农业科学，2019，58（6）：140-143.

二、产业互动的市场主体实力不强，各方利益联结不紧密

当下，跨国集团或者大型行业龙头企业已经成为产业融合的主要引导和实施者。跨国集团或龙头企业的产生和发展，实际上就是资本融合、产业互动的发展史。虽然河南省制造业具有一定规模，但在国际分工中位置并不高，具有优势的产业集群尚未真正形成，劳动密集型、资源密集型、资本密集型产业和产品仍占相当比重，对现代服务业的需求层次和总量都相对不高。截至 2020 年底，在河南省的世界 500 强企业为 189 家、中国 500 强企业 172 家，而在湖北的世界 500 强企业则达到了 321 家，其中境外 500 强企业为 203 家，占比超过 63%。在 2020 年中国企业 500 强榜单中，仅有 10 家河南企业入围。表明河南大部分行业产业集中度较低、知名龙头企业较少，缺乏具有国际影响力的大型创新型龙头企业。总部经济集聚不足，使河南难以参与国际市场竞争，难以在国际一体化经营中使产业划分转化为产业融合，也难以通过服务外包形成对与金融、市场销售、人力资源、外购信息技术等相关的现代服务业的拉动发展。

在农业农村领域，河南省农村三次产业融合的经营主体体量增加很快，但还存在生产经营规模较小、服务带动能力薄弱、合作范围不广、抵御风险能力不强等问题，即数量大但质量不高。一个家庭农场经营的耕地，全国平均数为 175 亩左右，河南省为 117 亩。当前，河南省农村的土地流转还存在一定难度。与我国东部地区相比，河南省的农民合作社在资金互助、信用合作等层面的服务起步较晚，社员的主体地位还没有凸显出来，其利益没能得到有效保障，并且跨行业跨区域的合作社不多，这直接影响了融合覆盖面的扩大。2018 年，河南的国家级和省级农业龙头企业分别为 74 家和 794 家。经过两年监测，分别剩下 52 家和 604 家，监测合格率分别为 70% 和 76%，一些农业龙头企业因资金、技术或个人能力等方面的问题，难以正常经营下去。另外，由于融合的经营主体的成分较为复杂，有的还处在培育初期，所以各方利益联结较为松散，形式单一，利益关系不稳固，各方多以"企业+农户/家庭农场/合作社"的订单方式分享利益。农民收益仅限于资源（作为原料的农产品以及耕地、宅基地等）流通环节所得，而与后续由产业链延伸带来的利益增加关系不大。

三、产业互动的服务体系不完善，公共设施建设不到位

技术创新在不同产业之间的扩散导致了技术融合，技术融合使不同产业形成了共同的技术基础。技术创新不仅通过开发替代性或关联性技术、工艺和产品，尔后通过渗透扩散融合到其他产业之中，而且也能给原有产业的产品带来新的市场需求，从而为产业融合互动提供市场空间。在河南，企业创新能力不足、产业创新能力弱、自主知识产权匮乏、核心技术依赖国外、高科技含量的关键设备基本上依赖进口等问题，导致很难在技术创新驱动的产业融合方面与其他地区相竞争。与农村三产融合的需求相比，农业科技创新的力度、科技指导和推广的覆盖面还不够大，尤其是物联网、区块链、人工智能、5G 等新一代信息技术和生物技术在"三农"领域的应用也比较欠缺。

跨行业复合型人才短缺，导致产业融合互动缺乏活力。产业融合互动能否深入发展，关键取决于人才竞争。由于尚未有效突破人才培养和引进的困局，在产业融合互动中现有的人才结构与市场需求结构存在巨大矛盾。产业融合互动发展需要兼备较强项目管理能力、良好技术背景、快速学习能力的复合型人才，这类人才既要掌握本行业的前沿技术，并且对未来技术融合发展走势具有高度的敏感性，又要熟悉跨行业流程的理论和操控，具备高度的商业敏感性以及管理、沟通和合作能力，拥有较强的综合素质。不仅河南省这方面高级专业人才非常缺乏，国内诸多省份的人才短缺问题都在直接制约着产业融合互动的进程。

政策引导缺失以及制度存在壁垒，产业融合发展缺乏外部推动。一方面，产业融合发展的引导政策缺失。河南省近些年从宏观层面的产业结构战略性调整指导意见，到中间层面的先进制造业、高成长服务业、农业产业化集群以及高新技术产业、战略性新兴产业发展实施意见，再到化工、电子信息、装备制造等产业的十大产业调整振兴规划，基本已形成了较完整的产业政策体系。但受传统城市化的行业分割体制影响，现有产业政策基本以引导自我增强型的产业内部循环发展为主，缺乏引导产业融合发展政策。另一方面，产业管理体制的制度壁垒。不同产业之间存在着进入壁垒，致使不同产业之间存在着各自的边界。在现有宏观经济体制条件下，受行业管理体制的制约，包括城乡二元分割、制造与服务分割、高新技术与文化分割等，产业融合发展难以协调。即使是在同一大类行业

中，其管理也非常分散，涉及行政管理部门较多，职责分工交叉，条块分割，从而导致服务创新和竞争环境不理想，产业融合互动发展的成本较高。

第四节　进一步促进河南省三次产业互动发展的政策建议

推进河南省三次产业互动发展，必须把握新型城镇化和产业发展的规律和趋势，突出承接产业转移和瞄准新业态、新趋势，重点加快价值链升级、禀赋升级、载体升级，尽快形成多元化、多层次、多形式、多渠道产业融合互动发展的新格局。要坚持以产业融合为关键，推动传统产业与战略新兴产业、制造业与服务业、农村一二三产业、实体经济与虚拟经济融合互动发展，让先进要素、技术创新在一二三产业互相渗透，推动农业内部重组、产业链条延伸、一二三产业交叉等不同模式的产业互动。要坚持以市场主体为依托，大力推动家庭农场、农民合作社等新型农业经营主体发展，充分发挥新型市场主体的引领示范作用。积极吸引城市资本下乡，促进工商农联合协作发展，拓宽产业融合的边界。要坚持以制度政策为支撑，建立健全融合发展推进机制，简化市场准入、审批等手续，降低制度性交易成本。在土地、水电等生产要素及财税、金融、产业等政策上给予倾斜，鼓励不同类型的市场主体主动参与产业融合互动。

一、优化产业融合互动的政策环境

产业融合互动的发生，需要有一个包括发展规划、政策体系、推进机制等在内的良好的外部支持环境。要厘清河南省产业融合互动发展现状，明确产业融合发展目标，研究产业融合发展重点，把握全球经济新常态下河南省产业融合互动发展的机遇与挑战，将推进产业融合互动发展纳入相关规划，明确产业融合互动的重点领域、行业、区域，力求做到重点突出，以点带面，有序推进产业融合互动全面发展。加快建立有利于产业融合互动发展的产业政策，打破部门分割及行政垄断局面，消除部门、行业、城乡界限，尽快形成条块结合、辐射联系的产业管制模式，在产业间形成合理的经济联系，加快推进产业间的融合互动发展。加大财政投入，扩大扶持范围，对于涉及产业融合互动的相关项目实行政策倾斜。转变扶持方式，由单一"奖励"调整为"项目补贴、贷款贴息、税收减免、土地优惠、奖励配套"等多种方式，注重由"事后奖励"向"事前培育引导"转变。

要以市场为导向、企业为主体，产学研协同，转变政府职能，加强扶持引导。实施支持企业创新政策，打破行业和地区壁垒，充分调动社会各方面积极性，促进技术创新、业态创新、内容创新、模式创新和管理创新，催生新技术、新工艺、新产品，满足新需求，推进产业融合互动的专业化、集约化、品牌化。其中，特别是要充分发挥企业在产业融合互动中的主体作用，完善产业互动主体参与机制，发挥重点企业参与产业融合互动的示范作用。深入推进煤炭、化工、钢铁、装备制造、有色冶金等行业骨干企业战略重组，着力培育一批主业突出、核心竞争力强的大型企业集团，使其成为引领产业互动发展的重点骨干企业。鼓励重点骨干企业在国内外开展多种形式的购并或跨区域联合重组，支持有条件的重点骨干企业向跨国公司发展。鼓励中小企业积极参与产业互动。推动中小企业向专业化生产、精益化管理、自主化创新、集约化经营、信息化带动、品牌化运作等方向发展。着力抓好成长型中小企业、科技型中小企业和初创型小企业的培育工作，支持中小企业通过行业协会、企业联盟、协作配套等方式开展合作，推进产业融合互动发展。

二、夯实产业互动发展的要素支撑

技术、人才、信息、金融等要素的集聚是产业互动发展的基本保证，产业互动亟须构建综合性的要素支撑平台，发挥要素的集聚效应。

一是以产业集聚园区为载体，构建产业融合互动空间支撑平台。按照产业互动发展的内在规律和要求，优化产业互动的结构和空间布局，促进要素在各类产业集聚园区内集聚和流动，着力提升产业承载力，构筑产业互动的空间支撑平台。以技术创新体系为依托，构建产业互动技术支撑平台。依托区域创新体系，针对不同类型产业互动模式的技术特征，围绕产业内部融合互动所需的产业链延伸、补充、拓展等关键技术构建产业技术研究院等技术研发平台；围绕产业间跨界融合互动所需的公共技术，调动公共技术创新平台的积极性，发挥产学研一体化技术体系的优势,构筑综合性立体化的产业融合技术支撑平台,促进产业深度融合发展。

二是以促进产业融合互动为目标,构建金融支撑平台。设立产业融合金融引导基金、科技小额贷款公司、融资租赁公司、科技融资担保公司等金融机构,建设产业融合金融公共信息服务平台,探索设立产业融合项目融资登记中心,为投融资双方提供登记服务,将融资信息集中发布,推动企业与金融机构有效对接,缓解产业融合的投融资难题。

三是以信息化深入推进为契机,构建产业融合信息支撑平台。针对产业融合发展要求和信息化推进现状,设立现代信息服务业专业化产业园区,建设面向行业和区域产业融合的各类现代信息公共服务平台,深化信息技术在现代服务业中的应用,建设面向广大中小企业的公共电子商务平台和信息技术服务体系;大力发展信息化与工业化融合催生的新兴产业,引导行业内大企业联合建立服务全行业的共性信息技术应用平台,为产业融合提供全方位的信息服务。

四是以培育产业互动的高端人才为重点,突破现有人才管理评价制度,建立第三方人才评价机制,保证创新型人才脱颖而出。要科学界定政府、市场、社会在人才发展上起的作用,保证多样化人才源源不断涌现。加强专业技术人才、企业管理人才以及复合型人才的培养和引进。鼓励高等院校和职业技术院校面向市场需求,积极调整学科和专业设置,培养相关人才。支持有关技术企业与学校合作办学,推进与行业应用结合的技术教育,培养各类产业互动应用复合型人才。

三、构建结构合理的现代产业体系

现代产业体系的核心是一个新型工业、现代服务业和现代农业互相融合、协调发展的系统。推进产业融合互动是构建现代产业体系的题中应有之义,加快推进河南省产业融合互动需要构建现代产业体系,从根本上优化产业结构。

要抢抓产业转移机遇,加快形成聚集度高、竞争力强、带动力好、资源环境友好的现代工业体系。在继续做大做强河南省制造业的同时,要立足河南省的资源优势和人口优势,重视发展农副产品加工业、劳动密集型制造业等产业,促进城乡产业互动和延伸产业链条,增强劳动力的吸收能力。同时,要注意推动建筑业健康发展,加强建筑行业农民工培训,规范农民工用工制度,改善生产生活环境，督促有关单位按时足额发放农民工工资，切实保障农民工合法权益。

要发挥河南省服务业的比较优势，推动服务业重点行业提速升级，特别是大力发展现代物流、信息服务、金融等高成长性服务业，把服务业培育成现代产业体系的重要支柱。还要大力发展电商物流、乡村旅游、产前产后服务等农村服务业，推动农村供销合作社集团化发展，实施"互联网+"模式下的农产品出村进城工程，合理布局农村现代物流产业园区、物流配送站点、农产品收购站等，积极发展数字农业、立体农业、可视农业，建立现代农业产业园、生态农场等，实现农业与旅游业高度融合。

要打好粮食生产这一王牌，在粮食稳定增产的基础上，加大农业结构调整优化力度，加快推进农业现代化。当前，河南省正处于工业化中期阶段，构建现代产业体系一定要正确处理好一、二、三产业的关系，找准发展的方向和重点，为产业融合互动创造条件。

四、提升产业融合互动的技术创新能力

提升产业技术创新能力是推进我国产业融合的关键。通过理念创新、知识创新、技术创新、制度创新和管理创新等多维度的创新来化解产业发展中的瓶颈，构建有助于产业融合互动发展的自主创新体系，以培育创新型融合企业为主体，以重大科技专项为抓手，以体制机制创新为动力，构建自主创新体系，为产业融合互动提供持续动力。

要实施技术创新能力培育工程。综合运用工业结构调整和高新技术产业化资金，引导企业加大研发投入，围绕培育新兴产业、新型业态和新型模式实施技术创新能力培育工程，提高企业科技创新能力。鼓励企业与高校、科研机构加强产业融合相关技术协作，共建技术开发机构或建立产业技术创新联盟；支持高等院校和科研院所围绕产业优化升级的关键技术会同企业开展联合攻关，开发具有自主知识产权的核心技术，不断提升重点行业及关键领域自主创新能力。

要以打造一批上下游完备、特色突出、竞争能力较强的产业链为目标，按照产学研用结合的形式，编制河南省各优势产业链的技术创新规划和创新地图，明确各优势产业链重点研发的领域和技术需求，重点培育相关的科技型企业，完善研发平台、配套体系建设。

参考文献

［1］包宗顺．国外农业现代化借鉴研究［J］．世界经济与政治论坛，2008（5）：112-117.

［2］卞彬，姚蕾．基于产业互动视角的新型城镇化之路［J］．唯实，2014（1）：58-61.

［3］蔡文春，沈兴菊，张竟竟．欠发达经济区城镇化、工业化和农业现代化的时空协调性分析［J］．湖北农业科学，2018，57（15）：105-110.

［4］曹雅琪．城镇化进程中的社会保障制度改革［J］．商业文化，2020（9）：70-71.

［5］陈春霞．农业现代化的内涵及其拓展［J］．生产力研究，2010（1）：54-56.

［6］陈述明．让河南制造在黄河流域生态保护和高质量发展中更加出彩［N］．中国工业报，2020-05-27.

［7］陈玉梅．小城镇功能论［J］．社会科学战线，2000（2）：25-31.

［8］陈昱，朱梦珂．基于SWOT分析的河南省城镇化发展策略研究［J］．中国农学通报，2020，36（20）：159-164.

［9］陈志峰等．工业化、城镇化和农业现代化"三化同步"发展的内在机制和相互关系研究［J］．农业现代化研究，2012，33（2）：155-160.

［10］陈志峰，刘荣章，郑百龙，等．工业化、城镇化和农业现代化"三化同步"发展的内在机制和相互关系研究［J］．农业现代化研究，2012（2）：155-160.

［11］邓宏海．关于我国农业发展战略的问题［J］．农业经济问题，1981

（11）：30-35.

［12］董前程，王慧芬．生态文明：放眼未来的文明抉择——评《中国生态文明建设理论研究》［J］．生态经济，2021，37（7）：228-229.

［13］樊一．新型城镇化、新型工业化和农业现代化协调发展评价研究——以我国西部地区为例［D］．天津财经大学硕士学位论文，2019.

［14］冯赟，起建凌，普雁翔．延伸和拓展中国农业产业链的对策研究［J］．湖北农业科学，2019（6）：140-143.

［15］高焕喜，王兴国，杨茂奎．论农业现代化［J］．山东社会科学，1998（6）：14-18.

［16］耿明斋．新型城镇化引领"三化"协调发展的几点认识［J］．经济经纬，2012（1）：4-5.

［17］谷建全，张福禄，赵西山．河南工业发展报告——提升产业链现代化水平（2021）［M］．北京：社会科学文献出版社，2020.

［18］顾焕章，王培志．论农业现代化的涵义及其发展［J］．江苏社会科学，1997（1）：30-35.

［19］韩士元．农业现代化的内涵及评价标准［J］．天津社会科学，1999（5）：68-70.

［20］郝寿义，王家庭，张换兆．工业化、城市化与农村土地制度演进的国际考察——以日本为例［J］．上海经济研究，2007（1）：40-50.

［21］河南大学．"十四五"时期河南省促进人力资源发展思路和重点举措研究［C］．"十四五"课题汇编（二），2020.

［22］河南省工业和信息化厅．河南省沿黄地区先进制造业发展思路举措研究［C］．发展改革工作专报，2019.

［23］河南省人民政府．河南省推动制造业高质量发展实施方案［EB/OL］．河南省人民政府门户网站，2020-08-16.

［24］河南省社会科学院工业经济研究所．"十四五"时期河南省重大创新能力布局和建设研究［C］．"十四五"课题汇编（一），2020.

［25］河南省社会科学院课题组．河南省"三化"协调发展的历程、成就与经验［J］．经济研究参考，2012（49）：35-59.

［26］河南省社会科学院课题组．在实践中探索区域科学发展之路——河南

以新型城镇化引领"三化"协调发展的认识与思考［J］．中州学刊，2012（3）：1-9.

［27］黄国桢．迈向新世纪：中国农业现代化内涵拓展［J］．上海农学院学报，2000（2）：158-163.

［28］黄抒予，王馨悦．河南推动先进制造业和现代服务业深度融合分析［J］．科技经济市场，2020（3）：35-38.

［29］简小鹰．持续农业发展的运行模式［J］．农业现代化研究，1996（3）：140-143.

［30］简小鹰．论农业的社会环境——农业现代化进程中人与人关系的演进［J］．农业现代化研究，2007（5）：579-582.

［31］江立华．从浮萍到扎根：农业转移人口的市民化［M］．北京：社会科学文献出版社，2019.

［32］金书秦，林煜，牛坤玉．以低碳带动农业绿色转型：中国农业碳排放特征及其减排路径［J］．改革，2021（5）：29-37.

［33］柯炳生．对推进我国基本实现农业现代化的几点认识［J］．中国农村经济，2000（9）：4-8.

［34］李贵赏．现代服务业结构变动影响就业的机理分析与实证测度［J］．商业经济研究，2020（19）：171-174.

［35］李国莉．乡村振兴战略背景下河南农村三产融合发展问题探究［J］．开封大学学报，2021（1）：36-41.

［36］李果仁．农业现代化问题研究进展［J］．农业现代化研究，1992（4）：249-252.

［37］李俊，王拓，杜轶楠．世界服务业与制造业协调发展的规律与启示［J］．国际贸易，2017（9）：4-8.

［38］李仕波．工业化、信息化、城镇化和农业现代化的互动关系与同步发展［J］．湖北农业科学，2014（7）：1695-1699.

［39］李仙娥，郝奇华．生态文明制度建设的路径依赖及其破解路径［J］．生态经济，2015，31（4）：166-169.

［40］李小建，仉建涛．中原经济区"三化"协调发展咨询建议集［M］．北京：社会科学文献出版社，2016.

［41］李欣欣．媒体析中国式城市社会管理三大难题倒逼求变［EB/OL］．人民网，2012－08－29．http：//politics．people．com．cn/n/2012/0829/c70731－18862611-1．html．

［42］梁荣．农业产业化与农业现代化［J］．中国农村观察，2000（2）：43-48．

［43］刘鹤．加快构建以国内大循环为主体、国内国际双循环相互促进的新发展格局［N］．人民日报，2020-11-25．

［44］刘锦英．"三化协调"发展的动力机制及其政策分析——基于劳动力转移视角［J］．商丘师范学院学报，2013，29（11）：95-99．

［45］刘彦余．乡村振兴战略下绿色农业发展研究综述［J］．种子科技，2019，37（6）：16-17．

［46］刘玉．基于三产互动与城乡统筹的区域经济空间分析［J］．城市发展研究，2011（4）：47-51．

［47］鲁德银．土地城镇化的中国模式剖析［J］．商业时代，2010（33）：7-9．

［48］骆江玲，杨明．农业现代化的概念再解析［J］．农业考古，2011（3）：71-73．

［49］马庆斌，陈妍．发挥新型城镇化对新发展格局的战略支撑作用［J］．中国发展观察，2020（24）：28-30．

［50］梅方权．中国农业现代化的发展阶段和战略选择［J］．调研世界，1999（11）：3-5．

［51］苗国强．乡村振兴与新型城镇化、工业化融合对策研究——以河南省为例［J］．河南社会科学，2019，27（6）：119-124．

［52］牛瑞芳，常石明．力促工业转型升级　推动河南高质量发展［J］．人大建设，2020（1）：5-7．

［53］牛瑞华．新型城镇化建设推动"三化"协调发展——关于城镇化、工业化、农业现代化内在关系及新型城镇化建设的思考［J］．决策探索，2013（2）：33-35．

［54］牛若峰．要全面理解和正确把握农业现代化［J］．农业经济问题，1999（10）：13-16．

［55］庞家幸等．甘肃省"三化"耦合协调度时序变化［J］．兰州大学学报（自然科学版），2017（5）：609-613．

［56］彭聪辉．基于"三化"协调发展的土地利用研究［D］．河南大学硕士学位论文，2012．

［57］宋智勇．中原经济区公共服务体系建设路径探讨——基于"三化"协调发展的视角［J］．郑州大学学报（哲学社会科学版），2012，45（4）：73-77．

［58］孙湘湘，周小亮．服务业对外开放，结构变迁与就业［J］．中国人力资源开发，2019，36（7）：94-105．

［59］谭军．我国第三产业内部结构优化升级分析——以山东省为例［J］．中国物价，2016（7）：46-48．

［60］滕磊，鄢阳．农村三产融合的发展模式与动力机制［J］．中国国情国力，2021（5）：31-34．

［61］涂文明．"三化"协调发展的理论逻辑与中国实现路径的重构［J］．求实，2014（1）：53-57．

［62］万广华，胡晓珊．新发展格局下的国内需求与创新：再论城镇化、市民化的重要性［J］．国际经济评论，2021（2）：22-35．

［63］汪宏．小城镇生态建设与环境保护［J］．现代农业，2013（5）：84-85．

［64］王家庭，张换兆．工业化、城市化与土地制度的互动关系：美国的经验［J］．亚太经济，2009（4）：52-56．

［65］王建国．多措并举推进农业转移人口市民化［N］．河南日报，2015-12-07．

［66］王建国，王新涛，李建华，盛见，赵中华．黄河流域生态保护和高质量发展的河南担当［M］．北京：社会科学文献出版社，2021．

［67］王丽萍．河南省现代服务业发展现状及影响因素分析［J］．中国经贸导刊（中），2020，980（9）：62-63．

［68］王利民，傅金戈，刘玉祥，等．农业现代化的条件与选择——潍坊市农业现代化理论研讨会综述［J］．中国农村经济，1999（6）：72-74．

［69］王沛栋．农业转移人口市民化的影响因素分析［M］//河南城市发展报告（2014）．北京：社会科学文献出版社，2014．

［70］王永哲，王建国，王新涛．河南城市发展报告（2020）［M］．北京：社会科学文献出版社，2020．

［71］王育宝，刘鑫磊，胡芳肖．绿色低碳发展背景下中国特色社会主义现代化环境治理体系构建研究［J］．北京工业大学学报（社会科学版），2021，21（6）：44-56．

［72］魏贝．河南省服务业发展现状及对策分析［J］．现代商贸工业，2017（8）：12-13．

［73］魏博通．中国城乡产业融合的动力机制、障碍因素与应对策略研究［J］．当代农村财经，2021（5）：27-31．

［74］魏后凯，张燕．全面推进中国城镇化绿色转型的思路与举措［J］．经济纵横，2011（9）：15-19．

［75］吴海峰，苗洁．农业现代化探讨［J］．农村经济，2013（2）：24-27．

［76］夏春萍．工业化、城镇化与农业现代化的互动关系研究［J］．统计与决策，2010（10）：125-127．

［77］谢永良，任志祥．农业现代化及其评价方法［J］．农业现代化研究，1999（3）：20-24．

［78］徐更生．持续农业及其对我国的挑战［J］．世界经济，1993（6）：35-41．

［79］徐君，高厚宾，王育红．新型工业化、信息化、新型城镇化、农业现代化互动耦合机理研究［J］．现代管理科学，2013（9）：85-88．

［80］徐维祥，李露，周建平，刘程军．乡村振兴与新型城镇化耦合协调的动态演进及其驱动机制［J］．自然资源学报，2020，35（9）：18-36．

［81］徐星明，杨万江．我国农业现代化进程评价［J］．农业现代化研究，2000（5）：276-282．

［82］许学强，胡华颖．对外开放加速珠江三角洲市镇发展［J］．地理学报，1988（3）：201-212．

［83］宣杏云，王春法．西方国家农业现代化的透视［M］．上海：上海远东出版社，1998．

［84］颜培霞．产业融合推动城乡融合发展研究［J］．改革与战略，2018（11）：110-115．

［85］杨飞雪，王娟，李丽红．小城镇基础设施建设融资现状实证分析［J］．长春理工大学学报（社会科学版），2010（2）：46-48.

［86］杨森山．工业经济辉煌巨变七十年——新中国成立七十年河南工业经济发展成就［J］．市场研究，2020（2）：3-7.

［87］易醇，张爱民．城乡一体化背景下的城乡产业融合协同发展模式研究［J］．软科学，2018（4）：105-109.

［88］郁建兴，徐越倩．从发展型政府到公共服务型政府［J］．马克思主义与现实，2004（3）：65-74.

［89］喻新安，吴海峰．新型三化协调论［M］．北京：人民出版社，2012.

［90］曾宪明．工业化、城市化中的土地问题——以巴西为例［J］．生产力研究，2011（1）：4-6.

［91］翟雪玲，赵长保．巴西工业化、城市化与农业现代化的关系［J］．世界农业，2007（5）：23-26.

［92］詹玉华．生态文明制度四个维度的创新与优化路径研究［J］．江淮论坛，2017（4）：66-69+108.

［93］张改素，魏建飞，丁志伟．中国镇域工业化和城镇化综合水平的空间格局特征及其影响因素［J］．地理研究，2020，39（3）：627-650.

［94］张军．城乡产业融合的规律、平台与模式研究［J］．农村经济，2018（8）：31-36.

［95］张平，黎永红，韩艳芳．生态文明制度体系建设的创新维度研究［J］．北京理工大学学报（社会科学版），2015，17（4）：9-17.

［96］张琦．农业现代化浅析［J］．农业现代化研究，1990（2）：5-6.

［97］赵趁．城乡融合背景下农村一二三产业融合发展新模式及实现路径［J］．农业经济，2019（11）：9-11.

［98］郑永兰，徐泽宁．从互诉到共性：新型城镇化背景下农民工与城市关系重构［J］．高等学校文科学术文摘，2020（1）：207.

［99］郑有贵．农业现代化内涵、指标体系及制度创新的探讨［J］．中国农业大学学报（社会科学版），2000（4）：56-59.

［100］中共河南省委．中共河南省委关于科学推进新型城镇化的指导意见［EB/OL］．http：//cpc.people.com.cn/n/2014/0106/c64387-24031283.html，

2014-01-06.

[101] 周健. 中国第三产业产业结构与就业结构的协调性及其滞后期研究 [J]. 兰州学刊, 2020, 321 (6): 96-110.

[102] 周健, 张桂文. 经济增长与第三产业结构合理化的动态关系: 国际比较及启示 [J]. 重庆社会科学, 2019, 292 (3): 66-80.

[103] 周明浩, 王晓莹. 后金融危机时代城镇基础设施建设可持续发展问题研究 [J]. 武汉金融, 2010 (10): 33-35.

[104] 朱道华. 略论农业现代化、农村现代化和农民现代化 [J]. 沈阳农业大学学报 (社会科学版), 2002 (3): 178-181.

[105] 朱晓琼, 付春光, 林冠婷. 第三产业发展与就业增长之间的关系——基于河南第三产业数据 [J]. 纳税, 2018, 192 (12): 153-155.

[106] 朱英明. 以经济高质量发展助推美丽中国建设——学习贯彻习近平新时代中国特色社会主义经济思想和生态文明思想 [J]. 贵州省党校学报, 2019 (3): 40-44.

[107] 邹璇. 欠发达地区第三产业发展对城镇功能促进作用的实证研究——以三峡库区为例 [J]. 中南财经政法大学学报, 2009 (5): 42-47.

后　记

　　随着我国经济社会转向高质量发展新阶段，城镇化综合功能与作用的发挥成为经济社会发展的重要推动力量。河南省作为全国重要的粮食大省和人口大省，城镇化发展相对滞后，2020 年常住人口城镇化率为 55.43%，与全国平均水平 63.89% 相比，落后了 8.46 个百分点，同时也反映了河南省城镇化具有较大的潜力，蕴藏着巨大能量。以城镇化为引领，促进新型工业化、新型城镇化和农业现代化协调发展，有利于释放城镇化的潜能、激发城镇化的动力，推动全省经济社会高质量发展。

　　本书是河南省委宣传部资助的河南省宣传文化系统"四个一批"人才入选研究课题的结项成果。本书以新型工业化、新型城镇化和农业现代化及其相互关系理论为指导，从八个方面论述了城镇化发挥引领作用，并引领工业化、城镇化和农业现代化协调发展的着力点、根本点、突破点、基础点、关键点、支撑点、结合点、动力点等问题。

　　参加本书讨论、完善和校核的有：王建国、王新涛、左雯、李建华、易雪琴、金东、赵中华、赵执、柏程豫、郭志远、盛见、韩鹏、彭俊杰等（以姓氏笔画为序）。在此，特别感谢河南省委宣传部、河南省社会科学院的大力支持，感谢城市与环境所同志们的鼎力相助。

王建国

2021 年 12 月 25 日